短线抓牛股

短线交易宝典

薛 峰 ◎ 编著

中国纺织出版社

内 容 提 要

本书主要针对有一定投资基础的投资者，从各种技术层面来讲解如何把握短线操作机会，内容涉及短线操盘基础、从盘面信息寻找机会、从K线组合寻找买卖点、从均线捕捉短线交易良机、从成交量把握短线机会、根据技术指标进行短线操作、分时图买点与卖点以及抄底与追涨战法等。语言通俗易懂，内容具有很强的实战性和实用性，是广大投资者不可缺少的参考书籍。

图书在版编目（CIP）数据

短线抓牛股 / 薛峰编著. —北京：中国纺织出版社，2017.1（2020.5重印）

ISBN 978-7-5180-3091-0

Ⅰ.①短… Ⅱ.①薛… Ⅲ.①股票投资—基本知识 Ⅳ.①F830.91

中国版本图书馆CIP数据核字（2016）第291224号

策划编辑：顾文卓　　责任印制：储志伟

中国纺织出版社出版发行
地址：北京市朝阳区百子湾东里A407号楼　邮政编码：100124
销售电话：010—67004422　传真：010—87155801
http://www.c-textilep.com
E-mail: faxing@c-textilep.com
中国纺织出版社天猫旗舰店
官方微博 http://weibo.com/2119887771
北京通天印刷有限责任公司印刷　各地新华书店经销
2017年1月第1版　2020年5月第4次印刷
开本：787×1092　1/16　印张：16
字数：159千字　定价：39.80元

凡购本书，如有缺页、倒页、脱页，由本社图书营销中心调换

前言 Preface

投资者经常会听到一句话叫"长线是金",言外之意,就是只要长期持有一只股票,就能够获得丰厚的利润。从某种程度上讲,这句话不无道理。特别是在大牛市期间,股价的涨跌起伏、不断走高,似乎使这句话有了更深的理论基础。被套不要紧,只要持有,只要上市公司不破产,早晚会涨上来的。那么,当股市已经走向熊途,如果还不及时卖出的话,长线恐怕就不是金了,不仅到手的金子会拱手让出,还可能导致血本无归。实际上,更多的投资者热衷于短线交易。短线交易不仅能够使资金的利用率得到提高,发挥更大的效用,更能在最大程度上降低投资的风险。尽管"短线是银",但银子挣多了,也比金子值钱。

短线交易讲究的是"短、准、狠"。简单地说就是要在较短的时间内根据所掌握的技能准确下单,实现利润的最大化。而要想实现快速赚钱的目的,就要通过一定的方法和技巧找到潜在的牛股。因为在股市中,对广大散户来说只有上涨才会带来利润。那么我们究竟要掌握哪些投资技巧和投资理念,又要遵循哪些原则和纪律呢?这都是我们要解决的问题。比如,判断失误要能敢于承认错误并及时止损;到达赢利目标就要获利了结,而不应恋战,哪怕其后涨得再高也不要后悔。而部分投资者试图把握住所有短期内上涨幅度最大的股票以及所有能够获利的时机,事实上,这只是徒劳的努力和无知者的幻想。至于有些书籍中把短线交易吹得神乎其神,投资者大可不必当真,那只不过是那些作者的一种自我推销手段罢了。

本书的主要内容包括:短线操盘基础、从盘面信息寻找机会、从K线组合寻找买卖点、从均线捕捉短线交易良机、从成交量把握短线机会、根据技术指标进行短线操作、分时图买点与卖点、抄底与追涨战法。涉及的案例均配有对应的K线图或分时图进行解读，使得阅读更加轻松、理解更加容易。

阅读完本书，并不能保证你就此成为短线擒"牛"高手，也不能保证你有过人的成功率。毕竟，本书不是"必赚宝典"。本书能带给您的除了经验上的积累，还是经验上的积累。写本书的主要目的是希望能以自己的投资心得和经验，让投资者朋友少走一些弯路，尽快掌握短线操作的精髓。

本书由薛峰执笔编写。本书能够得以顺利出版，要非常感谢纺织出版社顾文卓编辑，她对本书在策划和编写方面提出了很多宝贵的意见。同时王雷、吴明亮、刘伦、姜奇、陈伟、高昊、后文俊、李玉森、刘慎、孙建伟、王满意、尼春雨等也参与了本书的编写及资料整理工作，在此一一表示感谢！当然，由于笔者能力所限，加之股票市场变幻莫测，书中难免有疏漏甚至错误之处，也恳请读者给予指正。

目录 Contents

第1章 短线操盘基础

第一节 短线交易的概念 \ 003
一、什么是短线交易 \ 003
二、短线交易与中、长线交易的区别 \ 003
三、短线交易的风险 \ 004

第二节 短线投资基础 \ 005
一、短线交易操作的原则 \ 005
二、短线交易操作纪律 \ 007
三、短线交易法则 \ 008
四、短线交易秘诀 \ 011
五、短线交易操作禁忌 \ 011

第三节 短线操作必备的心理素质 \ 012
一、正确对待暴涨 \ 012
二、冷静面对暴跌 \ 013
三、见好就收落袋为安 \ 014

第四节 短线操作必备的能力要求 \ 014
一、扎实的基本功 \ 014
二、有把握行情机会的能力 \ 015
三、善于捕捉市场热点 \ 017
四、成为短线交易高手的三大标准 \ 017

第五节　短线操作的制胜要领 \ 018
　　一、擅长研判消息 \ 018
　　二、正确判断顶部 \ 019
　　三、正确判断"底部" \ 021
　　四、善于把握转势拐点 \ 023

第2章　从盘面信息寻找机会

第一节　了解盘口信息 \ 031
　　一、买卖盘的变化 \ 031
　　二、盘面成交量的变化 \ 032
　　三、换手率的变化 \ 034
　　四、内外盘的对比 \ 036
　　五、量比 \ 037
　　六、委比 \ 038
　　七、巨量买卖单 \ 039

第二节　短线交易看什么 \ 042
　　一、看集合竞价 \ 042
　　二、看开盘 \ 044
　　三、看盘中走势 \ 051
　　四、看尾盘 \ 057

第3章　从K线组合观察买卖点

第一节　从K线组合寻找短线买入机会 \ 065
　　一、"红三兵" \ 065
　　二、希望之星 \ 066
　　三、曙光初现 \ 067
　　四、旭日东升 \ 068
　　五、三阳开泰 \ 068

六、上升"三部曲" \ 069

　　七、上涨"两颗星" \ 070

　　八、"向上跳空"组合 \ 071

第二节　从K线组合寻找短线卖出点位 \ 073

　　一、高位三连阴 \ 073

　　二、"黄昏之星" \ 074

　　三、乌云压顶 \ 075

　　四、倾盆大雨 \ 076

　　五、两阴夹一阳 \ 077

　　六、下跌孕线 \ 078

　　七、高位连续上影线 \ 080

第三节　善于发现突破点位置 \ 081

　　一、"头肩底"的突破 \ 081

　　二、"双重底"的突破 \ 083

　　三、"三重底"的突破 \ 084

　　四、"矩形"的突破 \ 086

　　五、"上涨三角形"突破 \ 087

　　六、"上涨旗形"的突破 \ 089

第四节　从K线形态把握卖点 \ 090

　　一、判断"头肩顶"卖点位置 \ 091

　　二、"双重顶"的卖点位置 \ 093

　　三、"三重顶"的卖点位置 \ 095

　　四、"跌破矩形"的卖点位置 \ 096

　　五、"下降三角形"的卖点位置 \ 098

　　六、"下跌旗形"的卖点位置 \ 099

第4章　从均线捕捉短线交易良机

第一节　均线的市场意义 \ 103

　　一、什么是移动平均线 \ 103

二、移动平均线的计算方法 \ 104

三、移动平均线的分类 \ 104

四、调整移动平均线 \ 106

五、移动平均线的优缺点 \ 107

第二节　均线支撑买入法 \ 108

一、股价沿 5 日均线上升 \ 108

二、股价回调不破 10 日均线 \ 109

三、股价受 20 日均线支撑 \ 109

四、股价回调至 60 日均线反弹 \ 110

第三节　均线突破买入法 \ 111

一、一阳穿多线 \ 111

二、反弹突破 20 日均线 \ 112

三、反弹突破 60 日均线 \ 113

第四节　均线压力卖出法 \ 114

一、反弹至 10 日均线无量 \ 114

二、20 日均线阻止反弹 \ 115

三、60 日均线阻止反弹 \ 116

第五节　均线破位卖出法 \ 117

一、跌破 10 日均线 \ 117

二、"断头铡刀" \ 118

三、跌破 60 日均线 \ 119

第六节　把握均线交叉买卖点 \ 120

一、黄金交叉 \ 120

二、10 日均线上穿 20 日均线 \ 121

三、底部金三角 \ 122

四、高位死叉 \ 123

五、10 日均线与 20 日均线死叉 \ 124

六、顶部死三角 \ 125

第5章 从成交量把握短线机会

第一节 成交量基本知识 \ 129
  一、什么是成交量 \ 129
  二、成交量的几种形态 \ 130
  三、量价关系的两种类型 \ 133
  四、反映成交量的指标 \ 135
  五、认识买盘和卖盘 \ 136

第二节 成交量与股价的关系 \ 137
  一、量增价平 \ 138
  二、量增价涨 \ 138
  三、量增价跌 \ 139
  四、量缩价涨 \ 141
  五、量缩价跌 \ 143
  六、天量天价 \ 143
  七、地量地价 \ 144

第三节 从放量中发现"黑马" \ 145
  一、放量打压 \ 145
  二、巨量打开跌停板 \ 146
  三、放量突破前高 \ 147
  四、连续大幅放量 \ 148
  五、后量超前量 \ 150
  六、底部放量涨停 \ 151

第四节 从缩量状态发现短线交易机会 \ 152
  一、次低位缩量横盘 \ 152
  二、底部无量涨停 \ 153
  三、缩量打压 \ 154
  四、回调缩量小阴线 \ 155
  五、下跌末期缩量串阴 \ 156

第五节 根据成交量及时止赢止损 \ 157
  一、高位放量大阴线 \ 157

二、高位放量跳空大阳线 \ 158

三、高位放量"十字星" \ 159

四、高位放量打开涨停板 \ 160

五、放量跌破前低 \ 161

六、放量跌破上升趋势线 \ 162

七、高位放量跌破形态颈线 \ 163

八、高位缩量上涨 \ 164

第6章 根据技术指标进行短线操作

第一节 能量指标 \ 169

一、带状能量线——CR指标 \ 169

二、正成交量指标——PVI \ 170

三、负成交量指标——NVI \ 171

四、梅斯线——MASS \ 172

第二节 趋势指标 \ 173

一、平滑异动平均指标——MACD \ 173

二、平均差指标——DMA \ 175

三、终极指标——UOS \ 176

四、区间震荡指标——DPO \ 177

五、简易波动指标——EMV \ 178

六、布林线指标——BOLL \ 179

第三节 超买超卖指标 \ 180

一、商品路径指标——CCI \ 180

二、资金流量指标——MFI \ 181

三、动量线指标——MTM \ 182

四、变动速率线指标——OSC \ 183

五、变动率指标——ROC \ 183

六、相对强弱指标——RSI \ 184

七、随机指标——KDJ \ 185

八、乖离率指标——BIAS \ 186

第7章 分时图买点与卖点

第一节 把握分时图中的买点技巧 \ 191

　　一、放量突破整理平台时的买点技巧 \ 191

　　二、上穿前日收盘线时的买点技巧 \ 192

　　三、均线支撑时的买点技巧 \ 193

　　四、V字尖底时的买点技巧 \ 194

　　五、台阶式上涨时的买点技巧 \ 196

　　六、收盘线支撑时的买点技巧 \ 197

　　七、盘中放量突破均线时的买点技巧 \ 199

　　八、突破前高时的买点技巧 \ 200

　　九、突破第二平台时的买点技巧 \ 201

　　十、单笔冲击涨停时的买点技巧 \ 203

　　十一、开盘急跌时的买点技巧 \ 204

第二节 把握分时图中的卖点技巧 \ 206

　　一、"一顶比一顶低"时的卖点技巧 \ 206

　　二、钓鱼线时的卖点技巧 \ 208

　　三、受均线压制时的卖点技巧 \ 209

　　四、受收盘线压制时的卖点技巧 \ 211

　　五、放量冲不过前日收盘线时的卖点技巧 \ 213

　　六、早盘冲高后跌破均线时的卖点技巧 \ 214

　　七、跌破平台时的卖点技巧 \ 215

　　八、涨停板多次被打开时的卖点技巧 \ 217

　　九、高位涨停无力时的卖点技巧 \ 218

　　十、高位区域股价跌停时的卖点技巧 \ 220

　　十一、盘中下穿昨收盘价时的卖点技巧 \ 221

　　十二、尾盘打压时的卖点技巧 \ 223

第8章 抄底与追涨战法

第一节 抄底的时机把握 \ 227
　　一、哪些股适合抄底 \ 227
　　二、如何把握底部 \ 228
　　三、抄底的五个原则 \ 230
　　四、抄底技巧实战 \ 230

第二节 寻找短线好股票 \ 233
　　一、买盘较小，卖盘较大，但股价不下跌的股票 \ 233
　　二、买、卖盘均较小，价轻微上涨的股票 \ 234
　　三、放量突破最高价等上档重要趋势线的股票 \ 234
　　四、前一天放巨量上涨，次日仍强势上涨的股票 \ 234
　　五、大盘横盘时微涨，大盘下行时却加强涨势的股票 \ 234
　　六、遇个股利空且放量而不跌的股票 \ 234
　　七、有规律且长时间小幅上涨的股票 \ 234
　　八、无量大幅急跌的股票是超短线好股票 \ 234

第三节 短线追涨技巧 \ 235
　　一、哪些股适合追涨 \ 235
　　二、追涨的原则 \ 236
　　三、追涨的时机把握 \ 237
　　四、追涨失败后的处理 \ 238

第四节 短线涨跌停战法 \ 240
　　一、底部涨停战法 \ 240
　　二、追涨停的实战要领 \ 241
　　三、如何识别涨停出货 \ 241
　　四、跌停的应对策略 \ 242

第 1 章 短线操盘基础

短线操作是一种短期获利行为，如果操作得当，收益还是十分可观的。短线交易看重的是个股的技术面，因而不必理会股票基本面的好坏之类的问题。只要所选个股在短期内有比较大的波动，就可以进行短线操作。本章介绍有关短线操作的一些基础知识。

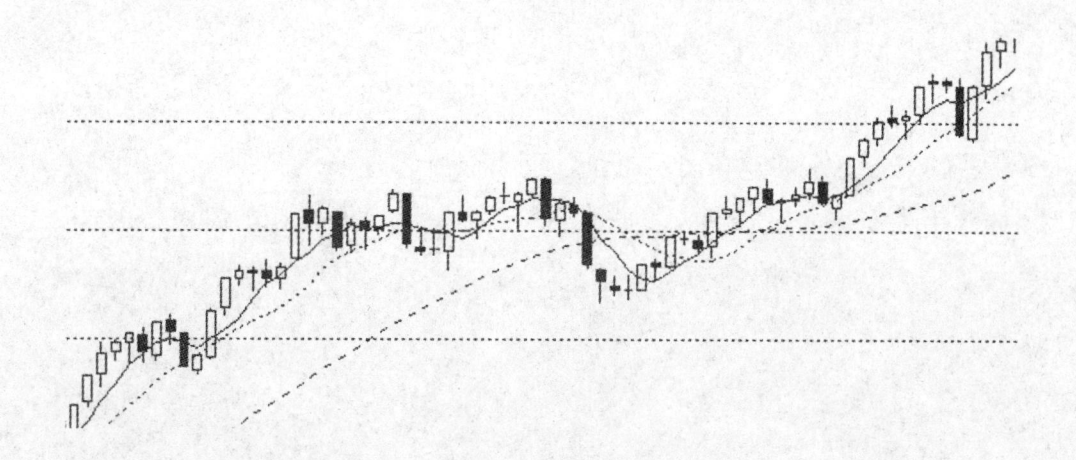

第一节 短线交易的概念

短线交易顾名思义就是在短时间或者说在短期内完成一次买卖操作。下面来了解一下与短线交易相关的概念和要素。

一、什么是短线交易

短线交易是相对于长线交易和中线交易而言的。在T+1交易制度下，短线交易通常是指隔夜交易，即当日完成进场交易，次日完成出场交易。有时，如果行情继续看涨，短线投资者也可能继续持仓几个交易日，直到一波强势涨幅完结为止。

隔夜交易这种短线交易也可以称之为超级短线。而在道氏理论中，这种时间差如此短的股价变动被视为微型趋势，是最无意义的波动。而事实上并非如此。因为任何级别的趋势都是从每日的微型趋势里演化出来的，无论投资者何时进、出场，总会在某一个微型趋势里进行交易，它是投资者进、出场的第一时间点；如果投资者能够抓住每一个有利的进、出场时机，只要每次赢利2%，那么一年下来所积累的复合利润就非常惊人，这也引发了大多数投资者"积少成多"的交易观。另外，目前中国股市尚不成熟，很多制度还没有完善，依然有政策市和消息市的影子，做中、长线交易时，不确定的因素太多。而做短线交易时，只要紧跟消息面和资金流就可以了，这样风险较小。

综上所述，短线交易是一种很实际的交易技术，特别是在熊市中，往往收益颇丰。但在长、中、短线这三种交易方式中，短线交易的风险是最大的，技术难度也是最大的。

二、短线交易与中、长线交易的区别

短线交易与中、长线交易的区别主要有以下几点：

（1）从持股时间上来看，短线持股时间一般都会少于半个月，很多短线也就是一两天的持股时间就差不多完成了一个交易周期；而中线则要长一些，可能需要一两个月；长线持股时间最长，可能在半年以上甚至几年。

（2）从操作手法来看，短线与中、长线的操作手法完全不一样，短线主要看的是技术形态，基本面可以暂时搁置；而中、长线投资必须了解股票的基本面是不是适合中、长线投资，短线技术形态可以暂时搁置。

（3）从获利期望来看，短线与中、长线的获利期望是不一样的，在操作成功的前提下，短线一般是快进快出，对收益要求不高，短线投资者要有严格的操盘纪律，要严格设立止损止赢点；而中、长线则要达到20%以上预期收益，才有持股必要。

三、短线交易的风险

有投资者认为，短线交易不就是把握几天的行情，低买高卖吗？然而事实并非如此简单，低买高卖说起来简单，做起来却不是那么容易。很多人往往就是在这几天的时间内被深套，短线变成中线，中线变成长线，甚至到最后变成了奉献。也有的投资者确实第二天挣到了钱，但贪婪的心理使得他们还想挣得更多，没有把握住卖点，最后不得已在利润下滑甚至亏损时割肉出局。一般来说，短线交易往往要面临四个方面的风险：

1. 被庄家欺骗

贪婪与恐惧是绝大多数人的弱点，而庄家常常会利用投资者的贪婪心态，故意将一些小恩小惠送给投资者，将自信满满的投资者送进云端，然后再从云端摔下；又常常利用投资者的恐惧心理，将胆战心惊而又懵懂无知的投资者踢出电梯。只要是投资者能够看得到的指标，主力都有做假的机会，包括K线图、成交量、成交笔数、内外盘、委托买卖盘、分时走势图等，都会在主力的股票、资金、信息、技术等优势下，变得扑朔迷离和诡秘难辨。

2. 技术分析缺失

对于短线投资者而言，在临盘时需要具备四个方面的能力：

敏感的信息处理能力；

整体性和连贯性的思维方式；

较高的技术分析水准；

极为丰富的辨析识伪能力。

显然，这样的技术要求只有少数勤奋钻研的投资者才可以具备，而大多数投资者则由于种种原因导致盘中分析技术的缺失。

3. 缺乏操作策略

对于一些长线投资者，如果在某一时段错过了进、出场时机，以后往往还有机会；但在短线交易中，往往不能有丝毫的犹豫，短线操作的过程中，往往会因为一时的疏忽而导致满盘皆输。有的短线投资者只会买入，不会卖出；或只会持仓，不会止损，这些都是交易技术体系不完善的表现，也是其盘中交易策略欠缺的体现。盘中短线交易是一个完整而严密的技术体系，投资者必须要有明确的进出场位、加码位和止损位，以及良好的交易心态和交易素质。如果没有这种严密的短线交易体系作为保障，短线交易的失败率就会很高。

4. 错过大幅盈利机会

由于短线投资者是冲着股票可能突飞猛涨而去的，一旦股价出现了预期中的调整，投资者就会抛弃该股而另择机会；但是，往往投资者还没来得及在其他个股上获益，被抛弃的股票却反而经过短暂整理期后一路飙升，从而导致投资者错失更大的盈利机会。此外，如果是在大牛市，短线操作的策略就会变得不合时宜，频繁的短线操作往往不如长期持有一只股票获利丰厚。

第二节　短线投资基础

要进行短线投资，首先要掌握有关短线投资的一些基础知识，比如短线操作的要素、操作的基本原则和投资纪律等。下面就来介绍相关的知识。

一、短线交易操作的原则

1. 注重短期趋势

短线选股的基本原则是被选股票能够在短期内具有较高的涨幅预期，并不看重其长期的发展趋势。这就决定了短线选股必须重视短期趋势以及追求投机性价差收益的特点，这是与长线投资的明显区别。

2. 把握市场热点

几乎每一段时间，市场都有一种或者几种热点板块，这些热点板块往往与当时的市场环境、国内外政策有着一定的关系。而作为短线投资者，追随市场热点则是他们战胜大盘并取得理想投资收益的途径之一。阶段性热点为投资者提供了一定的短线投资机会。因此，投资者如果能够按照股市热点的轮换规律把握住市场机会，将仍能获得相当可观的投资回报。

3. 捕捉龙头股

龙头股不仅是行情演绎的风向标，而且同比涨幅最为可观。这类个股往往上涨时冲锋陷阵在先，回调时走势抗跌，能够起到稳定军心的作用。

龙头股通常有大资金介入背景，以实质性题材或业绩提升为依托。通常情况下，龙头股可从成交量和相对涨幅的分析中挑选。

4. 时刻注意上市公司公告

上市公司公告蕴藏一定的个股机会。不仅上市公司每年定期发布的年报和中报经常有出人意料的惊喜，而且投资者可以从上市公司不定期的公告中发现该公司重大经营活动、股权重组等对个股价格有重大影响的信息内容。

值得注意的是，投资者在决定是否根据相关信息买卖某股票之前，必须结合相关股票最近一段时期的走势分析，因为不少个股的股价已经提前反映了公开公布的利好信息，这时就要相当谨慎。

5. 灵活运用技术分析工具

技术分析可以帮助投资者确定买卖时机，掌握一定的技术分析工具，对于股价的未来走势判断将会起到一定的作用。对于普通的投资者来讲，不一定非要掌握很多种技术指标的应用，如果能够熟练掌握并灵活运用几种就已经足够。例如：组合移动平均线的运用、资金流向及成交量分析、形态理论运用等看似十分简单的分析方法，在实践中如能结合基本分析正确地运用，对投资者选股很有帮助。

6. 避开高风险个股

市场中经常有股票突然出现重大变故，并引发股价大幅下跌，这些因素加大了投资者的选股风险。因此，仔细分析个股潜在的风险因素成为选股过程中重要的一环。

二、短线交易操作纪律

（1）把握大势，追逐热点，但不追涨绝大多数人看好的股票，不买股价极高的股票或涨幅巨大的股票。

（2）不频繁出入，不随意出击，不频繁换股。

（3）见好就收，绝不恋战，并且在买股之前先设好止损点。

（4）永远、永远不要满仓。

（5）不要相信任何"内幕"消息，那些消息是到不了散户的，除非有诈。

（6）短线操作要敢于追买涨停的股票，但需要注意的是：股票在连拉多个涨停板后，则不能再轻易追涨。

（7）不要轻易买入跌停板被巨量打开的股票。

（8）要始终站在地势低的地方，多注意中低价股的机会。

（9）上涨时加码，下跌时减磅。

（10）不要相信跌深的股票可以买，也不要相信涨高的股票必须卖，炒股关键是看趋势，而不是单纯看高低。

（11）牛市不要轻视冷门股，熊市不要过于重视热门股。

（12）高位有见顶意义的K线组合出现时卖出，低位有见底意义的K线组合出现时买进。

（13）强势调整中要买抗跌股，弱势调整中要买超跌股。

（14）做当前的热点，寻下一波的热点，长期追踪主流热点和龙头个股。

（15）成交量有效放大，原有形态被有效突破，应果断介入。如果介入后，发现先前判断有误，也要果断退出。

（16）要懂得休息，选择大势向好的阶段进行操作将事半功倍。当大势不利时，要适当休息。

（17）坚持"短、平、快"原则。买入、卖出时出手要快，参与操作的心态要平,持股时间要短。无论盈亏都要快进快出,绝不贪心。否则,极可能短线变中线,中线变长线,长线变奉献。

(18)不怕错过、只怕做错,要三思而后行。在股市中,机会永远都有,不要因为担心失去机会,而轻率地买卖股票。

三、短线交易法则

1. 明确操作的目的

短线操作的目的是为了避免风险,以回避的态度不参与走势中不确定因素太多的调整阶段。因为调整中的不确定因素就是一种无法把握的巨大风险,用短线操作的方法,就可以尽量避开这种风险。因此,只要一只股票的上升动力消失,无论该股是否下跌,都必须离场,这是短线操作的核心原则。

2. 避开左侧交易,参与右侧交易

首先我们来说明一下,什么是左侧交易,什么是右侧交易。通常在股价上涨的情况下,以股价顶部为界,在顶部尚未形成之前卖出股票,就属于左侧交易;而在顶部出现之后回落时的杀跌,则属于右侧交易,如图1-1所示。而在股价下跌时,以股价底部为界,凡在底部左侧低吸,属于左侧交易;而在见底回升后的追涨,则属于右侧交易,如图1-2所示。

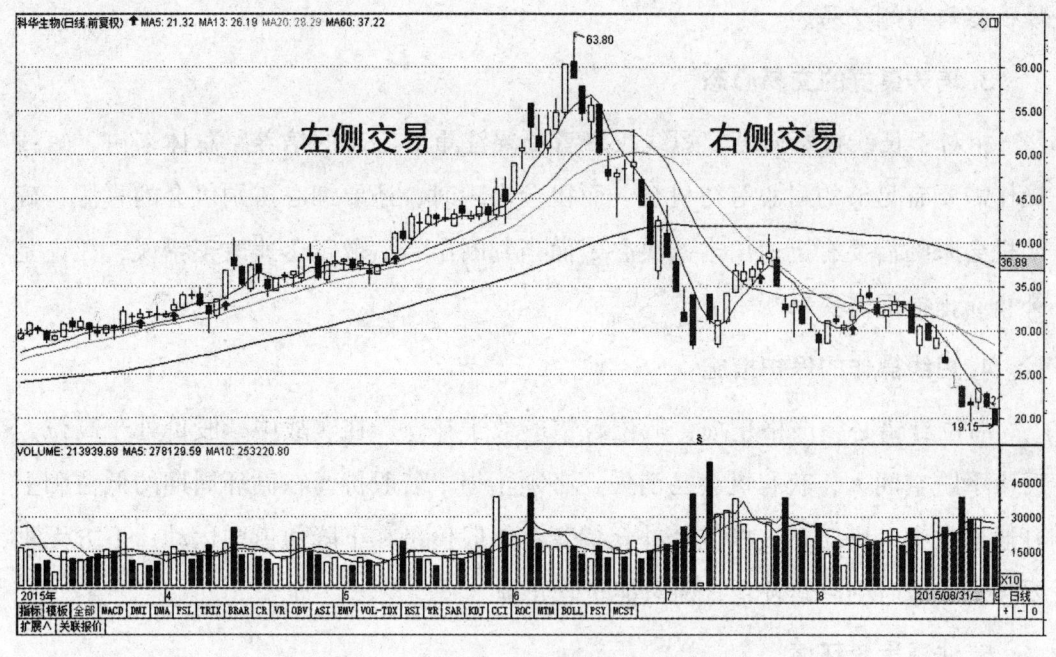

图 1-1 股票上涨时的左右侧交易

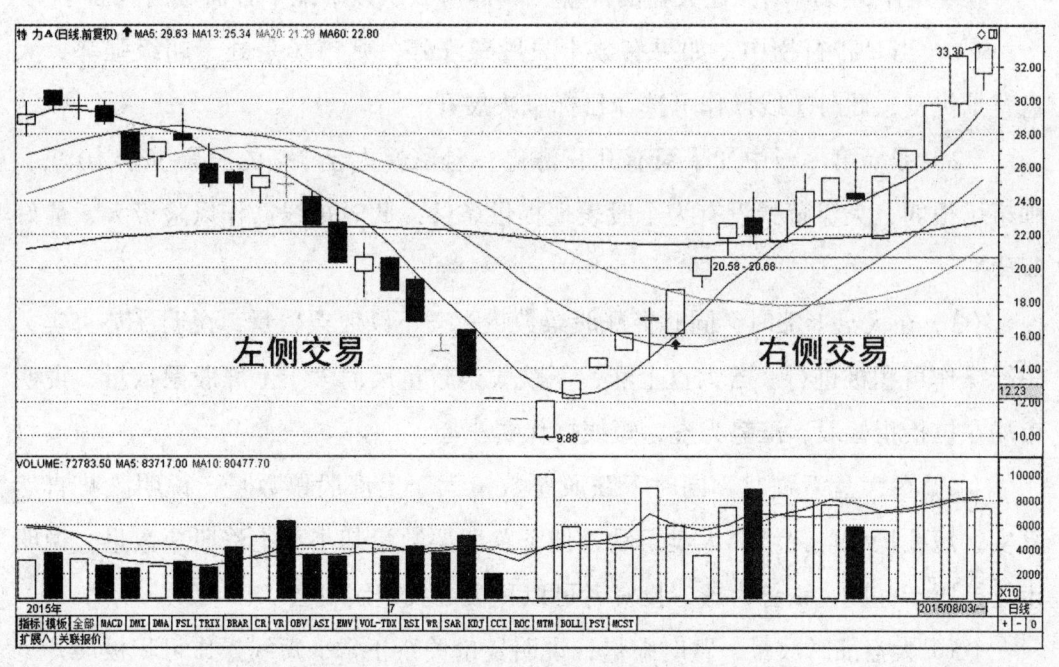

图 1-2 股票下跌时的左右侧交易

相比较而言，左侧交易的不确定性较大，而右侧交易需要一定的短线投资水平；左侧交易中的主观预测成分多，而右侧交易则体现出对客观的应变能力。短线操作必须要重视右侧交易的重要性，培养右侧交易的能力，并且避开左侧交易，参与右侧交易。

3. 培养良好的交易心态

相对于长线投资而言，短线投资者更要注重对心态的培养。总体来讲，短线操作需要有足够的耐心等待机会。而机会出现时，还要细心辨别机会的真假、确认机会来临后要有迅速出击的决心；而当判断出错后敢于迅速改正错误，无论是补仓或止损都需要果断。

4. 短线操作的保护措施

高位看错必须严格止损，低位看错应敢于补仓。在实战中，股价处于高位，后市下跌空间大，获利机会已消失，必须止损；若股价尚在循环周期的低位和上升通道之中，则应在支撑位处补仓待变。如股价是在下降通道中运动，下方无重要技术支撑时则严禁补仓，而只能斩仓止损。

5. 注重大盘环境

短线操作，要时刻关注大盘的环境，具体可以从以下几个方面做出判断：

（1）当日排行榜中，如果有数十只股票涨停，则市场是处于超级强势，大盘背景优良，此时短线操作可选择目标坚决展开。

（2）涨幅第一板中如果只有几只涨停，且涨幅大于7%的股票少于10只，则市场很弱，大盘背景没有为个股表现提供条件，此时短线操作风险极大，最好观望。

（3）在大盘上涨时，同时上涨股票数量大于下跌股票数量，说明涨势真实，短线操作可积极进行。若大盘上涨，下跌股票数量反而大于上涨股票数量，说明市场在拉抬指标股，涨势为虚，短线操作要小心。

（4）在大盘下跌时，同时下跌股票数量大于上涨股票数量，说明跌势自然真实，短线操作应谨慎。大盘下跌，但下跌股票数量却小于上涨股票数量，说明市场打压指标股，跌势为虚，投资者可以积极寻找短线机会。

（5）大盘涨时放量，跌时缩量，说明量价关系正常，短线操作可积极展开。大盘涨时缩量，跌时放量，说明量价关系不利，短线操作宜停止。

6. 注重资金流量分析

短线操作，一定要密切注视大资金的运动状况。因为股市中股票的涨跌在短时期内是由注入股市的资金量所决定。平时由于交易清淡股价波动呈现慢步随机的特征，无法确定短线运动方向并且波动幅度太小，不具备操作价值。只有在短期内有大资金运作的股票才具有短线操作价值。成交量放大、多空双方交战激烈，股价呈现出良好的弹性，从而为短线操作提供更多的机会。

四、短线交易秘诀

以下是众多投资者总结出来的一些短线交易秘诀：

（1）市场不是因为有大批投资者买进股票而形成底部，是因为没人要卖出股票才形成底部的。所以，当大批投资者进行抄底时，往往不是真正的底部。

（2）在预期收盘价格会上涨的时期，不要尝试买进开盘后大跌的股票，如果做多，而价格却大跌就赶紧杀出；在预期大跌的时期，不要尝试卖出价格在开盘后大涨的股票，如果做空，而价格却在飙涨且远高于开盘价就赶紧补回。

（3）一旦价格开始往某个方向波动，就极有可能会朝那个方向继续前进。直到有一个等量或更大的相反爆炸性力量出现为止。

（4）赚钱时加码，持有更多股票；赔钱时减仓，卖出股票这才是资金管理的真理。

（5）制胜策略和正确的资讯对决策是有帮助的，但是缺乏专注，就永远无法让你的能力发挥到极致，成为交易的赢家。

五、短线交易操作禁忌

短线交易操作时，除了要有良好的心态和训练的技巧之外，要注意以下几点禁忌。

（1）忌满时

很多投资者一年四季都始终不停地操作。而实际上，炒股最重要的是研判大势。当大势向好时，要积极做多；当大势转弱时，要空仓休息。有的投资者却不是这样做，他们不管股市冷暖，都在不停地劳作，像勤劳的蜜蜂一样，为了蝇头小利而忙忙碌碌，其结果往往是劳而无功，甚至还会因此遭遇更多的风险。投资者在股市中，要学会审时度势，根据趋势变化，适时休息，这样才能在股市中准确把握机会。会休息，才更容易赚钱。

（2）忌满利

很多投资者总想买在最低点，而卖在最高点，一味地追求利润最大化，总想把一只股票的所有利润全部拿下，结果是经常来来回回地坐电梯。特别是在大盘多次冲击高点的波段行情中，很多投资者却不盈反亏，原因就在于：他们为了想赚取更多的利润而没有及时获利了结，结果将到手的利润亏损回去。保持长期稳定获利的根本原则：不要争取最大化的利润，而要争取最有可能实现的利润。稳步增长，才是赚钱之正道。

（3）忌满仓

炒股和做人一样，凡事要留有回旋余地，方能进退自如。对于散户而言，投入股市的钱，如果都是养家糊口的钱，一旦满仓被套，巨大的心理压力下造成的忧虑情绪，必将影响对后市行情的分析判断，最后结果不言而喻。其实，满仓做多，就是贪心的一种具体表现，不放过任何机会和利润的操作意图，结果往往是被迫放弃的机会更加多。因此，这里不得不提醒大家一句，永远、永远都不要满仓，即使是在大牛市。

（4）忌自满

有的投资者在刚进入股市时，还能够虚心学习，常常能有所收获，而一旦变成老股民以后，自以为学了些指标，读了几本书，就渐渐盲目自信起来，追涨杀跌，快速进出。结果，反而输多赢少，亏损严重。任何人如果骄傲自满，就会停滞不前，最终必将被市场淘汰。

第三节 短线操作必备的心理素质

接下来介绍一下短线高手要有哪些必备的心理素质。

一、正确对待暴涨

投资者在盘面中容易受到短线个股暴涨的诱惑，特别当某只股票突然放量上涨后，很容易成为短线投资者介入的对象。其实，对于不少短线暴涨的个股，主力也常会设计一些圈套，比如主力常以对倒盘的形式造成价量齐升的假象，当其他买盘介入后，主力会进行压盘出货。不少股民喜欢进行追涨，而且追涨时不看大盘和该股处于何种地位，这种盲目的操作常会造成短线操作的亏损。

通常当发现有较大的涨幅出现时，还是应该选择良好的买点。这种买点常会在其出现暴涨的回档途中形成，千万不可在个股出现暴涨或者涨幅较大的上涨过程中追涨买入。

对一个短线高手而言，既要仔细判别一些能迅速上涨的股票，与此同时，更要承受盘中诱惑的考验。一些短线炒作的失败之处就在于投资者无法克制盘中所出现的诱惑。比如在大盘持续下跌的过程中，盘中常会出现一些价量配合极佳的股票，这类股票常会诱使短线客上当。由于股票市场T+1的交易制度，短线客一旦受到此种诱惑，常会当天即被深套。另外，还要克制某股票出现大牛走势后的追涨行为。从理论上讲，一些强势特征极为明显的股票常会有持续上涨的能力，但有的主力就是利用这种炒作心态引诱投资者。在未了解主力意向之前，投资者对此类股票必须具有较强的抵御能力。

总之，要在短线炒作中成功，就要从各个方面对自己的意志进行艰苦的磨炼。这种磨炼的过程中需要有实践的积累和各种成功与失败的体验，这样才会真正形成超越常人的意志，若能达到这一水平，依靠短线致富的理想也就能顺利实现了。

二、冷静面对暴跌

当大盘处于暴跌的状态时，常会引发投资者的恐慌，不少投资者在相当长的一段时间都会觉得难有盈利机会，特别是当大盘处于暴跌的过程中，常会不由自主地采取割肉离场的方法。

大盘暴跌的机会不会很多，而个股的暴跌则常会出现，每逢遇到上市公司出现利空或者主力出货时，不少投资者会不由自主地跟风杀跌，常会造成较大的亏损。实际上，当大盘或者个股出现暴跌时，也的确容易引发投资者的恐惧，不少主力则充分利用股民的心理在低位进行震仓吸筹。

在具体的操作中，遇到大盘和个股暴跌时应该针对不同的情况进行处理。从心理学角度而言，一旦手中的股票出现暴跌后，很可能产生恐惧心理，有的会感到十分紧张，担心股票会继续大幅下跌；有的则会感到十分痛苦。当这种情况发生后，如何克制恐惧，将会影响到是否能够反败为胜的问题。

当暴跌的事实发生后，应该面对现实，采取合理的止损措施，一方面可在其初次反弹的过程中止损出局；另一方面也可在下跌末期进行必要的补仓，特别当手中的股票出现连续暴跌后，千万不可将股票杀跌在底部位置。

三、见好就收落袋为安

与止损相比，止盈同样重要。在一波行情中，很多投资者都因为没有及时获利出逃，由赚钱变成保本甚至亏损。可是短线高手却能很好地见好就收，锁定利润。这是因为短线高手往往有适合自己的一套短线止盈方法。

只有把赚钱的股票卖出才是真的获取利润，否则，账面利润再多也只是一个数字而已。为了避免由赚钱变成保本甚至亏损，在实际操作中，短线高手通常都会设定股票的最小获利目标点位，股价一旦达到这个目标点位，立刻卖出30%~40%的仓位，之后获利率每上涨5%，止盈点位相应提高一些；一旦股价回调到最新止盈点位，马上全部清仓。此方法可以在稳获利润的基础上又尽量多地获取短线的后续利润。但大家需要注意的是，以上方法比较适合在相对强势的市场中应用。此外，对于大盘到达争议阶段或震荡市场中也可以适当应用。

第四节 短线操作必备的能力要求

对于投资者来讲，即使没有任何投资经验，都有可能短线获利。但要想成为真正的短线高手，就需要具备一定的能力。短线高手，要具备哪些能力呢？

一、扎实的基本功

很多投资者，在入市前是没有任何投资基础的，而他们进入股市的目的却是非常的明确，那就是要挣钱，甚至是要一夜暴富。然而他们一开始并不是去学习一些投资知识，而是马上参加交易并期待着挣取股市的"第一桶金"。这更像是一个赌徒在还没有了解一种牌的玩法，就去下赌注，其结果可想而知。

要想在股市中长期获利，仅凭运气是肯定不行的，甚至是可怕的。因此，我们在进行交易之前，最好能把自己的头脑充实一些。也可以抱着一种学习的心态少投入一些资金，慢慢积累经验，但是千万不要在学习了一些技术指标后就自以为是。

二、有把握行情机会的能力

作为一名短线交易高手，准确地找出并把握住个股行情的机会是其盈利的前提条件。没有对行情机会的把握，也就谈不上实战操作，更谈不上获得收益了。培养把握行情机会的能力，需要从以下几方面入手：

1. 正确判断大盘走势

对大盘技术走势做出正确的分析研判，是投资者在实战中正确操作的首要前提。

（1）正确判断大盘当日的走势

这种能力包括结合各方面情况用专业技术和方法迅速看出大盘当日可能出现的各种走势，并对此有一个客观的估计。尽管此走势不一定是正确的，但起码准确率要高一些。

对大盘当日走势的判断将决定短线交易高手对当日个股操作计划的制订和执行。这其中，最为重要的是对当天开盘竞价的准确理解，以及对盘中出现的高、低点和股价波动态势的技术意义的透彻领悟。

（2）正确判断大盘短期走势

在研判大盘当日走势的情况下，短线高手还要能够对大盘近期技术走势做出正确的分析研判。如此才能选择正确的短线操作法，同时综合分析所采取操作策略的风险和盈亏大小。

2. 正确判定个股运行态势

任何时候，个股都处于某一特定的技术态势中。正确判定个股所处的态势，直接关系到短线操作的手法运用及其正确性。

例如，当目标个股的 5 日均线处于向上状态并且 5 日均线也同时朝上，则说明该股处于向上运动的态势之中，具备了一定的短线获利操作价值。同理，若该股这两项指标走平或向下，则它处于盘整下降的态势中，不具备短线获利的条件。

3. 正确判定行情力度

（1）看股价变化速度

短线操作中的一项重要介入标准就是速度。股价运动角度越大，上涨速度越快，获利的机会自然也就越大。通常情况下，5 日均线与水平线形成的角度如果大于 45°，则为强势行情，反之则为弱势行情。若大于 60°，就属于超级强势行情，是短线高手最适宜操作的阶段。

（2）看量能

成交量、换手率的大小，直接表明股票交投的活跃程度。成交量和换手率大，表示股票买卖双方都对交易有很高的积极性，股票产生行情的可能性和力度就比较大。相反，成交量和换手率小，则表示股票买卖清淡，投资者交易的积极性不高，在这种股票中行情产生的可能性也就比较小。通常，日换手率在 3% 以上的股票才比较适合短线操作。

4. 正确把握买卖点位

短线高手必须要对所有细节都仔细把握，因为每一个细节都决定着收益！把握好股票的短线买卖进、出点位尤其如此。有时，即使投资者已经看好某一只股票，并且相信这种把握甚至超过平时的成功率，但此时可能有些美中不足，介入价位偏高。因此，短线高手在实战操作中，在技术系统买卖信号出现后必须立即展开动作，绝对不允许有一丝一毫的迟缓。买卖动作的迟缓是实战操作者心态控制成熟度低下的标志，也是实战操作者意志力脆弱的表现。这正是妨碍投资者向高手晋级的最大障碍，如果在投资实战中不能成功战胜人性的弱点，就难以取得长久、稳定、持续的成功。

获利和亏损往往就在一瞬间，在市场机会出现时要立刻将其捕捉到。在实盘中，短线操作对于买卖点位的把握要求特别高。因此对职业短线高手的下单速度要求也特别高，一般要求从下单到成交必须几秒钟就完成。顶级的短线高手能够根据丰富的经验和操盘能力，准确地把握住实战中理想的进、出点位。

三、善于捕捉市场热点

作为短线投资人，必须要学会捕捉市场热点板块。短线讲究的是快进快出，而把握住市场的热点板块进行操作，就会事半功倍。我们可以通过以下方式寻找市场近期的热点板块。

（1）看涨幅榜

每天打开涨幅榜进行密切关注，并且查看涨幅靠前的个股属于哪一个板块，然后再打开同类板块进行查看。如果该板块的个股涨幅都比较可观，那么可以确定这类个股当前属于强势，短线可操作性较强。

（2）注意政策面变化

不仅仅是在国内，全球很多股市都还没有摆脱政策的束缚，一条政策有可能使某一板块的个股出现连续上涨，同样也有可能使某一板块的个股出现连续下跌。有时甚至会出现所有股票全部涨停的奇观。因此，平时多看新闻，多分析政策面的变化对股市的影响是非常有必要的。

（3）留意个股资讯

每天都会有很多的个股发布一些资讯信息，这些信息有的是上市公司发布的，有的则是一些分析人士的个人观点。我们要学会从这些信息中找到投资点。当然，这些信息出现时，有时对股价的影响已经微乎其微了，因为对于一些有价值的信息，主力机构往往比普通的投资者要事先得到。

四、成为短线交易高手的三大标准

1. 成功率高

成为短线交易高手必须保证相当的成功率。真正有把握的投资机会不是每天都会出现，短线高手们在强调果断出击时，其实也非常注重出手的风险概率，在把握不准时以观望为主。

2. 收益率高

收益率与同期明星个股涨幅比较，50%以下的投资者都不算短线交易高手，而跑赢同期大盘，则是对短线高手的最基本要求。

另外，在一日或一周的交易时间段内收益率具有极高的不确定性，这很难真正判断专业短线高手的水准。月收益率时间相对较长,这能成功过滤短周期的不稳定性。真正的短线高手在一个月内的收益常常能达到同期明星个股涨幅的50%~70%。

3.风险收益率高

实际上在长时间的短线操作中,想要保持70%以上的成功率是很难的。这时候短线交易高手是如何生存下来的呢?他们会努力提高操作的风险盈利比率,即努力提高每次成功操作的收益率,而把每次失误操作的损失控制在最低限度。

以短线操作成功率为35%的投资者为例,通常这样的短线高手的止损位都设置在4%~5%,风险高于这一亏损比例一般不进场。于是投资者每一次成功的操作都肩负着至少收益8%的责任。而想要拥有长期盈利能力,必须最少要有20%以上的获利空间才可以考虑进场;小于这一收益率绝不考虑进场,因为进场意味着交易的最终亏损。对自己判断力的正确评估,是灵活运用风险收益率的保证,因此必须正确判断,不能自视过高或过低。

第五节 短线操作的制胜要领

短线操作充满着众多的不确定性,若要提高短线操作的成功率,就需要掌握短线操作的一些要领。下面简要介绍一下短线操作的制胜要领。

一、擅长研判消息

市场中每天都有若干条信息,而对于一条消息,投资者不但要判断其真伪,而且还要判断出该消息对市场可能造成的影响。只有这样,才能根据消息做出正确的投资决策。

根据消息影响对象的不同,可分为影响大市的消息和影响个股的消息、影响行业的消息和影响地区的消息。投资者通过某种渠道获得某一消息后,首先要分析所获得的消息属于哪一类,这样才能对它的影响作进一步的分析。

消息更经常的划分方式是利好消息、利空消息和中性消息。利好消息能够提供支持股指上涨的因素，利空消息则可能会促使股价下跌，而中性消息则可能暂时不会对股指或股价造成短期影响，发挥的是一个长期的作用。投资者在研究分析一则消息时，需要着重从以下几方面入手：

1. 是否会影响市场供求关系

股票价格的涨跌是由股票的供求关系决定的，其主要包括两方面内容，一方面是股票的数量，另一方面是资金的数量。

如果是股票大幅扩容，新股上市速度较快的消息，这会增加股票供给，那么就属于利空消息。如果是类似新基金发售的消息，为股市增加资金投入，那么就属于利好消息。

2. 是否会影响上市公司的经营效益

股价的最根本支撑因素还是上市公司的业绩，业绩好的公司，股票容易受到投资者的追捧，而如果公布的消息会改变目前公司经营环境，投资者就要认真分析了。例如上市公司出台了某项重大改革或重组措施，可能会大幅提高公司的管理水平和赢利水平，就属于利好消息。

3. 市场或个股的影响程度

在分析了消息对股价的作用方向后，投资者的任务还没有完全结束，还需要分析消息的影响力有多大。只有正确地判断消息影响力的大小，投资者才能制订出正确合理的操作计划和获利目标。例如，上市公司通过一则资产重组或股改的公告，就有可能导致股价一飞冲天。

总之，在消息满天飞的证券市场，投资者如果无法准确判断各种消息的真伪、作用和导向，就很可能要被市场的洪流所淹没。而对于短线投资者来说，快速准确地判断分析消息更是一项基本功。

二、正确判断顶部

顶部的出现，往往是有一定征兆的，作为短线投资者，更是要想办法避免在顶部"站岗"，一旦"顶部"特征出现，就要学会成功逃顶。下面来了解一下如何判断"顶部"的出现。

1. 根据换手率分析

当一只股票从建仓到拉升再到出货，都会伴有大的换手率。当股价一路拉升到一定的高度，这时市场上就会利好频传。如果个股的日换手率超过20%时，就要引起警惕，当日换手率连续三天超过20%，股价又在某一区间滞涨，说明"顶部"将形成。

2. 根据上升趋势线分析

股市上每一次行情都有一条上升趋势线在支持股价向上运行。一旦这条上升趋势线被跌破，且在跌破之前伴有大量涌出，说明"顶部"将形成。

3. 根据均线系统分析

当个股处于上升后期时，短线投资者应时刻注意5日均线的变化，如果5日均线连续下穿10日均线、20日均线和30日均线，说明"顶部"将形成。

4. "顶部"的成交量特征

（1）出现巨量

成交量是推动股价上涨的原动力，当个股或大盘放出异乎寻常的巨大成交量时，是即将见顶的重要特征。其中小盘股的换手率如果达到30%以上，大盘股的换手率如果达到15%以上，同时股价已有一定涨幅的，说明"顶部"将形成。

（2）天量见天价

有时个股的成交换手率虽然没有达到上述标准，但是，成交量仍是最近一轮行情以来最大成交量的，也要将其视为天量水平。例如，有的个股在一轮行情中，换手率从未超过5%，如果当股价涨升到一定高度后，突然连续多次地出现超过10%的换手率时，投资者也要加以警惕。从技术分析上看，量与价之间有必然的联系，"天量见天价"的规律已经屡次被市场所验证。

（3）量比急剧放大

一些个股在经过大幅拉升后，突然出现量比急剧放大的现象，也是重要的顶部特征。和前两种放巨量不同，这种放量的换手率并不大，但是，量比却大得惊人，有时能达数十倍之多。恰恰是因为换手率不大，所以不容易被投资者发现，从而错失逃顶的机会。

（4）量价失衡

如果在上涨的行情中，股票某一天突然出现空前大的成交量，但与前几天相比，股价反而停滞不前或只有小幅上扬，或者当日最高价与最低价差距过大，但当日的收盘价未必会高于前一日的收盘价，这些迹象表明主力机构有可能在出货。此时可认为顶部已出现。

（5）不放量的顶部特征

这是一种不放量的出货模式。因为主力机构在高位放量出货时，容易引起一些有经验投资者的警觉，而且散户船小好掉头，往往能跑得比主力机构快。主力机构为了避免出现这种被动局面，有时会采用边拉边出的隐蔽出货手法，在股价拉升过程中就完成了大部分的出货任务。这样，在股价形成顶部时就不会有放量迹象。这种情况多出现在股价涨幅惊人、主力机构获利极为丰厚时。因此，投资者要放弃"只要个股不放量，主力机构就一定没出货"的思维误区，当主力机构获利极为丰厚或在某种特定条件及需要的情况下，即使个股不放量，一样可以出货，股价也一样会形成顶部。

我们通过下面的例子就会明白其中的道理。

假设庄家将某只个股从5元拉升至25元，在5元附近建仓了25%的仓位，那么，只要在25元的高位换手率达5%，就可以收回全部成本，其余的筹码在任何价位抛出都是获利的，也就等于主力机构在高位徘徊的一段时间内，只要累计清空5%的流通股，这对主力机构来说实在是轻而易举的。当然，我们在这里也只是做一种简明的计算，实际上主力机构的成本结构非常复杂。

三、正确判断"底部"

一般情况下，普通的投资者只能根据当时的政策和股市走势等几方面因素进行综合判断，来确定"底部"的性质。而对于进行短线操作的投资者来讲，应以判断股票的投机价值的"底部"，也即阶段性"底部"为主。

1. 中、短期"底部"的形成

（1）短期"底部"

短期"底部"是指股价经过短时间的连续下跌后，因短期技术指标超卖，从而出现股价反弹的转折点。股指每次加速下跌都会探及一个短期"底部"，这一反弹的时间跨度少则几天，多则几周，反弹的高度在多数情况下，很难超过加速下跌开始时的起点。

短期底部以V形居多，发生行情转折的当天经常在日K线走出较为明显的下影线，在探底之前，通常会出现2~3根比较大的阴线。在短期底部出现前几日急速下跌中，大多数个股都会有一定的跌幅。

（2）中期"底部"

中期"底部"是由于股价经过长期下跌之后，借助于利好题材所产生的上升行情的转折点，这一反弹的时间跨度少则几周，多则几个月。

中期"底部"一般跌势持续时间较长，跌幅在20%以上，之后才会出现中级反弹。中期底部的出现，一般不需要宏观上基本面因素的改变，但却往往需要消息面的配合。最典型的情况是先由重大利空消息促成见底之前的加速下跌，然后再由利好消息的出现，配合市场形成触底回升走势。

当然，对于不同的底部，不同的投资者应采取不同的投资策略。例如，短期底部出现时，激进型投资者可以趁机抢反弹；中期底部出现时，一般投资者都可参与，持股时间相对长一些。

2. 如何寻找"底部"

投资者可以通过以下方式来确定底部的到来。

（1）从成交量变化中寻找"底部"

根据"量先于价"的原则，股价从低档反弹后又回到低档，若成交量少于前次低档时，表明股价有望见底，后市多会出现一波上升行情。

当大盘已处于底部区域，而某日出现成交量突然放大，股价上涨或股价缓涨，则表明已有主力机构在抄底，可适量跟进；当股价已突破颈线而上涨，成交量大增时，表明反转上升行情已成定局，可积极买进。

（2）根据技术指标确认"底部"

当股价处于底部位置时，技术指标会出现底部特征。例如，各种技术指标向上突破下降趋势线的压力；另外，从K线形态上看，以前的低位底部可作为参考点位。如果在一年内有几次都是在触及这一低位时反弹回升的，那么该点位可认为是一中期底部；最后，当各项技术指标如KDJ、RSI的周线形成多头排列，5日均线连续多日上升，并且向上突破10日、30日均线形成金叉、金三角等底部特征时，表明大盘已探底回升。

（3）利用市场特征找底

在市场经过长期的大跌后，经常会出现这种情况，即面对利好消息，股市不涨反跌，多次的反复，使市场处于一种麻木状态，但此时往往已经离较大级别的底部不远了。有时，在市场底部将形成时，也往往伴随着较多的利空消息，但当重大的利空消息出现，市场不跌反涨时，也说明市场已经见底。

四、善于把握转势拐点

趋势有上升、盘整和下跌三种，任何一种趋势向另一种趋势的转变都会构成转势。因此，我们把转势分为六种，即见顶回落、探底回升、筑顶走势、筑底走势、突破走势、破位走势。同趋势一样，转势也有时间长短之分。作为短线投资者，更关注的是短期转势，其趋势的转变一般在数天内完成。其中最有操作意义的是见顶回落、探底回升、突破走势和破位走势四种形态。

1. 见顶回落

这是一个非常重要的信号。该信号一旦形成，股价将进入一个中、长期的下跌阶段，对于短线投资者来说，这正是一个抛出股票以确保投资收益的关键时刻，如图 1-3 所示。

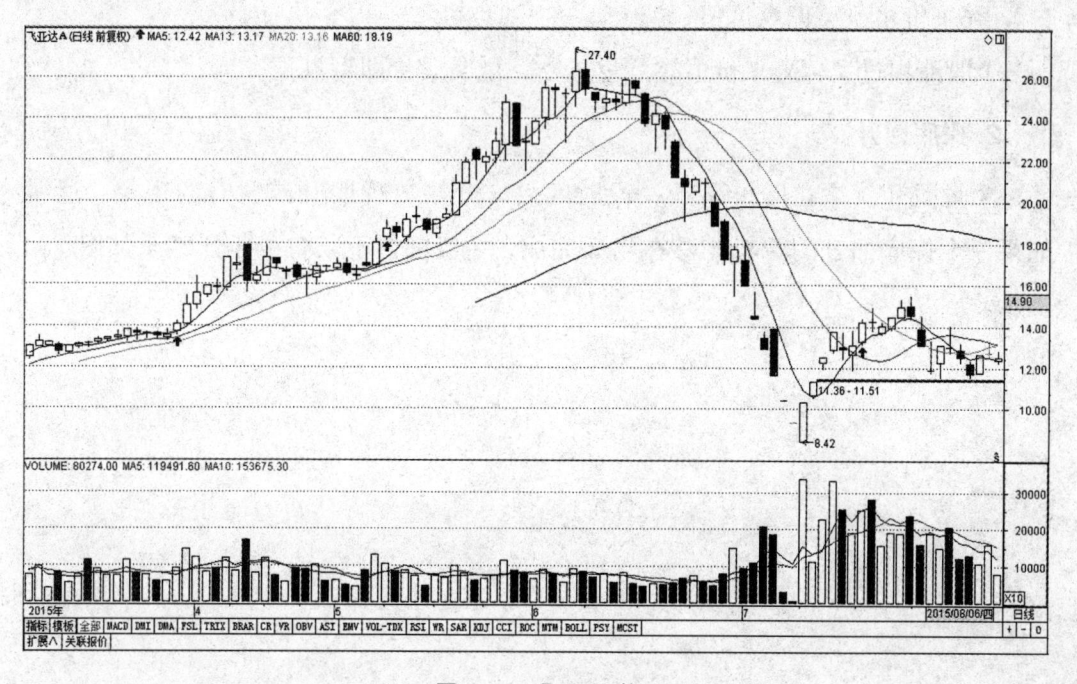

图 1-3 见顶回落

见顶回落主要有以下特征：

（1）补涨个股全面活跃

这个时候，大部分股票开始出现放量滞涨的现象，但是前期涨幅有限的股票开始补涨，意味着升势即将见顶。

（2）高位巨量大阴线

高位出现巨量的大阴线，并且配合出现向下的跳空缺口，这说明市场人心有变，主力在出货。

（3）股价大幅度上下震荡

因为这个时候看多者仍占多数，而看空者则忙于大量出货，这才造成股价放量震荡。

（4）重要支撑位被击穿

当重要的支撑位，如30日均线、60日均线被击穿，这说明多头主力已经无力护盘，做多信心已被动摇。

（5）该涨时不涨

利好消息不断，且技术面和基本面都向好的情况下，股价却只放量而不上涨，表明即将见顶。

（6）价格严重偏离价值

个股涨幅过大，未来价值被严重透支，说明股价即将见顶。

2. 探底回升

探底回升就是在股价下跌一段时间后，开始出现回升或拉升的现象。通常如果一个探底回升的转势能够在当天完成，一般都留下长长的下影线，如图1-4所示。

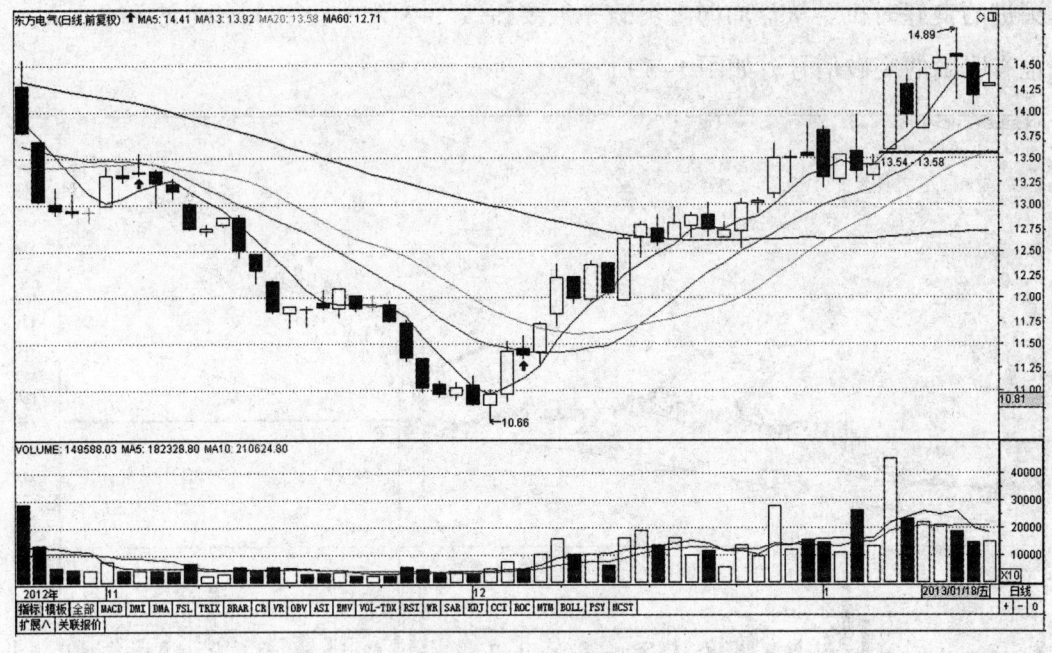

图 1-4 探底回升

探底回升主要有以下一些典型特征：

（1）成交量较小

由于底部的人气较为低迷，成交量通常较小。成交量未能有效放出，且持续萎缩。探底回升前的一段时间，成交量曾经出现过地量。

（2）空仓人数增多

空仓投资者人数的多少决定了大盘反弹的力度，市场资金面越宽裕，反弹的力度就越大。

（3）出现领头羊

通常，每一次探底回升行情，都会有领头羊个股或者一些领涨板块出现，而这些个股往往是涨幅惊人，从而带动了市场人气。

（4）观察市场的量价变动

作为反向指标，市场人人看空时，通常也会显露出底部到来的特征，市场新的领涨板块出现大幅上扬时，也是大盘将要从底部走出的重要标志。因此，投资者须密切关注市场的量价变动。

3. 突破走势

突破走势是指股价在一个范围内盘整一段时间之后向上突破，是短线投资者买进的良好时机。从盘局向上突破一般要持续 2~3 天，往往伴随成交量的放大，也有明确的突破信号，如图 1-5 所示。

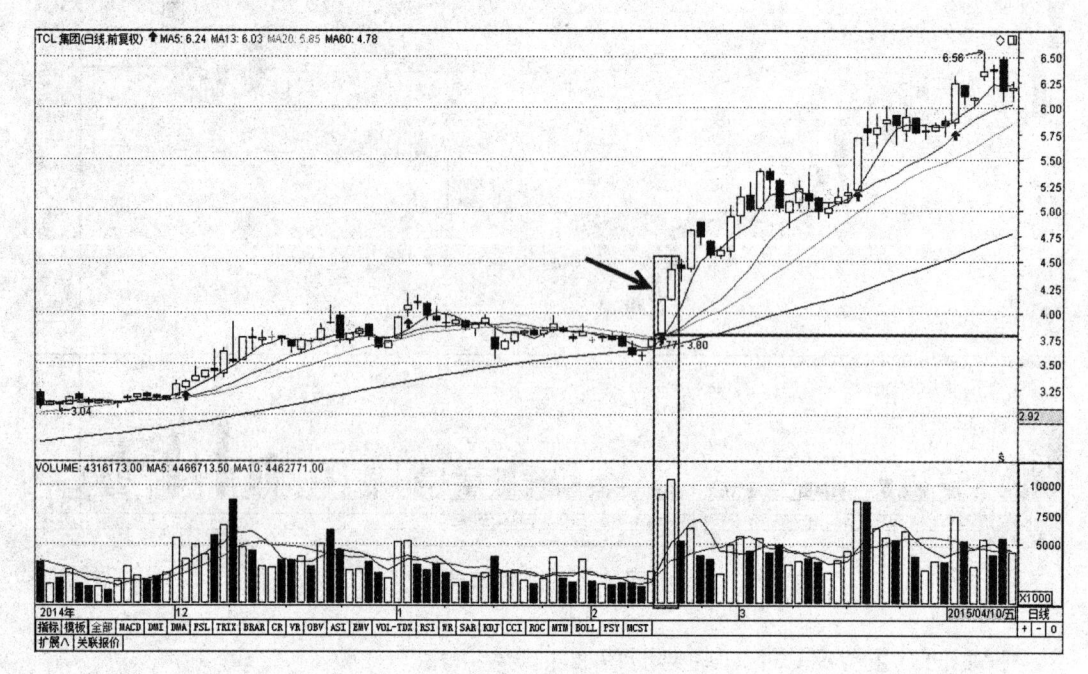

图 1-5 突破走势

如果成交量不大，则应参考其他信号再确认一次。对于在高价区域出现的盘整向上突破，投资者必须提高警惕，因为最后的上攻往往是下跌之前的回光返照，随之而来的将是下跌行情。在突破行情中，投资者需要做到以下几点：

（1）研判行情有效性

研判突破的有效性，重点是从量能、价格、走势、空间四个方面进行。

量能分析：在突破过程中要出现放量向上突破的情况；但在突破以后成交量不能大幅萎缩，如果成交量过快萎缩，股指重新跌落，就会形成假突破。

价格分析：无论是股指还是个股股价在向上突破时都会出现较大涨幅，在 K 线图形态上往往是以中、大阳线出现的，并且在突破之后的几个交易日内不会出现"黄昏之星"、"乌云盖顶"等常见的见顶形态。

走势分析：从走势的角度分析发现，均线呈现强势运行状况，对行情的继续上涨起到良好的支撑作用。

空间分析：可以发现有效突破行情往往距离上档成交密集区较远或者成交密集区压力较小的空间位置。

（2）选股操作

当大盘产生突破性行情时，投资者需要关注成交量，如果盘中成交量连续放大，个股表现又十分活跃，那么此时就是一个比较好的追涨和跟随操作的时机。

追涨时，要重点选择一些强势股，放弃大多数普通股票。这样可以提高资金使用率，争取最大化的利润。在实际操作中，投资者既要敏捷又要胆大。只有这样，才能做到在启动时迅速介入，在突破时加仓，在拉升过程中快速获利。

4. 破位走势

一般股票一旦出现破位现象，其杀伤力是非常巨大的，一旦某只个股发生破位走势，就应该离场，不应死守，如图1-6所示。

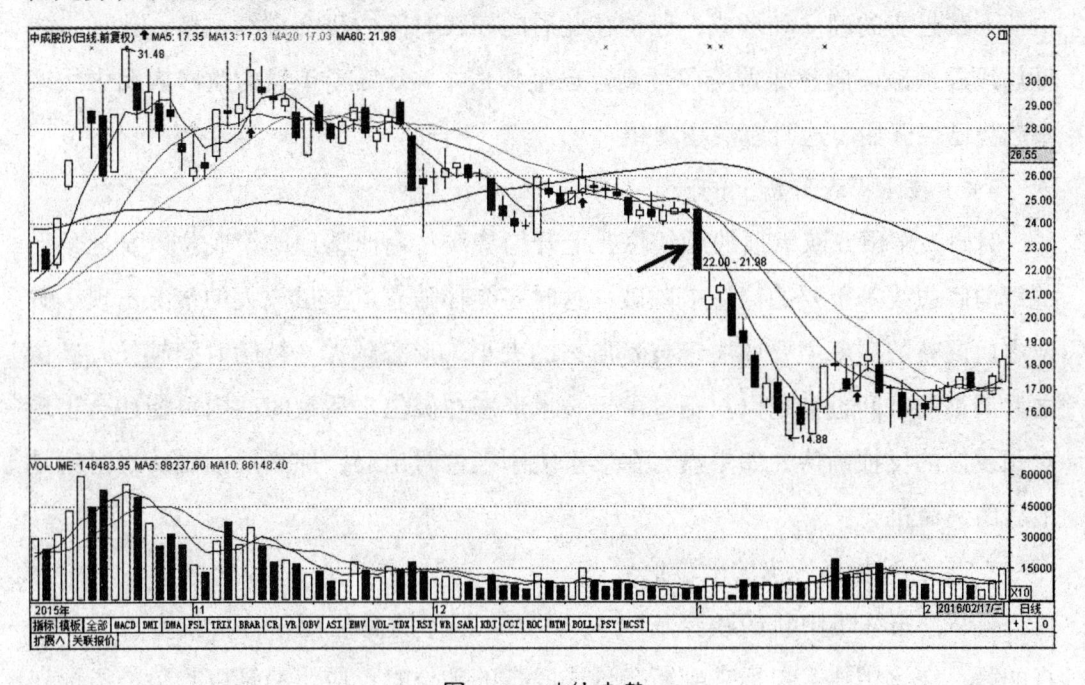

图1-6 破位走势

投资者要灵活应对股价破位走势：

（1）高位盘整后破位下行

此情况多发生在一些长时间高位运行的庄股上。如果该类个股以放量跌停或大幅向下跳空等长阴线方式跌破此前的盘整区，基本上都会伴随着股价的连续下跌。由于破位后跌幅极大，持股的投资者应在破位的第一时间减仓出局以避免出现更大的损失，而不应心存幻想，抱有侥幸心理。

（2）跌破关键点破位下行

由于历史原因大盘所形成的重要底部和一些关键性的整数关口，一般都具有较强烈的技术支撑和心理支撑作用。在没有重大利空的情况下，在这些相关点位跌破后，通常会引发大量短线资金的介入而出现反弹，此时的破位常是市场短期见底的信号。如果在破位前投资者采取谨慎观望策略的话，那么一旦破位出现后，则不应跟风杀跌，反而可以考虑适当参与把握短线的机会。

（3）跌穿中、长期均线破位下行

如果盘中跌破这类均线，则不必急于采取行动。因为这有可能是假跌，收盘之前还有可能被拉回。但若是有效突破，则应引起注意。因为这种情况多代表着中期下跌趋势的确立和形成，股价在此后的较长时间内仍会继续调整。比如，60日均线被跌破一般意味着阶段性高点已经形成；120日半年线的跌破表明中线调整趋势已经开始，这时应离场观望。

（4）技术形态分析上的破位

例如头肩顶或双重顶的颈线位、上升趋势线、箱形整理的箱底位以及三角形整理的底边线等重要的位置被跌破，这时多会伴随着成交量放大的情况出现。破位之后调整的深度主要取决于技术形态的大小。形态越大、持续时间越长，破位之后调整的空间也会越大。不过由于技术形态在破位之后短时间内可能还会出现对颈线位的反抽确认，如果没有在形态刚刚破位时出局，那么反抽确认之时就是最后的逃命机会。

（5）各种指标发出的破位信号

例如，布林线中轨的跌穿、KDJ、MACD指标的高位死叉等。投资者需要注意的是，在运用技术指标来判断股价或股指的破位时，应当尽量以趋势类指标和中、长期指标的信号为准。因为短线指标对股价的变化过于敏感，常会出现假破位的情况。

第 2 章　从盘面信息寻找机会

一个短线交易高手，一定会时刻留意盘面的变化，在瞬间寻找到短线操作的机会，从众多的盘口信息中找到有用的内容，从而做出正确的决策。这些盘口信息包括买卖盘的情况、换手率的变化、量比和委比变化等内容。本章逐一介绍这些相关知识，为今后的实战操作打下良好的基础。

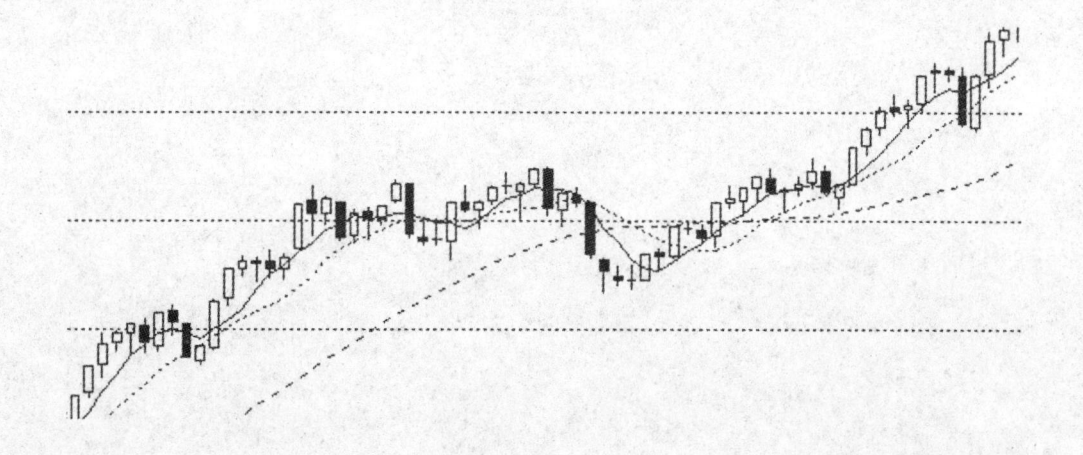

第一节　了解盘口信息

实盘中，盘口变化包含很多信息，比如价格的波动幅度、成交是否真实、主力的对敲情况等。学会观察盘面的变化情况，就可以利用盘口的这些变化，去摸清主力机构的真实意图。通常，观察盘口的变化可以从以下几个方面入手。

一、买卖盘的变化

买盘和卖盘是时刻变化的，通过观察这些挂单可以看出主力的一些动作。比如通过观察成交等候栏内买盘或卖盘的大单成交情况，来判断是真实成交还是虚假挂单。

1. 卖盘挂单的真与假

盘中经常可以看到在卖盘成交等候显示栏中卖三、卖四等位置出现上百手或者上千手的大单，而卖一、卖二的位置只是几手或者几十手的小单。当卖一、卖二位置的小单被陆续吃掉后，卖三、卖四等位置的大单忽然消失，在成交明细中也看不到这些大单的成交情况，那么我们基本可以断定这是主力挂有的虚假卖单。

为什么会出现这种情况？如果单纯利用分时盘口的变化是很难解释的，但如果结合 K 线图就很好解释了。一般情况下，当股价处在低位或在上升趋势中的盘整末期时，多半会出现这种状况。由于主力想继续做多，但还没有收集足够的筹码，或是浮筹过多，他们就会用各种方式进行强洗盘。这种洗盘既包括战术上的，也包括心理上的。当主力机构在卖盘上方挂大卖单时，此时分时图中股价没有下跌，而是处在横盘振荡或者小幅上扬的状态，那么表明他们并非要卖出筹码，而是利用这种大单压盘制造恐慌，让散户觉得主力准备出货，价格马上下跌，此时便会作出卖出的错误决定，而这些筹码当然就落到了主力机构的手中。这也就是前面所说的虚假挂单。

真实成交却不是这样的。当卖盘等候显示栏的卖一位置出现大卖单时，卖

二、卖三以上位置也挂有大单，一般来说这都是真实成交。这种情况多出现在股价大幅上涨后期，主力为了快速出货便挂出大单对着买单主动去卖；当卖一成交时，卖二、卖三的大单快速补充到卖一的位置，此时成交明细中就可以看到很多大笔的主动性卖单，这时跟随主力做空才是正确的操作。

2. 买盘挂单的真与假

当看到买一、买二出现几手或者几十手小买单，而买三、买四出现上百手、上千手大买单，当买一、买二的小单成交后，买三或买四的大单快速撤掉，这多半是虚假买单。

这种情况多出现在股价大幅上涨后期，主力为了达到出货的目的，在买盘中挂大量的买单以此吸引散户的注意力，让散户觉得股价还会继续上涨，从而做出买进的错误决定。其实此时主力机构已经把准备出货的大单分拆成散单在散户跟风中顺利地将筹码移交。我们在观察这种虚假挂单时，一定要认清股价所处的位置，因为只有在上涨行情末期或者下跌趋势中出现这种情况才是主力出货，而如果股价只是在上升初期或者上升趋势的盘整中，那么这种情况多半就是主力在利用买卖盘挂假单来进行对敲洗盘了。

当买一位置出现大的买单时，这才是主力真正的买。当股价处在上升行情初期或是在上涨途中洗盘将要结束时，主力想要快速拉升股价，便会在买一挂出大笔单子。对着卖单主动去买。当买一的单子成交后，买二、买三的大买单继续补到买一的位置上，此时成交明细中会看到大量的主动性买单，而这时跟随主力做多必将获利。

二、盘面成交量的变化

由于股票的活跃度不同，所以个股每日的成交量也不同。例如，在一段上涨行情中，同类板块的龙头股成交量必然大于非龙头股，因为受市场关注的程度不同，所以跟随的群体也不同。龙头股会受到市场的追捧，跟风炒作的人也就多，在成交量上也就会显示出来，这就是我们说的价升量涨，量价的正向配合。股价上涨，跟进的人多，成交量就会放大，成交量放大又带动了股价继续上涨，这就是量价的相互刺激。而非龙头股由于不能起到带领板块的作用，所以跟随的人也会减少，当然成交量也会少。由于成交量减少，更多的人不看好此股，所以股价的上涨也因此会受到制约。由于我们短线操作抓的是龙头股或者次龙头股,所以用成交量判断股票的活跃度也是一种重要的分析手段。这讲的是个股的成交量。

而在同一只股票中,每日的成交量或每日的分时成交量也是不同的。从盘口看到每日分时成交量中那些针状的线柱,不可能是一样的。量柱有长有短,也就是说量能有时集中放大或瞬间放大,有时集中缩小或瞬间缩小。这表明了在一天之内的不同时间成交量的状况。我们可以利用成交量的这些变化来推断股价会上涨还是会下跌。

1. 集中放量

从图 2-1 可以看到,当成交量开始集中放大时,股价出现一波拉升走势。由于此时出现价升量涨的走势,相应的做多人气也就会被继续带动,所以跟进做多的人也会越来越多。如果能在放量上冲的开始就及时跟进,虽然有一定风险,但在短线操作中往往是有利可图的。如果此股日 K 线走势也良好,那么做一个波段操作是非常不错的。

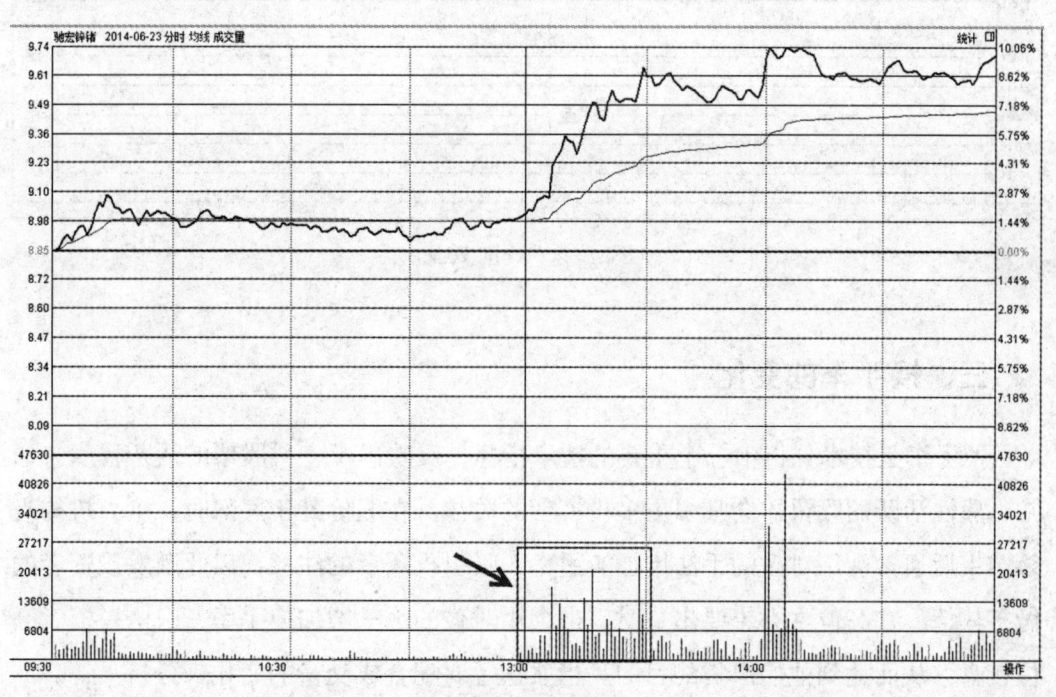

图 2-1 集中放量

2. 瞬间放量

从图 2-2 可以看到,此股在盘中瞬间放量后,股价快速走高,但由于能量不能持续放大，所以上冲动作也不能持续，这时股价很快就会回落。一般来说这种瞬间放量多是一种诱多动作，目的是引诱散户追涨。如果该股日 K 线图走势不妙，那么诱多的概率则更大。所以在盘中见到这种瞬间放量的情况出现时，一定要根据股价所处的位置和 K 线形态进行综合分析，不要盲目跟进。如果能够判断这是一种诱多行为，倒可以利用股价的上冲进行减仓或者干脆做空。

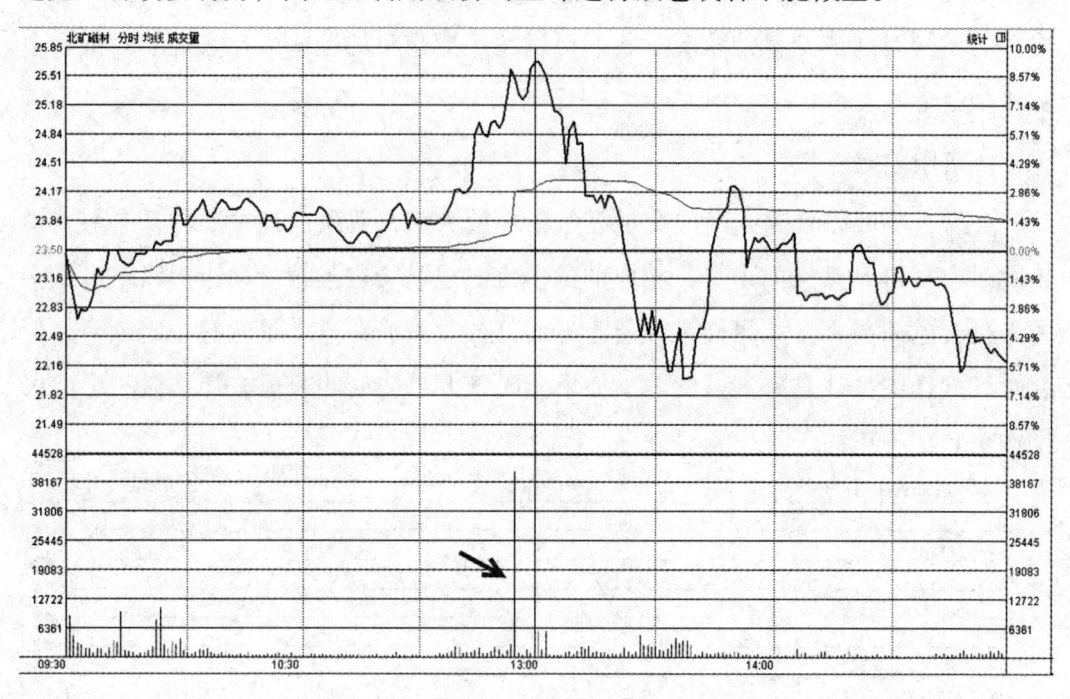

图 2-2 瞬间放量

三、换手率的变化

换手率是技术分析中一个重要的技术指标，反映出了一只股票的活跃程度。通常，股性活跃的股票才会吸引更多投资者的关注。在股价处于底部时，主力机构吸筹结束后通常会用对敲的手法增加换手率，吸引投资者的注意，以此激发投资者的做多热情。在高位主力想要出货时，也会用对敲的手法增加换手率，引诱投资者高位接盘，从而达到他们出货的目的。当然这还要配合成交量的变化来分析。

换手率高，有可能表明资金流入，也有可能为资金流出。一般来说，出现高的换手率（换手率在 5% ~ 8%，成交额稳步增加，外盘为内盘的两倍以上）的同时均线系统保持多头排列，重心上移，表明有大资金在建仓，后市以盘升为主。这样的个股应加以重点关注。反之，出现较高的换手率的同时均线系统保持空头排列，重心下移，表明资金从该股流出，后市以盘跌为主。这样的个股应以不碰为宜。

观察换手率的大小要根据不同的股本区别分析。一般来说，大盘蓝筹股的换手率在3%～7%就算很高了，而中、小板的换手率一般在5%～8%，有时会达15%以上。换手率为7%且经常超过10%时称为急剧换手，超过10%就是高换手率了。

此股在底部形成后，换手率一直处在较高的水平。当股价在底部出现成交量放大、换手率放大时，多是主力有意愿做多，所以在拉升的过程中不断地震仓洗盘。这不仅洗去了短线浮筹，降低了主力的持仓成本，还带动了企图跟随主力做多的普通投资者的投资愿望。所以当看到一只股票在底部换手率突然放大，股价重心开始上移时，就可以及时跟进。

这里要注意的是，如果急剧的换手是主力在洗盘，那么就要看洗盘之后的一段时间内股价能不能站稳原来急剧换手时的区域，如果能站稳那就是洗盘，如不能站稳那就有可能是主力在出货。在洗盘的时候换手率一般不会超过10%，超过10%就有出货的嫌疑。如果是洗盘，通常在急剧换手后股价会在一个月之内选择向上突破，如果不能就要小心主力出货。

当主力将股价拉升到高位时，就要考虑如何顺利出货，于是他们便会想出各种办法，或者利用某种利好消息，或者在K线图中做出漂亮的图形等。如果投资者被这些假象所迷惑，那么追高被套便成了常见的结局。投资者如果能在头部出现后出货，就可顺利逃顶。

对于头部出现后的第一个卖点，可以用以下几点进行判断：

（1）股价拉升的幅度超过100，因为此时主力已经远远脱离他们的成本区，获利空间已经打开。

（2）高位单日换手率为10%左右，尤其是连续几日换手率在10%左右。如果大于此换手率，就更要提高警惕。

（3）股价整体上已经滞涨，或小有回落，总体呈现一种量升价滞的态势。

这里要提醒投资者注意的是，在阶段性顶部形成时，均线如果还没有形成死亡交叉，那么就不必拘泥于均线出现死亡交叉才离场。如果完全用死亡交叉去判断头部特征，那么在实际操作上往往已经到了主力出货的尾声，甚至下降趋势已经形成。

对于这种通过高换手率出货的个股，均量线出现死亡交叉也是股价阶段性见顶信号，也就是说不一定要看均量线是否形成死亡交叉，只要看到均量线出现死亡交叉就要果断离场了。

当然，我们在观察换手率的时候，不能用这单一的指标去分析判断，要结合股价所处的位置、成交量的变化及均量线排列的趋势进行综合分析，只有这几种指标相结合，才能做出正确的分析。

四、内外盘的对比

在股价运行过程中，庄家经常通过盘口挂单和隐性买卖盘来控制股价的运行。只有判断出哪些成交是庄家的买卖盘，哪些成交是散户的买卖盘，才能找到买入或卖出的时机。

1. 看主动性买卖盘的情况

主动性买盘和主动性卖盘都说明主力在运作，能够左右股价的走势。在庄股行情中，经常会有对倒的成交量出现，如果投资者只在收盘后看成交量的变化，就容易被主力迷惑。在看盘过程中，投资者可以通过主动性买盘和主动性卖盘来判断主力的真正动向。

主动性买盘是对着卖一直买入。每次成交时，盘口即时成交明细中的成交手数后面的箭头是红色向上的；随着主动性买盘不断成交，委卖单也会不断地减少，同时股价不断向上盘升。在股价上涨的过程中，抛盘开始增加，如果始终有抛盘对着买盘，每次成交时，盘口即时成交明细中的成交手数后面的箭头是绿色向下的；随着抛盘不断成交，委买单也会不断地减少，同时股价不断地往下走，这就是主动性抛盘。一般来说，盘中出现主动性买盘时，如果此时股价处在上涨的初期或者在上涨行情途中，短线操作者就可以顺势买进做多。反过来，盘中出现主动性抛盘时，而股价前期有了较大的涨幅，或者处在下跌途中，就要以卖出做空为宜。在具体操作时还要结合成交量、换手率等其他技术指标进行综合分析判断，不能用单一的指标做出买进或是卖出的决定。

2. 看内外盘和股价的变化

当外盘比内盘数量大很多，股价处于低位而且股价也呈现出下跌走势时，就要想到是否有庄家在做盘。如果在当日成交明细中查到很多大的买单时，大致可以判断出庄家正在趁股价下跌时主动买进。当外盘比内盘数量大很多，而且股价处于高位时，就要想到是不是庄家在拉高出货。如果在当日成交明细中出现大卖单，则极有可能是主力在主动性卖出，或者是在利用对敲单来出货。如果在当日成交明细中发现大卖单很少，表明跟风买进的散户居多，主力暂时还没有考虑出货，所以股价还有继续上涨的可能。当内盘比外盘数量大很多，而且股价还在上涨，就说明主力正在振仓洗盘，盘中的主动性买盘多半来自主力，主动性抛盘则多半来自散户。当内盘比外盘数量大很多，而此时股价不断下跌，在 K 线图中股价也处在一个顶部区域或是阶段性顶部区域时，就说明主力正在出货，这时就要及时跟随离场。

内盘、外盘、委比和量比都是表达当日场内多空力量对比的指标，但是主力也可以利用内盘、外盘、委比和量比作假，或是用来进行反技术操作，以此来蒙骗散户。例如外盘大于内盘，表明主动买进股票的数量比主动卖出股票的数量多，而股价却在下跌；内盘大于外盘，表明主动卖出股票的数量比主动买进股票的数量多，而股价却在上升，这种现象就很有可能是主力在作假。又比如主力利用虚假委托买卖单来影响委比的大小，以及用对敲来增加量比，制造场内活跃的气氛，然后挂出大的买卖单将跟风者一网打尽等。投资者在观察内盘、外盘、委比和量比时，要结合大盘和个股的 K 线走势和均线形态，对股价的运行趋势作出全面分析后，才可以决定买进或卖出，以免落入主力的圈套。

五、量比

量比是衡量相对成交量的指标，它是开市后每分钟的平均成交量与过去 5 个交易日每分钟平均成交量之比。

量比＝现成交总手／（过去 5 日平均每分钟成交量 × 当日累计开市时间）

量比是将某只股票在某个时段上的成交均量与前 5 日的成交量平均值进行比较，排除了因股本不同造成的不可比情况，是发现成交量异动的重要指标。

一般来说，若某日量比在 0.8～1.5 倍，则说明成交量处于正常水平；量比在 1.5～2.5 倍，则为温和放量，如果股价也处于温和缓升状态，则升势相对健康，可继续持股，如果股价下跌，则可认为跌势难以在短期内结束，从量的方面判断可以考虑止损出局；量比在 2.5～5 倍，则为明显放量，若股价相应地突破重要支撑或阻力位置，则突破有效的概率颇高，可以相应地采取行动；量比在 5～10 倍，则为剧烈放量，如果处于长期低位的个股出现剧烈放量突破，则可能形成转势，后续空间较大。但是，如果在个股已有巨大涨幅的情况下出现如此剧烈的放量，则引起高度警惕。

在高位时某日量比达到 10 倍以上，一般可以考虑反向操作。在涨势中出现这种情形，说明见顶的可能性压倒一切，即使不是彻底反转，至少涨势会休整相当长的一段时间。在股票处于连续阴跌的后期，突然出现巨大量比，说明该股在目前位置彻底释放了下跌动能。

量比达到 20 倍以上的情形基本上每天都有一两单，是极端放量的一种表现，这种情况的反转意义特别强烈；如果在连续的上涨之后，成交量极端放大，股价出现"滞涨"现象，则是涨势行将死亡的强烈信号。当某只股票在跌势中出现极端放量，则是建仓的大好时机。

量比在 0.5 倍以下的缩量情形也值得好好关注，其实严重缩量不仅显示了交易不活跃的表象，同时也暗藏着一定的市场机会。缩量创新高的股票多数是长庄股。缩量能创出新高，说明庄家控盘程度相当高，而且可以排除拉高出货的可能。缩量调整的股票，特别是放量突破某个重要阻力位之后缩量回调的个股，常常是不可多得的买入对象。

个股出现涨停板时，量比在 1 倍以下的股票，上涨空间无可限量，第二天开盘即封涨停的可能性极高。在跌停板的情况下，量比较小则说明杀跌动能未能得到有效宣泄，后市仍有巨大的下跌空间。

六、委比

委比是委买手数与委卖手数之差与之和的比值，是衡量一段时间场内买卖强弱的一种技术指标。

委比的计算公式为：

$$委比 = (委买手数 - 委卖手数) / (委买手数 + 委卖手数) \times 100\%$$

委比的比值一般在 -100%～+100%。若委比比值为正值，说明买盘较强，场内做多意愿明显；数值越大，表示买盘越强。反之，若委比比值为负值，则说明市场较弱，投资者离场的气氛较浓；数值越大，表示抛盘越重。

通过委比指标，投资者可以及时了解场内的即时买卖盘强弱情况。

七、巨量买卖单

这里所说的巨量是相对而言的。对于大蓝筹股来说，每笔成交量在千手之上是很正常的普通量，如果能连续放出上万手甚至十几万手的量就是放巨量。对于中盘股来说，能连续放出 500 手以上的量就可以说是放大量，如果能连续放出上千手的量就是放巨量。对于那些股本在几千万的小盘股来说，连续放出每笔上百手的成交量就是大量，如果连续出现几百手甚至上千手的量那就是放巨量了。

在看盘的时候，我们常能看到有些交易很清淡的个股突然出现巨量的买单或卖单，而股价也会随着这些买单、卖单的出现而大幅波动。这种情况多是主力在其中做的手脚。在不同的区域出现的巨量买单、卖单含义也不相同，下面逐一分析。

1. 巨量买单出现在底部区域

在上涨行情初期，由于市场处于低迷状态，观望情绪较重，所以很多个股交易十分清淡，在成交明细中可以看到多是几手、几十手的交易。突然某一天，关注个股在买一、买二位置出现巨量主动性买单，而在卖一、卖二位置并有大卖单的出现，股价开始快速向上拉升。这表明主力在前期完成了建仓，此时出现的巨量大单表明了主力强烈的做多意愿，股价开始进入拉升阶段。股价突破底部区域的强阻力位，则说明上涨行情确立，此时跟进做多通常会有不小的收益。

2. 巨量卖单出现在底部区域

如前所述，上涨行情初期交易是十分清淡的。由于前期刚走出下降趋势，上升趋势还没有正式确认，股指或股价处在底部振荡阶段，此时做多信心不足，外界一点的不利因素都会影响股指或股价的波动。这时，如发现所关注个股原本已开始走出底部并有向上突破的态势，但突然某一天此股在卖一、卖二位置出现巨量的卖单压盘，在买一、买二的位置没有出现大的买单，仍是几十手或至多是上百手的单子出现，而股价并没有因为巨量卖单的出现就开始大幅下跌，股价仍是以在一个价格区间振荡的方式运行，这就表明这种巨量的卖单是主力做的假单，这种巨量卖单是主力利用挂单对敲的方式进行恐吓散户，在股价向上突破的最后阶段进行恶意打压，以便捡取散户由于恐慌而卖出的低价筹码，达到他们吸筹的目的。所以在今后的操作中见到这种底部巨量卖单出现，要密切关注股价的走势变化，并结合均量线、成交量、换手率等其他技术指标进行判断，以免做出错误的操作。

3. 巨量买单出现在上涨途中的整理后期

在上涨趋势中，由于做多信心开始慢慢恢复，场内、场外资金的大量涌入不断推动着股价继续上涨，此时积累了大量的获利盘。主力为了洗去过多获利筹码，便会在上涨途中进行多次洗盘，在K线图中就以各种整理形态出现。当洗盘结束后，主力为了脱离整理区便会在买盘中挂出巨量的买单，即使卖盘中有大卖单挂出，但这种买单会将卖单全部快速吞吃，此时股价开始大幅上涨。在上涨途中的整理后期，出现巨量的买单多是主力为了脱离整理区进行的快速突破，突破后便会继续做多，而及时跟进这种个股定会获得收益。

4. 巨量卖单出现在上涨途中

股价在上涨趋势中，但上涨幅度并没有达到主力的预期，由于获利盘较重，所以主力便会在途中进行洗盘，以减轻后期拉升的负担。当个股有了一定的涨幅之后，突然某天在卖一、卖二位置挂出巨量的卖单，而买单却不大，此时股价在卖单的打压下快速下跌。这是出货还是洗盘，不能用单一的股价下跌来判断，而是要结合其他技术指标来进行综合分析。首先，要观察换手率的变化，如果换手率全天都维持在一个较低的水平，就要注意这是主力在利用大单对敲洗盘，而不是出货。因为股价在高位出现高换手才是出货的特征之一，此时股价只不过有了一定的上涨幅度，而换手率又很低，所以出货的概率是非常小的。其次，要观察成交量的变化，虽然在巨量卖单的打压下成交量肯定有所放大，但只要这种巨量卖单只是瞬间放出而不是连续放出，就可大致判断这种瞬间放出的量只不过是主力恐吓散户出逃以便他们抢筹的一种手法。最后，还要结合均量线系统进行分析，因为当上升趋势形成后，均量线系统会以多头排列形式出现，只要均量线系统多头排列的格局没有发生改变，短、中、长期均量线之间分散的距离不是很远，就可断定盘中放出的巨量卖单只不过是在震仓洗盘。所以，在上涨途中出现这种巨量卖单时，要从多角度进行分析，不能单凭股价的下跌就断定股价就此走弱。

5. 巨量买单出现在上涨行情后期

当股价经过大幅上涨后，主力为了出逃又不让散户发觉，便会在买盘中做手脚。他们在买二或买三、买四的位置挂巨量买单接盘，但在卖盘中不会用大卖单压盘，只是把大卖单拆成散单对着买一的位置主动性卖。由于很多投资者并不明白主力的真正意图，只是看到买盘中挂有巨量买单就误以为股价还会继续上涨，为了能快速成交便会在买一的位置挂单，甚至挂出高出卖一的价格成交，这时盘面上有可能形成股价不跌反涨的局面。当这些零散的买单被吃掉，买二、买三之后的大单突然快速撤出，买一的位置又会有新的买单补充进来。也就是说买二、买三的大单几乎是不会成交的，因为这只是为了掩护主力出货释放的一种烟幕弹，而被拆开的卖单就这样不断地被散户吞吃。当然散户不可能一下吃掉那么多的筹码，其间也有主力利用对敲单来做盘，也就是说主力会吃进一些筹码，但很快又抛出一些筹码，这也是我们常说的盘中 T+0 操作。由于前期主力获利丰厚，这种对敲只不过花去一些手续费而已，他们的目的是对散户进行诱多，顺利出逃，但对于散户来说就远不是手续费的问题了。对于有经验的操作者来说，当发现上了主力的当后会做出及时止损的动作，但相当多投资者还会抱着幻想继续持股不放，从而被死死地套牢了。主力的这种出货行为是不会在一天内完成的，他们多是利用边拉升边出货的方法进行诱多。在上涨行情末期看到这种情况出现时，一定要警惕这种恶劣的操作手法，只要股价涨幅过大，无论有没有大单接盘，我们都要进行回避，当风险大于收益时就要选择观望。

6. 巨量卖单出现在上涨行情后期

在买盘中挂假买单的目的是进行诱多，是主力的一种隐藏式出货方法，那么在卖盘中挂巨量卖单就是一种明显的做空信号了。在上涨末期，由于主力无意再继续做多且出货坚决，他们便会在卖盘中挂出巨量卖单直接砸盘，买盘被快速吞吃，甚至直接砸至跌停板的位置，而在买盘中几乎看不到有大的买单出现。此时股价也会呈现快速下跌的形态，也就是说盘面出现了放量下跌的走势。面对这种情况，如果发现换手率不断增加，成交量明显放大，各种技术指标趋势开始转坏，就要立即作出抛出的决定，马上离场，因为这是一种非常凶狠的出货手法，如不及时撤离，损失是相当严重的。

第二节　短线交易看什么

短线操作从集合竞价开始就要密切关注分时图的走势，一个优秀的短线操盘者从集合竞价的走势就可以基本断定开盘后几分钟的大致走势，从而决定是否在集合竞价阶段完成买卖操作。而开盘的形态以及开盘后的走势同样需要投资者细致入微的观察，以便能从中获取有用的信息，了解主力的意图。

一、看集合竞价

集合竞价是在正式开盘前的一种交易行为，在这段时间内投资者可以对当天的股价做一定的预测，并且可以进行交易委托。下面来介绍集合竞价。

1. 集合竞价的含义

目前，我国的上海、深圳证券交易所采用的竞价方式有两种，即集合竞价和连续竞价。

上海、深圳证券交易所的电脑撮合系统在每个交易日的上午9:15~9:25这段时间内，只接受有效委托而不进行撮合处理；到9:25，电脑系统将根据已输入的所有买卖申报，对每一只股票产生一个开盘价。继而以此开盘参考价为成交价对所有有效委托中能成交的委托进行撮合成交，不能成交的委托排队等待成交。这个处理过程，就是我们通常所说的集合竞价。当然也有一些冷门的个股或者没有竞价的个股在9:25没有生成开盘价，而会以第一笔成交作为开盘价。

2. 集合竞价的交易原则

集合竞价遵循以下原则：

开盘参考价的产生原则：

（1）以此价格成交，能够得到最大成交量。

（2）高于参考价的买入申报和低于参考价的卖出申报必须全部成交。

（3）与参考价相同价位的申报，其中买入申报和卖出申报必须有一方能全部成交。

开盘参考价的确定原则：

（1）电脑撮合系统对所有的买入有效申报按照委托限价由高到低的顺序排列，限价相同的按进入系统的时间先后排列；所有的卖出申报按照委托限价由低到高的顺序排列，限价相同的按进入系统的时间先后排列。

（2）按照上述的三条原则产生开盘参考价。

（3）继而以该开盘参考价为成交价逐步对排在前面的买入申报和卖出申报进行撮合成交，一直到不能成交为止。

（4）未能成交的委托申报排队等待成交。

电脑撮合系统经过集合竞价处理后，即进入连续竞价阶段。在集合竞价这段时间以后进入电脑撮合系统的委托以及在集合竞价中未成交的委托将按以下步骤来确定成交价：

（1）对新进入系统的买入申报，若能成交，则与卖出申报队列顺序成交；若不能成交，则进入买入申报队伍等待成交。

（2）新进入的卖出申报，若能成交，则与买入申报队列顺序成交；若不能成交，则进入卖出申报队列等待成交。这样循环，直到收市。

我们可以看出，无论是集合竞价，还是连续竞价，竞价成交是遵循着"价格优先、时间优先"的原则来进行的。具体可理解为：高价买入申报优先于低价买入申报，低价卖出申报优先于高价卖出申报；同等价位的买入或卖出申报，以先进入交易所电脑撮合系统的申报优先。

3. 集合竞价内幕

下面我们来看看 9:15~9:30 这段时间，都会发生哪些事情。

（1）9:15~9:20

这 5 分钟开放式集合竞价可以委托买进和卖出的单子，我们看到的匹配成交量可能是虚假的，因为这 5 分钟是可以撤单的，很多主力在 9:19~9:30 左右撤单，如果你没有撤单，主力可以撤出后，然后卖给你，因此你一定要把撤单键放在手上。

（2）9:20~9:25

这 5 分钟开放式集合竞价可以输入委托买进和卖出的单子，但不能撤单，这

5 分钟的委托是真实的，因此要抢涨停板的，一定要看准这 5 分钟，可以通过按 81 和 83 能看到，哪些股票排序在前 20 名内，就可以放入考虑范围之内。

（3）9:25~9:30

这 5 分钟不叫集合竞价时间，电脑这五分钟可接收买和卖委托，也可接收撤单，这 5 分钟电脑不处理，如果你进的委托价格估计能成交，那么你的撤单是排在后面来不及的。对于高手而言，这 5 分钟换股票一定要利用，比如你集合竞价卖出股票后，资金在 9:25 就可利用，你可在 9:26 买进另一只股票。

二、看开盘

股市在 9:30 开盘，很多投资者通常会在一开盘就关注盘面的变化。当然，看盘是需要有一定技巧的，看开盘同样需要技巧。我们要知道应该看什么内容，如何分析开盘的走势。下面我们就来了解开盘的形态以及开盘后的看点等内容。

1. 开盘的三种形态

一般来说，开盘价都会受到昨日收盘价的影响，按照惯性定律继续进行运动，除非遇到阻力。如果大盘指数正处于上升趋势的中间部分，此时若高开，则说明人气旺盛，抢筹码者较多，后市看好；但如果高开过多，使前一日买入者获利丰厚，则容易造成获利盘回吐，导致短时间内的股指下跌；如果几乎是平开，则说明市场人气平静，多、空双方暂无争执；如果是低开，则表明获利回吐者平仓心切或亏损者急于割肉，后市可能转坏；但如果低开过多，则短时段内也会出现多方贪低价的抢盘行为。

（1）高开

高开是指今日开盘价高于昨日收盘价。说明市场资金愿意以高于昨日收盘的价格，加价买入该股票。但在实战中，对个股高开的理解要比概念表达的复杂得多。

判定高开的真实意图，是开盘的那片刻间要做的重要工作之一。高开的类型：消息驱动型高开、主力驱动型高开、市场随机型高开。

601718 际华集团		
委比	-59.69% 委差	-4934
卖五	10.65	95
卖四	10.63	8
卖三	10.62	52
卖二	10.61	70
卖一	10.60	6375
买一	10.59	150
买二	10.58	310
买三	10.57	50
买四	10.56	661
买五	10.55	495
现价	10.60 今开	10.60
涨跌	0.58 最高	10.60
涨幅	5.79% 最低	10.60
总量	90565 量比	22.09
外盘	45282 内盘	45283
换手	0.23% 股本	38.6亿
净资	3.32 流通	38.6亿
收益(三)	0.273 PE(动)	29.1

图 2-3 主力驱动型高开

603026 石大胜华		
委比	81.52% 委差	300
卖五	27.88	20
卖四	27.86	2
卖三	27.80	1
卖二	27.75	5
卖一	27.74	6
买一	27.72	118
买二	27.71	50
买三	27.70	141
买四	27.66	11
买五	27.65	14
现价	27.74 今开	27.74
涨跌	0.09 最高	27.74
涨幅	0.33% 最低	27.74
总量	356 量比	1.64
外盘	178 内盘	178
换手	0.07% 股本	2.03亿
净资	6.61 流通	5068万
收益(三)	0.260 PE(动)	93.6

图 2-4 市场随机型高开

消息驱动型高开，有关的消息或政策，促使市场资金在开盘前竞价买入，导致的高开。

主力驱动型高开，个股的主力主动参与竞价买入，导致开盘高开，如图 2-3 所示。

市场随机型高开和主力驱动型高开的区别就在于，其开盘无明显的成交数据和开盘几个价位挂单上较为稀疏，如图 2-4 所示。

另外，高开有一个极端表现就是涨停板开盘，如图 2-5 所示。涨停板开盘是消息驱动型高开或主力驱动型高开的结果，这种市场资金的极端表现，往往预示着个股或大盘精彩表演的开始。

	000058 深赛格	
委比	100.00% 委差	115.4万
卖五		
卖四		
卖三		
卖二		
卖一		
买一	13.04	1153283
买二	13.03	593
买三	13.02	8
买四	13.01	92
买五	13.00	325
现价	13.04 今开	13.04
涨跌	1.19 最高	13.04
涨幅	10.04% 最低	13.04
总量	2286 量比	0.99
外盘	1143 内盘	1143
换手	0.04% 股本	7.85亿
净资	1.84 流通	5.38亿
收益(三)	0.054 PE(动)	181.9

图 2-5　涨停板开盘

股价高开的目的：

内幕交易的需要，如主力的朋友或利益相关人员的筹码需要套现，主力便会安排其在集合竞价的状态下进行交易，以完成特定意义的利益输送行为。

主力对敲试盘或者拉升或者出货，通过高开可以吸引市场注意，以测试买盘力量，为拉升或者出货做准备。

做坏图，通过高开，盘中低走，制造高开低走的 K 线图，可以恐吓部分投资者在随后的股票整理过程中出局。

吸筹，这是一种高价收购的策略，因为当股价高开甚至是涨停后，必然会引起持股者的注意，而当涨停被打开，或者冲高回落时，大量的抛盘就会接连挂出，正好落入主力的口袋。这一现象主要发生在股票的底部区间。

（2）低开

低开是指今日开盘价低于昨日收盘价。说明市场资金愿意以低于昨日收盘的价格卖出该股票。

低开有三种类型：消息驱动型低开、主力驱动型低开、市场随机型低开。

消息驱动型低开，有关的消息或政策，促使一些股票持有者在开盘竞价阶段低价卖出，导致低开。

主力驱动型低开，个股的主力主动参与竞价卖出，导致开盘低开，如图2-6所示。

市场随机型低开和主力驱动型低开的区别就在于，其开盘无明显的成交数据和开盘几个价位挂单上较为稀疏，如图2-7所示。

002453 天马精化		
委比	98.01% 委差	18197
卖五	9.44	5
卖四	9.43	6
卖三	9.41	5
卖二	9.40	42
卖一	9.39	127
买一	9.33	1762
买二	9.32	4560
买三	9.31	640
买四	9.30	11380
买五	9.28	40
现价	9.33 今开	9.33
涨跌	-0.59 最高	9.33
涨幅	-5.95% 最低	9.33
总量	16575 量比	13.95
外盘	8287 内盘	8288
换手	0.31% 股本	5.71亿
净资	2.10 流通	5.37亿
收益(三)	0.045 PE(动)	157.0

图2-6 主力驱动型低开

002679 福建金森		
委比	-64.95% 委差	-252
卖五	22.40	12
卖四	22.35	145
卖三	22.34	147
卖二	22.33	15
卖一	22.32	1
买一	22.01	5
买二	22.00	30
买三	21.96	20
买四	21.92	12
买五	21.89	1
现价	22.32 今开	22.32
涨跌	-0.03 最高	22.32
涨幅	-0.13% 最低	22.32
总量	164 量比	0.84
外盘	82 内盘	82
换手	0.01% 股本	1.39亿
净资	5.08 流通	1.39亿
收益(三)	0.127 PE(动)	131.7

图2-7 市场随机型低开

跌停板开盘是低开的一种极端表现。同样是消息驱动型或主力驱动型的结果，说明市场资金选择不限价的卖出，以逃离该股，如图2-8所示。

300443 金雷风电		
委比 -100.00%	委差	-8370
卖五 187.00		6
卖四 186.93		4
卖三 186.90		1
卖二 186.33		1
卖一 186.30		8358
买一		
买二		
买三		
买四		
买五		
现价 186.30	今开	186.30
涨跌 -20.70	最高	186.30
涨幅 -10.00%	最低	186.30
总量 1277	量比	20.60
外盘 638	内盘	639
换手 1.13%	股本	5626万
净资 16.00	流通	1126万
收益(四) 2.770	PE(动)	72.2

图 2-8 跌停板开盘

股价低开的目的：

内幕交易的需要，与前面的内幕交易相反，当主力的朋友或者相关人员需要拿到一些低价的筹码时，主力往往也会安排在集合竞价的状态下进行交易。也就是通常所说的发红包。这种现象意味着主力早晚会拉升股价。所以低开很多现象同样值得关注，它的特征是：低开后瞬间回位，继续昨天的走势，也可能马上就上涨。

震仓或吸筹，在阶段性上涨时，通过使股票低开低走的方式，诱使抛盘出来以达到震仓的目的。

出货，当前期的涨幅过大时，低开出货就是常见的方式之一。有时主力会不惜一切代价，甚至是跌停开盘以达到出货的目的。

（3）平开

平开是指开盘价格和昨日收盘价格一样，如图2-9所示。说明市场资金对目前的大势或者个股行情，持较谨慎、观望的态度。没有方向感的平开，其大多数是市场随机的结果，主力未主动参与。但开盘平开，不等于主力盘中不准备参与，可细心观察盘中有无主力的运作迹象，适时而动。

R 600483 福能股份		
委比 -71.94%	委差	-441
卖五	12.18	19
卖四	12.17	2
卖三	12.11	50
卖二	12.10	34
卖一	12.09	422
买一	12.07	28
买二	12.06	12
买三	12.00	13
买四	11.91	6
买五	11.90	27
现价 12.09	今开	12.09
涨跌 0.00	最高	12.09
涨幅 0.00%	最低	12.09
总量 93	量比	0.43
外盘 46	内盘	47
换手 0.00%	股本	15.5亿
净资 4.94	流通	2.88亿
收益(三) 0.443	PE(动)	20.4

图 2-9　平开

2. 开盘看点

在 9:25~9:30 这 5 分钟，投资者应就集合竞价的成交数据，快速浏览涨幅靠前的个股信息，这些信息包括五个方面：概念板块、信息雷达、K线图、基本数据、挂盘数据。下面分别论述。

（1）概念板块

首先，要看是什么概念在起作用？该概念新不新？概念越新越好，因为新东西无法及时估值，容易炒作。

其次，要看概念有无实质性意义？实质性意义是指概念能否为公司带来真实的业绩增长，包括重大重组、新技术出现、新市场被发现等概念。

再次，要看市场的反应热度如何？如能迅速带动大盘放量上涨，则说明热点深得人心，后市可待。

除此之外，还要看整体板块是被基金炒作还是被游资炒作？弱市里被基金炒作的股票往往涨幅不大，而被游资炒作的股票则往往短期涨幅惊人。

（2）信息雷达

每天都会有大量的信息出现，这时就要分清主次，通常需要关注以下几点：

①看是否有ST除帽的消息，是否有资产重组和并购消息，该消息属于重大利好。

②看权益分配方案，即看送股、转股、分红的大小，如10送10就属于大利好。

③看公司违法违纪行为的披露，以及公司的澄清公告等。

（3）K线图

对于K线图，通常要看昨日的K线形态、分时图形态、成交量配合状况。尤其是留意股价拉升时处于哪个时间段，同时关注昨日成交是否稀疏，成交稀疏的股票往往不大活跃，易进不易出。另外，还要注意观察均量线的排列、交叉、黏合、发散等状况；股票高开后是否会遇到前期的密集成交区等。

（4）基本数据

基本数据通常要观察流通盘的大小、市盈率、换手率等内容。个股流通盘最好在5000万股至4亿股之间，太小或太大，均不利于主力操作。而市盈率低于100倍的股票基本上被基金和机构持有，市盈率大于100倍或几乎无人过问的品种才轮到被游资者暴炒。但投资者需要注意，不同市道的市场整体市盈率是不同的。对于换手率，首笔成交的换手率低于0.01%或高于2%的股票，都不是较好的短线介入品种。

（5）挂盘数据

挂盘数据主要关注总体买单多不多？与总卖单相比是多是少？总买单超过总卖单至少在当时来看是件好事，但接下来还要看个股能否维持该局面。

其次要注意买一处是否有大单，给人以强力吃进的感觉？若有，则能反映出主力接盘的决心或顶盘的用意，但要防止市场的大抛单砸盘。

另外，买三至买五处是否有大单护盘？若有，则说明主力是有备而来，但也要看主力是真护盘还是假护盘，或者其护盘动作是否有效。

3. 开盘后的3个10分钟

开盘后的3个10分钟可谓是重中之重，很多股民形象地将开盘后的3个10分钟称为"开盘三板斧"，因为它几乎决定了大盘一天的走势。

（1）9:30~9:40

这是开盘后的第一个10分钟，一般来说多头、空头双方都十分重视，这时股民人数不多，盘中买卖量都不是很大，因此用不大的交易量就可以达到预期的目的。在这个时间段内，如果多头为了能顺利地吸到货，开盘后常会迫不及待地抢进，而空头为了能顺利地完成派发，也故意拉高股价，就会造成开盘后的急速冲高，这是在大牛市中经常可以看到的；如果多头为了吸到便宜货，在开盘伊始就将股价砸低，而空头或散户被吓得胆战心惊、人人自危，不顾一切地将手中股票抛售一空，便会造成开盘后的股价急速下跌。

（2）9:40~9:50

在第二个10分钟内，多头、空头双方在经过前一轮的搏杀之后，进入休整阶段。在这个阶段大盘一般会对原有趋势进行修正。如果空头逼得太急，多头会组织反击，抄底盘会大举介入；如果多头攻得太猛，则空头会予以反击，积极回吐手中存盘。因此，这段时间是新股民买入或卖出的一个转折点。

（3）9:50~10:00

在第三个10分钟内，股市中参与交易的人逐渐聚集，买、卖盘变得较为实在，因此这个阶段所反映出来的信息可信度相对较高。在走势上，这一阶段基本上成为全天大盘走向的基础。

开盘价是多头、空头双方都认可的结果，也是多头、空头力量的均衡。新股民可以通过观察开盘后的30分钟的市场表现，来对盘中大势进行正确地研判。

三、看盘中走势

开盘之后，根据开盘价以及后期的走势，往往会出现高开高走、高开低走、低开低走、低开高走等不同的走势，这些走势对后市的走势也将产生一定的影响。下面来了解一下不同的盘中走势情况。

1. 高开高走

高开高走是指某股票开盘价高于昨日收盘价，开盘价基本上就是最低价，反映在K线图上即上升阳线、无下影线，或者下影线很短。开盘后积极买入，多方明显占优，使价格一路上扬。表现出较强的涨势，吸引买方力量不断增加，甚至不限价跟进，而持有股票者不愿卖出。

高开高走的分时走势如图2-10所示。这种模式在不同的阶段，有不同的含义，不可以简单地理解为主力实力强劲。比如，在牛市及盘整阶段，高开高走的走势，如果有适宜的成交量配合以及盘口多单、空单利多的交易细节，大多可判断为主力启动一波涨升的开始（涨升的力度和时间不一）。在熊市或下跌之初，高开高走的走势，情形就要复杂得多。有类妖股，逆势大涨往往连续数日高开高走。但多数股票逆势的高开高走，仅仅是吸引买盘，任务完成便调头下行。投资者要根据不同的市场阶段、不同的股票类型和不同的主力操作风格来进行判断。

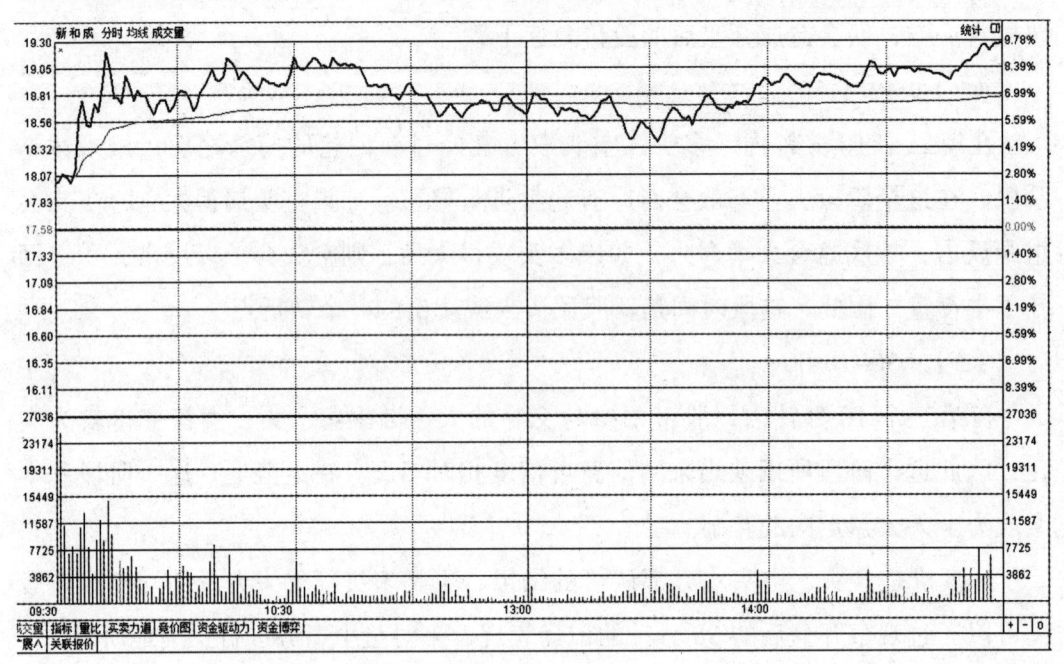

图 2-10 高开高走

2. 高开低走

高开低走是指某股票开盘价高于昨日收盘价，但开盘后多方似乎突然放弃攻击，股价于是逐波下行，如图 2-11 所示。

导致股价高开的原因有很多种，比如：受利好消息的驱动、主力驱动型高开等。如果在利好消息下出现这种情况，往往可能是由于该股票的主力不想在这个时候出现股价上涨，于是连续抛出大单，股价随之下行，或者主力借利好出货。如果是主力有意高开，则往往可能是在试盘或者进行洗盘或者出货。利用这种方式试盘，可以借机试探出上方压力；利用这种方式进行的洗盘，则会将不坚定分子清仓出局；而利用这种方式出货则可能的将筹码卖一个好的价钱。

图 2-11　高开低走

3. 高开后冲涨停

股价高于昨日收盘价开盘后，多方迅速大单扫货，空方基本毫无招架之力，股价迅速涨停，如图 2-12 所示。这种强势开盘和扫货动作，很是吸引市场投机客的眼球。但随后主力是持续拉升还是脉冲行情，仅凭当天一根 K 线图是很难断定的。但可以肯定的是，这种有主力参与的股票走势一定不会太寂寞。之所以会出现这样的走势，往往是由以下原因造成的。

一是主力为吸引市场眼球，树立强势形象，为今后的拉升或出货做足前期铺垫工作。

二是公司有潜在的利好消息，尚未被市场所知。主力为争取收集筹码的时间，强力扫货进仓。

三是游资者短线投机所造成。这类游资者以追击涨停板闻名于世。近年来，随着监管力度的加大和基金等机构数量的增多以及私募基金的逐步合法化，游资者的力量已渐式微。

无论主力的何种行为，追击涨停板的股票，都要审慎而行。要综合当时的大盘情形、市场强弱再做操作。

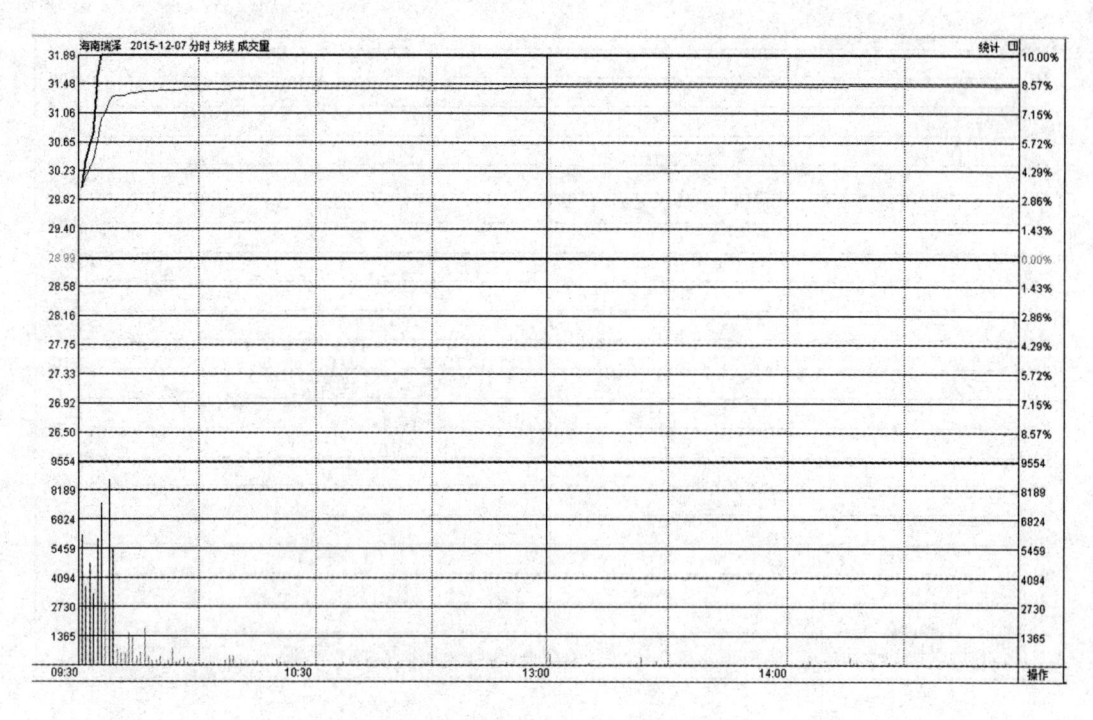

图 2-12　高开后冲涨停

4. 低开高走

这类股票开盘价低于昨日收盘价，但开盘后随着多方逐波攻击，不仅收复了昨日失地，还得到了一定程度的涨幅，如图 2-13 所示。主力在不同的市场阶段采用这一手法，分别有不同的含义。

一是收集筹码阶段的主力行为。为收集低价筹码，主力需要反复地打压、拉升，再打压、再拉升。而低开正是其常用的手法之一。

二是训练投机客的条件反射认知感。主力不厌其烦的屡次低开高走，造成了投机客认为每次低开后都能拉起来，于是逢低开放心买进，最终主力会选择破位下行，低开低走。

三是遭遇利空。股价遭到利空消息打击，投资者蜂拥开盘前低挂卖单造成低开，随后股价并不如众人认为一路下跌，反而逐波上行，于是又有资金积极买入，股价当天反而高走。

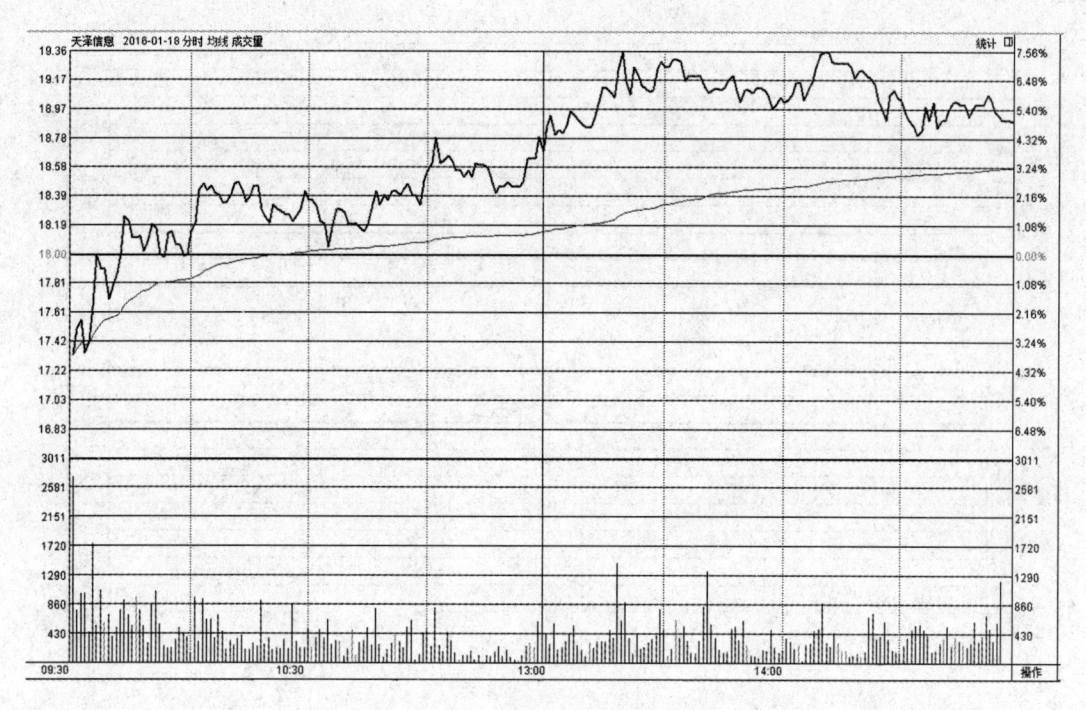

图 2-13 低开高走

5. 低开低走

开盘价低于昨日收盘价，盘中多头鲜有反攻，即使有所反弹，也会很快被空方打压下去，甚至全天都在均线之下运行，如图 2-14 所示。市场环境在下跌途中，个股低开低走是常态，主力也只能顺势而为，以便减少护盘成本。造成低开低走的原因通常有以下几种情况。

一是遭遇利空。在大势不明朗的情况下，有利空消息发布，多方不敢贸然出击，采取观望态度。

二是主力完美出货的个股，已如一江春水向东流，低开低走将是这类股票长期造型。

三是主力洗盘的需要，故意为之。

图 2-14 低开低走

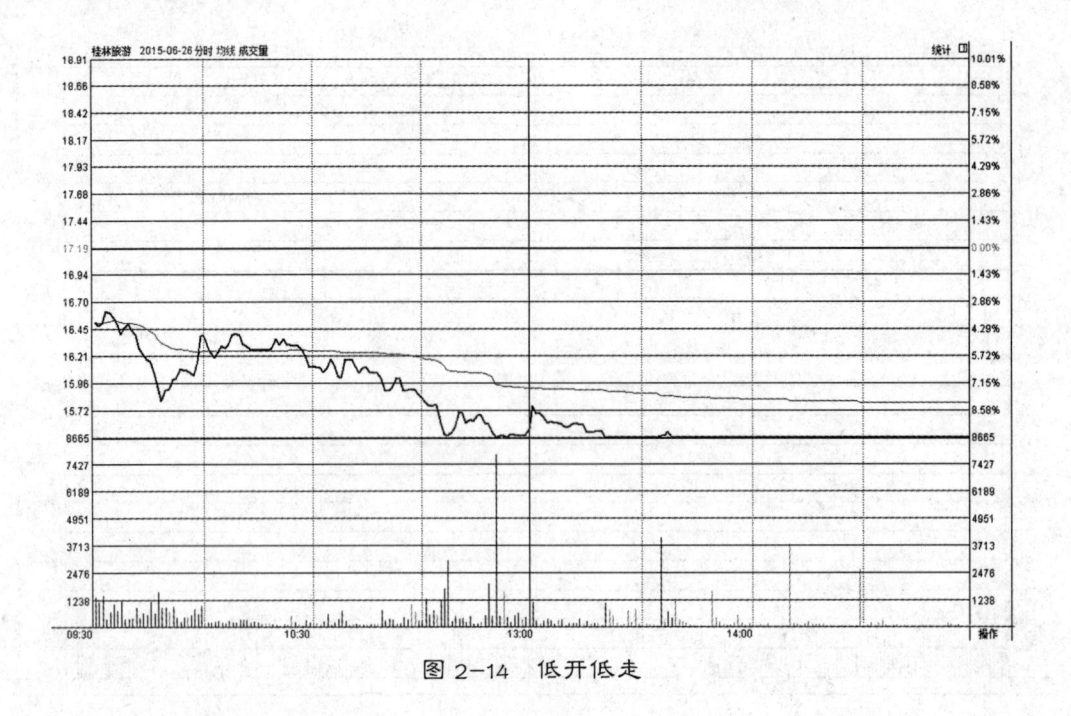

6. 平开高走

开盘价和昨日收盘价一样，似乎波澜不惊。但盘中多方突起发起攻击，向上层层推进，多空力量从开盘初的平衡，转向多方占优，如图 2-15 所示。这种方式盘面相对温和，不会引起多空双方较大的争斗，利于多方主力的成本控制。在大势趋弱的市场中，多方的平开高走能较好地吸引人气，积蓄反弹力量。

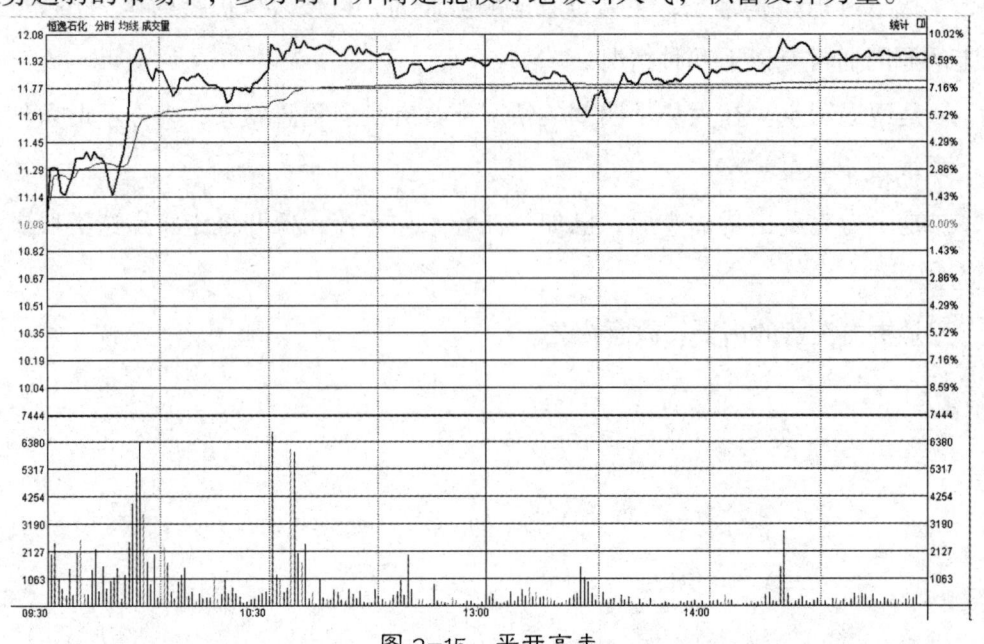

图 2-15 平开高走

7. 平开低走

开盘价和昨日收盘价一样，但开盘交易后，股价开始下跌，如图 2-16 所示。如果同时大盘指数也是如此，只能说明个股的主力不作为，持观望态度。通常这种走势的原因有以下几种情况：

一是主力放弃主动操作，查看盘面浮筹的情形以及有无其他机构做盘。

二是主力洗盘或吸筹行为，每一只股票拉升前，都需要主力大洗特洗。

三是主力正在出逃的股票，往往是见买盘就抛，造成股价毫无向上反弹之力。

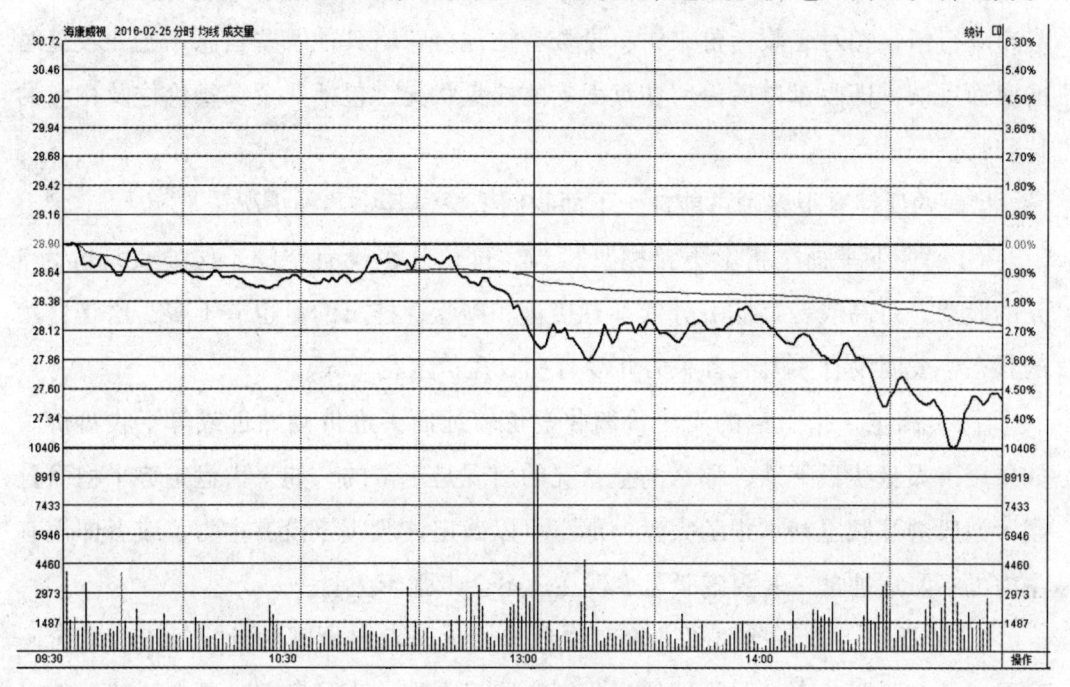

图 2-16 平开低走

除了以上这些走势外，还有盘中打开涨停或者跌停板等走势，当然，具体问题还要具体分析，投资者不可生搬硬套投资规则。而应该根据盘面变化，以及当时的市场环境综合分析，以免做出错误决策。

四、看尾盘

与开盘相比，尾盘的看点同样重要。它代表了多空双方争夺的一种结果，收盘价的产生也代表了双方都认可的一种价格。不过尾盘往往也是主力突袭股价的最佳时机，往往会出现尾盘急拉和急跌的情况，下面我们就来了解如何正确看待尾盘。

1. 为什么要看尾盘

尾盘通常是指收盘前的半小时，作为多头、空头一日搏斗的总结，向来为投资者所重视，如果说开盘是序幕，盘中是过程，那么，尾盘就是定论。尾盘之所以重要，在于它承前启后的特殊位置，尾盘既可以有效回顾前市，又能起到预测后市的作用。

对于尾盘的一些数据，很多投资者喜欢对收盘价进行分析，这是因为收盘价不仅是当日行情的标准，而且是下一个交易日开盘价的依据，可据此预测未来证券市场行情。相对于收盘价来讲，投资者往往会忽略其他一些信息，比如收盘时的盘面反馈，即收盘以后停留在盘面上的挂盘状况，包括几个买卖价位及相应的挂牌数量等。

盘面的反馈有很多种可能性，下面我们来探讨其中几种情况：

（1）上下平衡：指上下接抛盘相当，价位几乎没有空缺。比如收盘价为8元的股票，每高或者每低一分钱都有接盘和抛盘，挂出的量也差不多，这是自然的状态，表明没有主力或者主力并没有在收盘价上花工夫。

（2）高空：指上档的卖出价离收盘价较远而买进价则贴近或等于收盘价。如果尾市大盘明显下跌，那么高空状况的出现是正常的。如果大盘走势平稳而且当天该股的涨跌也基本跟随大盘，那么可以确定该股应该没有主力，或者即使有主力也不愿意护盘，表明该股至少现在还不会走强于大盘。

（3）低空：指下档的买进价离收盘价较远而卖出价则贴近或等于收盘价。这是一种非正常状态，因为即使大盘尾市明显上涨，市场散单也不会一味地往上猛打而不在下档挂，因此合理的解释是有盘中主力在运作。如果是最后一笔的成交导致收盘价冲高，那么就是主力做收盘价。

如果股价在最后几分钟连续上涨而下档却没有什么接盘跟上，那么主力就是采用了不太冒险的方法，扫掉上档并不多的抛单，但并不在下档挂接单。如果上档新出来的单子不多，就尽量打掉，将收盘价做高。

2. 尾市急拉的玄机

我们通常可以看到这种现象，股价全天走势都非常正常，成交量也正常，但在收盘的半小时内却出现了快速上涨；或者一天内的成交比较活跃，股价趋势向下，但尾市却出现了快速拉升，如图2-17所示。

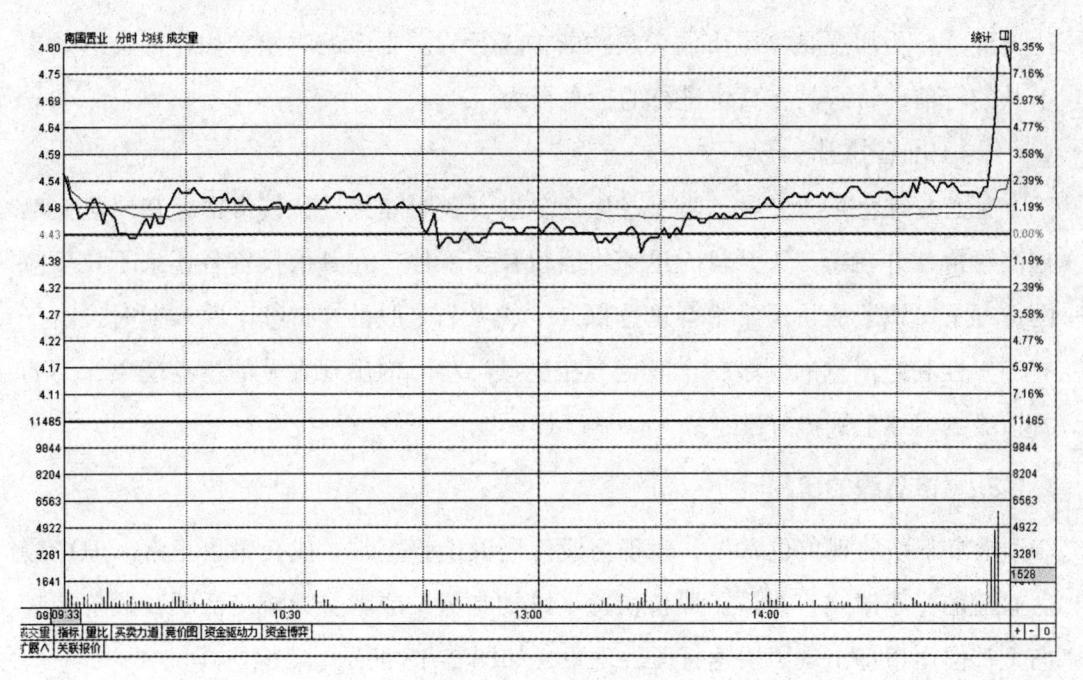

图 2-17 尾市急拉

根据以往经验，尾市拉升通常是主力为了做非正常的K线图、非自然的均线量图以及虚假的成交量，其主要目的大概有以下几个方面：

（1）为了次日股价高开

当个股处于阶段性的顶部而主力需要减仓时，尾市拉升可以躲过大部分投资者的卖压，轻松使股价收到高位，方便第二日股票高开，这是主力不需要筹码或资金不足的表现。通常第二日主力会出面促使股价高开，否则，股价就会以低开来修正昨日尾市的异常状况，导致昨日主力在尾市所做的是无用功。

（2）为了护盘

若个股在当日的股价底部曾出现过几笔大单直接交易，但股价并无明显波动，则可能是主力在进行利益输送或筹码交换，尾市出现股价拉升现象是主力将股价收回到正常价格的护盘表现。

若股价在当日曾被连续的大单打到底部，随后股价并无反弹的现象，则属于主力减仓或机构大单的出逃行为；但若股价曾经出现过短暂的快速下跌，而后又被快速拉起，则往往是主力震仓的表现。

但是如果判断出主力是在对阶段性高位进行护盘，那么短线投资者就要提高警惕了，毕竟护盘只是权宜之计，具有诸多的不稳定性，主力见势不好而倒戈的比比皆是，更何况是靠尾市偷袭成功的护盘行为。更多的时候，往往都会继续走下跌的行情，特别是在高位进行的护盘行为。

（3）准备拉升

当主力建仓完毕之后，为了避免众多投资者跟随买进，其常常会在尾盘突然拉高股价，并在第二天开盘时迅速将股价拉至涨停，在其他投资者还来不及反应的情况下，该股股价通常都会迅速飙升；或者当个股处在持续下跌末期时，由于有突发性利好消息的刺激，个股也会在尾盘半小时内出现大量的抢盘现象，为明日该股的继续上涨做好准备。

3.尾市急跌的奥秘

尾市急跌的现象也常见，表现为股价全天走势正常，成交量也正常，但在最后收盘的半小时内，出现了股价快速下跌的走势；或者全天成交活跃，股价趋势向上，但尾市却出现了快速打压的现象，如图2-18所示。

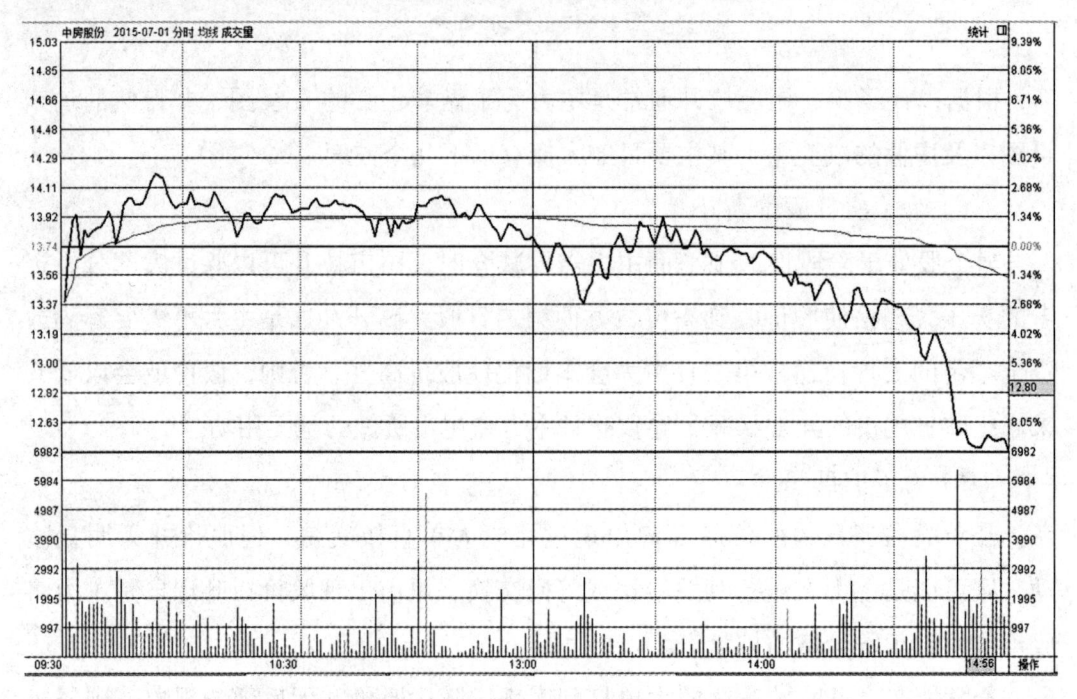

图2-18 尾市急跌

通常，股价尾市急跌的原因有如下几种：

（1）以跳水的方式出货

这种出货方式的主要特征是尾市股价下跌力度大，投资者往往会措手不及，且往往会持续10~30分钟。有时甚至是全天大单封死涨停，而在尾盘突破开闸放水,将买盘全部吃掉。

(2)利益输送

有时,在即将拉升股价之前,主力会向内部人员抛出低成本筹码,即所谓的"送红包"。在股票收盘几分钟之前,内部人员先在低价位的买盘处理好几笔大单,该买单往往排在 5 个甚至 10 个买单报价之后;而后主力便会快速向下砸盘,将卖盘的报价一笔压到内部人员的报价处,使其买入申报得以成交。由于该股一直以来的成交稀少,所以主力在向下砸盘时,虽然也会惠及他人,但毕竟只是少数。这种行为的特征是:往往发生在股票收市前的最后几分钟,且一笔就完成成交,动作非常迅速,同时也将股价打压得比较厉害。

(3)吸筹

即先通过尾市的打压拉下股价,第二日再通过高开来吸引持股者的注意,以缴获更多的筹码。其优点是:个股往往在第二日开盘时就冲入了"今日涨幅排名"内,引起了市场的关注,但若扣除昨日的大幅急跌后,其实个股根本就没有涨多少,主力吸筹的价格也并没有增加多少。这种先抑后扬式的吸筹方式,在股市里也是屡见不鲜的。

(4)拉升前的洗盘动作

当主力建仓达到尾声时,市场流通筹码通常已经大量集中,此时稍大的买单都可能会使股价快速上浮。为了不被市场注目而识破即将拉升的计划,主力此时往往会利用尾市的打压动作将股价尽量压低,以大阴线或长上影线来假示洗盘开始了,使投资者赶紧抛出筹码,另寻好股。该动作往往发生在收市前 10 分钟,因为这样不需要牺牲主力太多的筹码。

第 3 章 从 K 线组合观察买卖点

不同的 K 线组合形态在一定程度上反映了当前股价的运行趋势，对于短线投资者来说，要想准确把握买卖点，就不能忽略对 K 线组合形态的研究。本章介绍如何通过不同的 K 线组合把握买卖点。

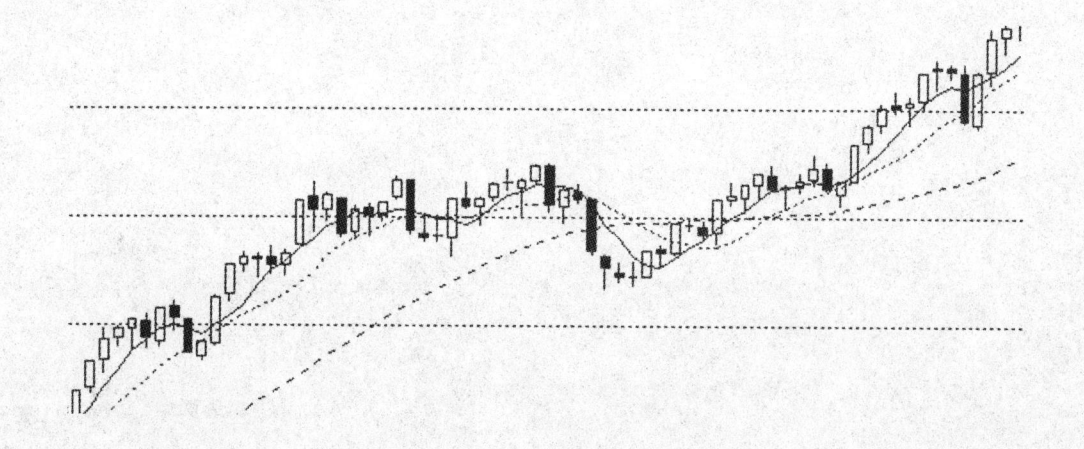

第一节 从K线组合寻找短线买入机会

绝大多数投资者都希望自己在买入股票之后，很快就出现上涨。这就需要投资者有敏锐的观察力，而从K线的组合形态来判断合适的买入时机则是投资者必须要掌握的技能之一。下面我们先来介绍一些经典的看涨组合形态。

一、"红三兵"

"红三兵"是投资者公认的一种看涨组合。该组合是由三根小阳线组成，通常是出现在股价经过一段时间的下跌行情之后，或者整理行情的末期。标准的"红三兵"是每天的开盘价都在前一天阳线的实体内，但每天的收盘价都比前一天的收盘价高。连续三天收出阳线，表示多方力量正在蓄势上攻，股价见底回升可能性较大。不过，在实战中，当股价经过连续地下跌之后在底部区域连续收出三根小阳线，都可以视为"红三兵"组合。

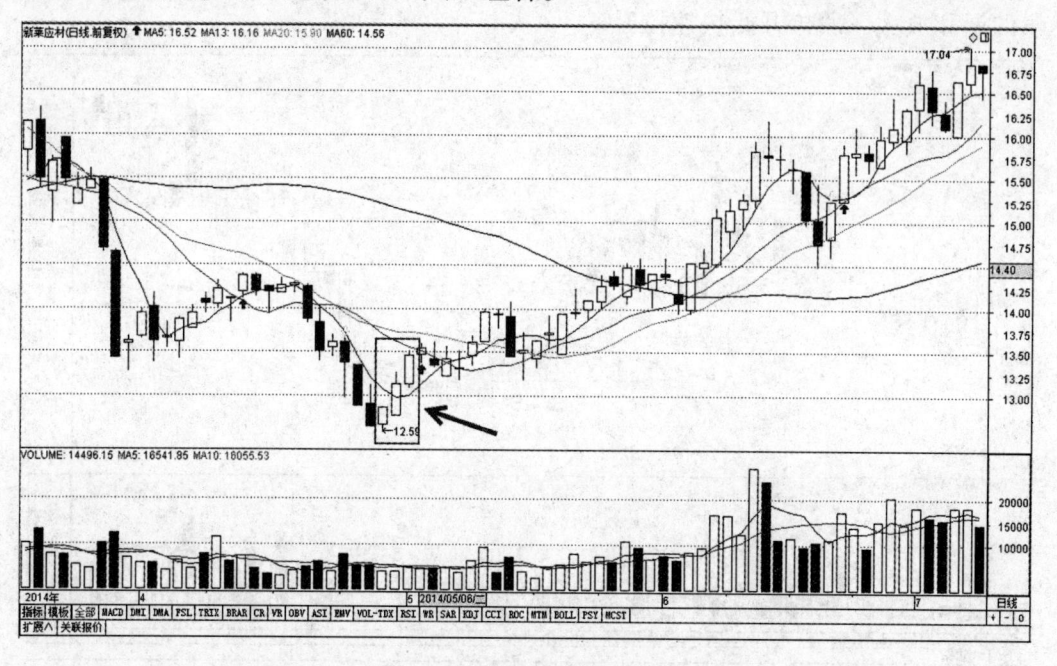

图 3-1 新莱应材 K 线图

如图 3-1 所示的新莱应材，在连续创下股价新低后，空方能量已经基本得到释放，随着多方的反攻，股价开始企稳反弹。收出三根小阳线，形成了"红三兵"的形态。

操作提示：

在实际的操盘过程中，当"红三兵"出现时，首先要观察其所处的位置。如果是前期经过较大的跌幅，则可以适当做多。如果自顶部下跌的幅度并不是很大，则要谨慎操作，以防主力的骗线行为。

二、希望之星

"希望之星"是在股价下跌行情中出现的转势信号，可靠性和准确性比较高。它的 K 线组合形态是由三根 K 线组成，股价在跌至新低时，一般会收一根中阴线或者大阴线，感觉接下来走势不妙，但第二天股价只是小幅度的跳空下行。而第三天股价就在平开或者高开后，最终收于一根中阳线（或大阳线），通常是企稳反弹的信号。

如图 3-2 所示的南山铝业 K 线图，股价在一波快速下跌后，空方力量殆尽。K 线图在前日收于一根大阴线后，于第二日小幅跳空低开，创下近期最低价后反弹，最终收出一根小阳星，第三日开始上扬，随后经过几天的整理，伴随着成交量的温和放大，股价开始快速拉升。

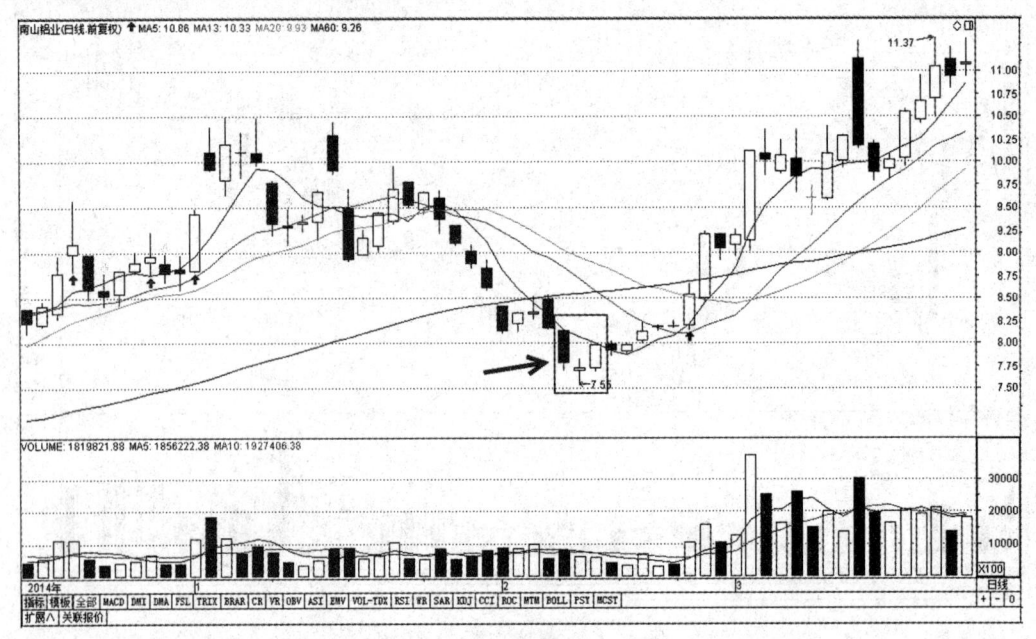

图 3-2 南山铝业 K 线图

操作提示：

实战的过程中，当出现"希望之星"组合时，可以先假设形态成立，少量建仓，一旦后市出现量增价涨的走势，就可以加大建仓力度，持股待涨。

三、曙光初现

"曙光初现"的 K 线组合是由两根走势完全相反的较长 K 线组成，第一天为阴线，第二天为阳线。且第二天阳线的开盘价低于前一天的收盘价，但是收盘价却高于前一天的收盘价，并且收盘时基本达到前一天阴线实体的二分之一位置。这种情况通常表示下跌时遇到抵抗，多方力量明显占优。

如图 3-3 所示的乐凯胶片 K 线图，在经过一波快速下跌的行情之后，出现"曙光初现"形态后，随后股价开始持续反弹，形成一个 V 形反转形态，短期涨幅可观。

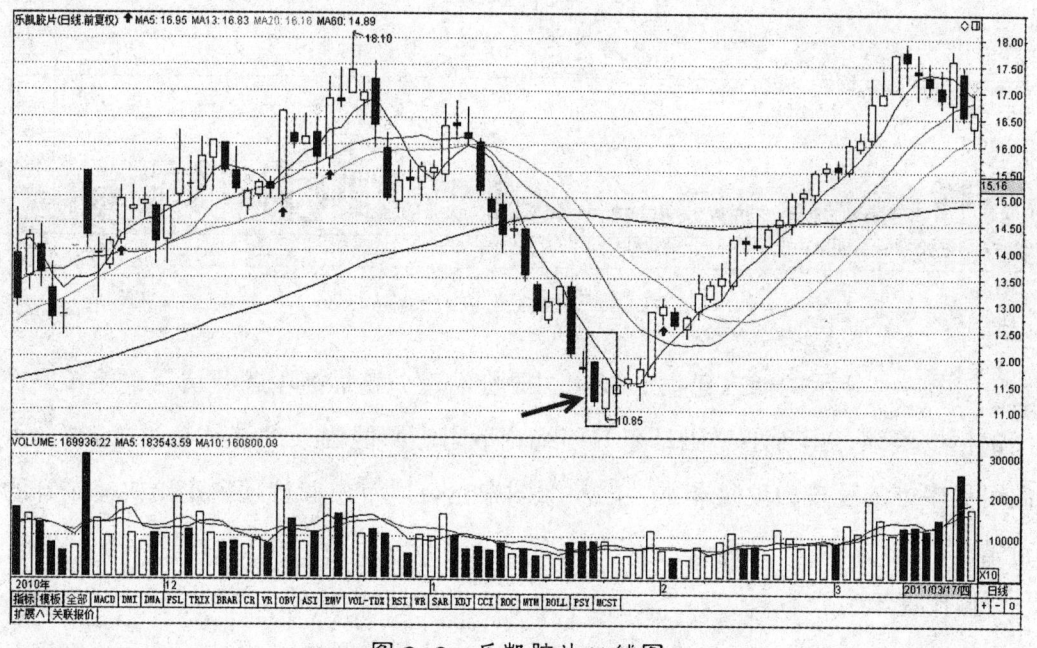

图 3-3 乐凯胶片 K 线图

操作提示：

当股价在经过一段下跌之后，特别是长期下跌之后出现"曙光初现"组合形态，反转的可能性很大。如果在接下来的几日股价能够企稳反弹，后市上涨的概率更大。出现该组合时，投资者就可以适当建仓，一旦后市继续走强，就可以继续加仓。

四、旭日东升

"旭日东升"K线组合形态特征：在连续下跌的行情中先出现一根大阴线或中阴线，接着出现一根高开高走的大阳线或中阳线，阳线收盘价已高于前一根阴线的开盘价，这说明股价经过连续下跌，空方能量已释放殆尽。在空方无力再继续打压时，多方奋起反抗，并旗开得胜，股价高开高走，像一轮旭日从东方升起。

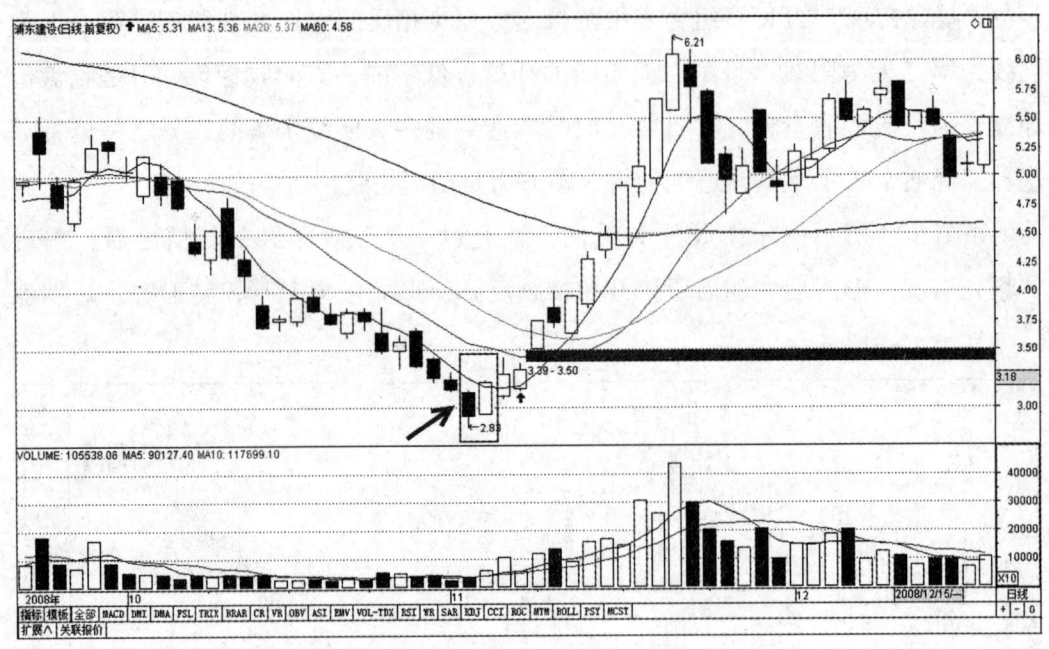

图 3-4 浦东建设 K 线图

如图 3-4 所示的浦东建设 K 线图，股价经过一轮加速下跌行情后，伴着成交量的极度萎缩，出现了"旭日东升"组合形态。阳线当天的涨幅超过了 8%，由此可见多方的反攻力度是非常大的。从图中也可以看出股价随后走出快速拉升的行情。

操作提示：

投资者见到"旭日东升"组合图形，不应该继续看空，建议逢低吸纳筹码。一旦后市股价出现量增价涨的走势，就应该积极看多。

五、三阳开泰

"三阳开泰"是指在股价有所企稳之后或加速上扬之前，多头能量在短时间内的快速爆发，稳中有升并连拉三根中阳线或大阳线，呈现加速上升特征。也为股市中企稳转强的信号之一。如果是在低位或盘整中出现此种情况，通常表示继续上升的可能性大。"三阳开泰"和"红三兵"的K线组合形态类似，但在应用法则上有较大区别，"红三兵"更多情况下是企稳信号，行情的全面启动还将有待时日，而"三阳开泰"是较为强烈的反转信号。

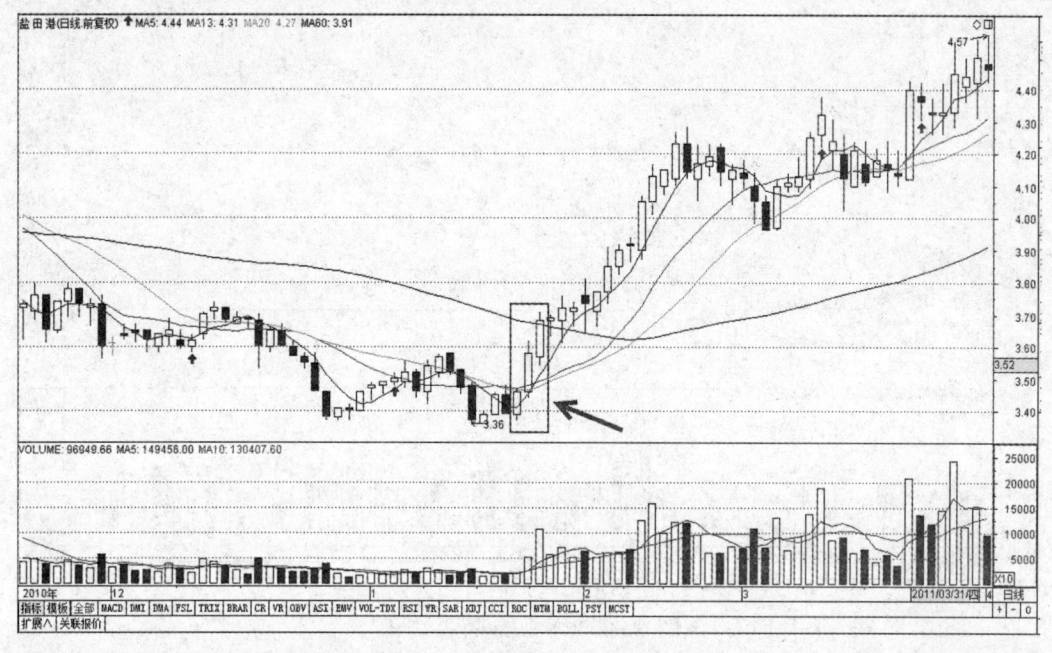

图 3-5　盐田港 K 线图

如图 3-5 所示的盐田港 K 线图，在经过一波下跌的行情之后，在底部区域出现了"三阳开泰"的走势，股价随后展开上涨的行情。

操作提示：

"三阳开泰"组合是特指在股价下跌后的底部区域出现的三根大中阳线组合，是强烈的看涨信号，当出现这种组合时，通常可以大胆做多，中短线持股。

六、上升"三部曲"

上升"三部曲"组合通常出现在上涨途中，是由大小不等的 5 根 K 线组成，先拉出一根大阳线或中阳线，接着连续出现 3 根趋势向下的小阴线或者小阳线，但都没有跌破前面阳线的开盘价，随后出现了一根大阳线或中阳线，其走势有点类似英文字母"N"。一般情况下，在上升"三部曲"出现之后，股价都会延续升势。

如图 3-6 所示的 TCL 集团 K 线图，就是在上涨的途中出现了上升"三部曲"

的标准组合形态,先拉出一根大阳线或中阳线,接着连续出现了3根小K线,但都没有跌破前面的开盘价,随后出现了一根大阳线或中阳线,形态成立。这说明一轮震仓洗盘暂时告一段落,接着又要发动向上的攻势了。

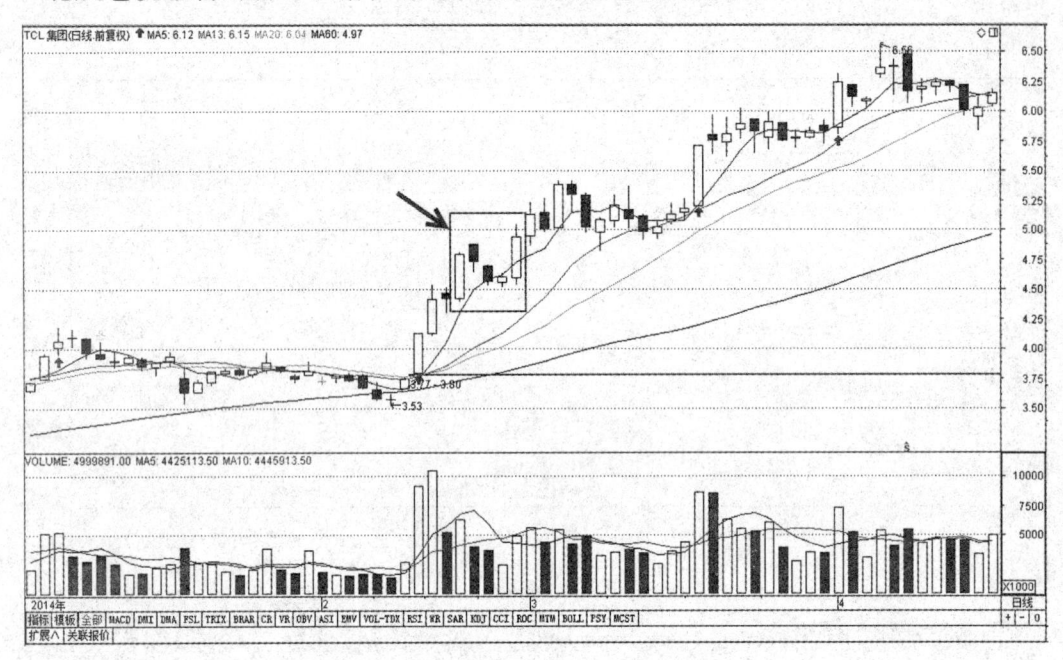

图 3-6 TCL 集团 K 线图

操作提示:

遇到上升"三部曲"组合,如果股价自底部算起,涨幅并不是很多,通常表明后市仍将有一段上涨的空间。这时可以适当做多,但目标不宜定得太高,只要达到获利目标即出。

七、上涨"两颗星"

上涨"两颗星"是比较经典的 K 线组合,虽然名称是两颗星,实际上这个组合是由三根 K 线组成的,一根实体较长的阳线连续两颗涨跌幅度都不大的小 K 线星体。和所有的 K 线组合一样,上涨两颗星只有出现在特定走势中才有应用的价值。这种三根 K 线的组合出现在股价上涨初期以及上涨的途中,通常后市都会出现上涨行情。所以这种 K 线组合是对股价继续上涨的一种确认,可以判断后市上涨行情会继续保持。

如图 3-7 所示的西藏药业 K 线图,就是在股价上涨的初期出现了这种 K 线组合，前一天股价收于一根光头阳线后，又收出两颗星形 K 线完成整理工作，便开始了快速拉升。

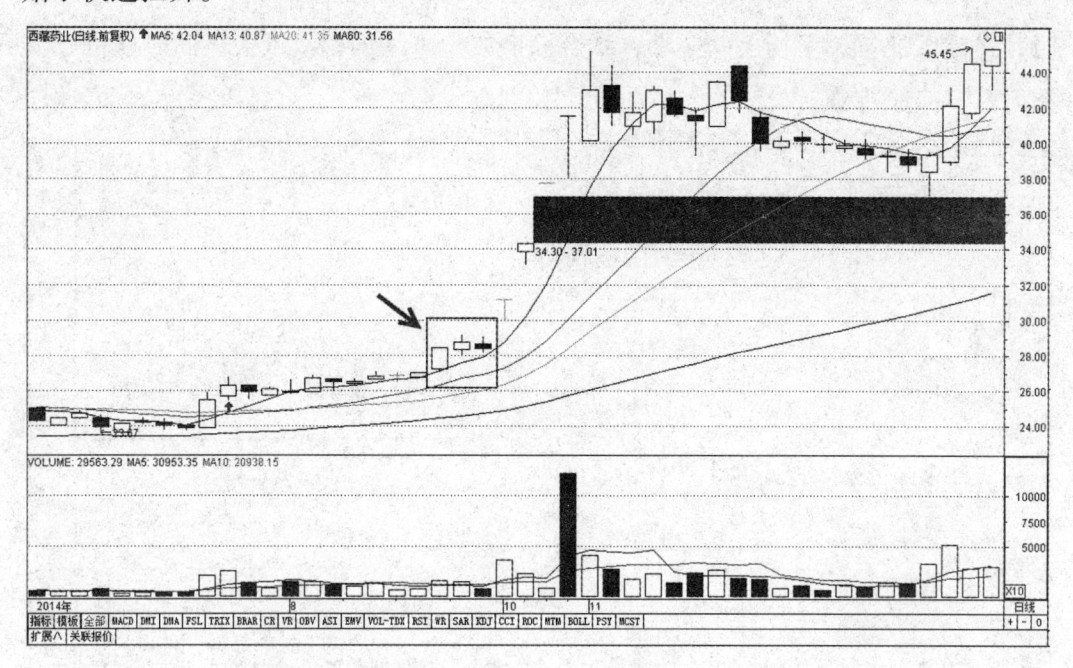

图 3-7 西藏药业 K 线图

操作提示：

遇到上涨"两颗星"组合的个股，如果当时股价自底部算起并没有多大的涨幅，就可以大胆做多，通常短线会有不小的收获。操作上不宜贪心，短线获利即出。

八、"向上跳空"组合

向上跳空是指当天的开盘价比前一天的最高价要高出一部分，且截至收盘时，最低价仍比前一天的最高价要高。两天的 K 线留一个空白的缺口，这种组合，我们就称向上跳空。当 K 线出现这种形态时代表着当天买方力量在开盘时就占据了上风。该形态经常是出现在股价处于明显的上涨行情中，有时也会出现在股价经过长期下跌之后刚向上启动时。

如果"向上跳空"组合形态是出现在股价长期下跌的底部区域时，那么这标志着后市股价出现反弹的可能性相当大；如果这种形态是出现在股价上涨的中途，那么往往是股价进入加速拉升的前兆。特别是能跳空突破某一重要阻力位，如 60 日线、半年线等，后市通常会迎来一波不小的涨幅。

如图3-8所示的金鹰股份K线图，就是在股价的低位区域出现了向上跳空的组合，说明经过一段长时间的下跌之后，空方的做空动能已经趋于衰竭。与此同时，多方已经掌握了场上的主动，结合前期股价下跌的幅度巨大，此时就可以大胆做多，持股待涨。

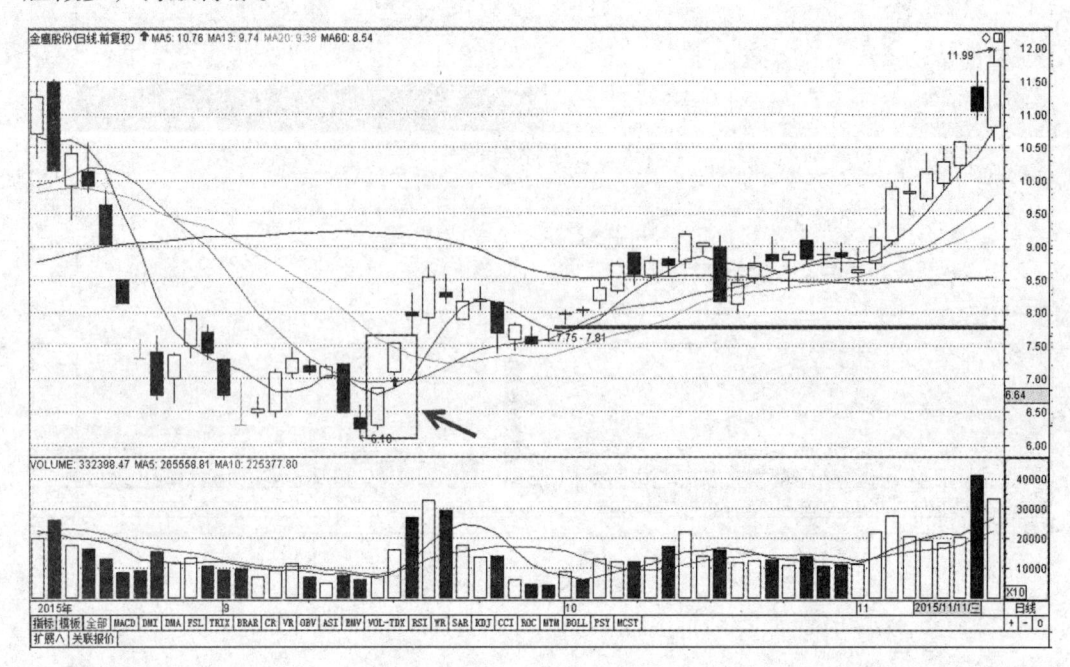

图3-8　金鹰股份K线图

操作提示：

这里所说的"向上跳空"组合主要是指在低位区域以及上涨途中的跳空组合，这时可以积极做多。但如果该组合出现在长期上涨的高位区域，则不应盲目介入。因为这很有可能是主力借此吸引买盘完成出货。如图3-9所示的南方航空K线图，就是在高位区域出现了向上跳空的组合，同时伴随着成交量的放大，后市并没有出现上涨，反而出现了震荡下跌的行情。

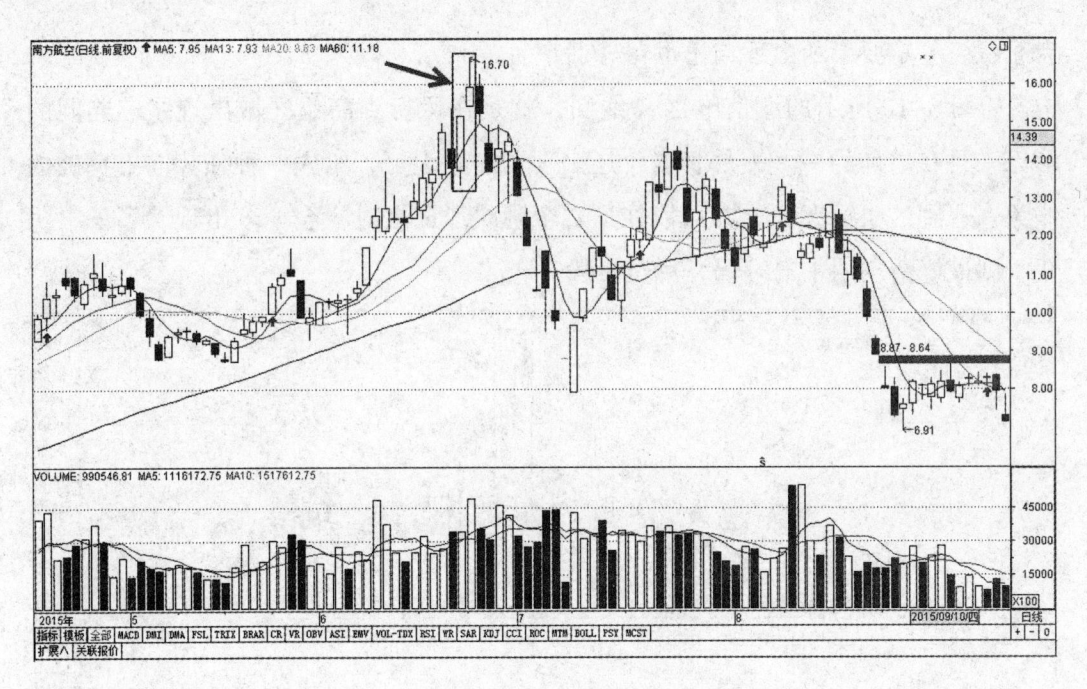

图 3-9 南方航空 K 线图

第二节 从 K 线组合寻找短线卖出点位

与研究上涨组合形态一样，对于投资者来说，如果能在股价的较高位置清仓出局就会保住获利空间。毕竟没有只涨不跌的股票，只要我们善于分析，就可以从一些 K 线组合中发现较为准确的卖点。下面介绍几种常见的下跌组合形态。

一、高位三连阴

高位三连阴，即发生在高位区域，连续收出三根阴线，是强烈的看跌形态。相对来讲，跳空下跌的看空意味更加强烈。高位三连阴的出现，主要是由于前期的上涨使得大部分投资者都有了相当丰厚的获利空间，当然主力更是如此。随着账面上的数字越来越多，这些获利盘难免要进行兑现，于是就会造成盘面压力增大。如果再加上一些利空消息的影响，就有可能造成跳空下跌的行情。因此投资者见状，一定要果断出手，不可留恋后市。

如图3-10所示的海信电器K线图，就是在运行到高位区域出现了三连阴的形态，且在之前的一个交易日股价还出现了涨停走势，给人一种强势向上突破的假象。遇到这类情况，通常可以在第二个阴线形成之时减仓，若出现了第三根阴线，则最好清空手中的筹码，另觅良股。

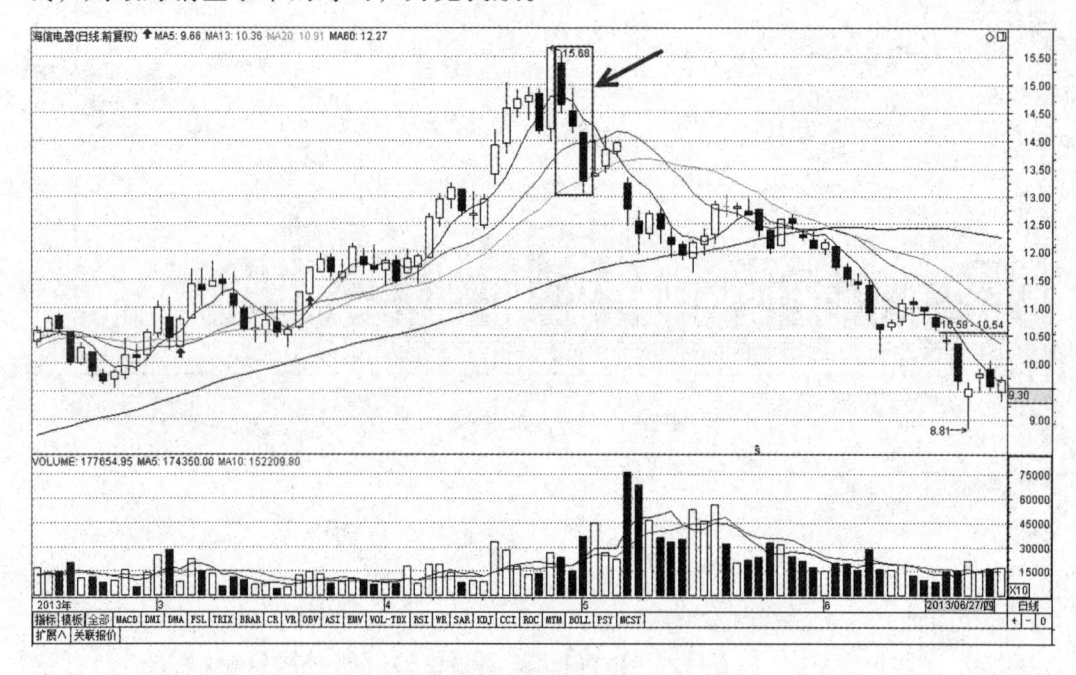

图3-10 海信电器K线图

操作提示：

在高位遇到三连阴的情况，不管是何种原因，都要提高警惕，操作上以清仓为主。这里所说的三连阴，一定是高位的，也就是说股价要经过前期大幅拉升的。如果出现在上涨的初期，或者上涨途中，股价并没有多大的拉升时，往往不适宜看空，倒是逢低买入的好时机。

二、"黄昏之星"

"黄昏之星"也被称为晚星，该组合由3根K线组成，第一根为阳线，第二根为十字线或者小阴线和小阳线，第三根为阴线。第三根K线实体深入到第一根K线实体之内。"黄昏之星"形态通常出现在上涨行情的末期，预示着股价可能见顶，上涨动力衰竭，后市看跌。投资者应该及时卖出手中的股票。

如图 3-11 所示的浙江广厦 K 线图，就是在股价上涨的末期出现了"黄昏之星"的组合，股价随后开始转为下跌行情。

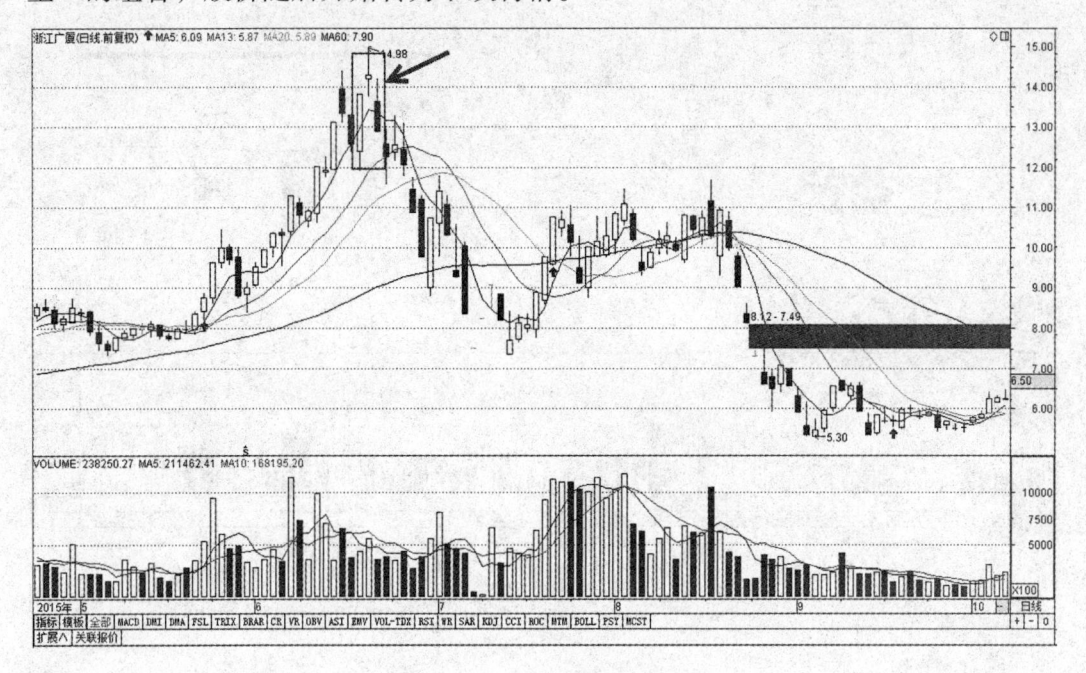

图 3-11 浙江广厦 K 线图

操作提示：

这是一种典型的下跌组合形态，如果在股价上涨后的高位出现这种组合，投资者应该立即出局。但如果出现"黄昏之星"组合时股价并没有多大的涨幅，甚至是刚启动不久，就很有可能是主力的一种洗盘手法，这时就应该持股待涨，甚至是逢低吸纳，而不是卖出股票。

三、乌云压顶

"乌云压顶"组合是由一阳一阴线组成，阴线要深入到阳线实体二分之一以下处。通常出现在上涨行情末期，是一种见顶信号，后市看跌。阴线深入阳线实体部分越多，转势信号越强。

如图 3-12 所示的浙江富润 K 线图，股价经过一段时间的震荡上涨，在创下历史新高后，在顶部形成了乌云压顶的组合，说明多方和空方力量开始逆转，空方力量增强，随后进入了下降通道。

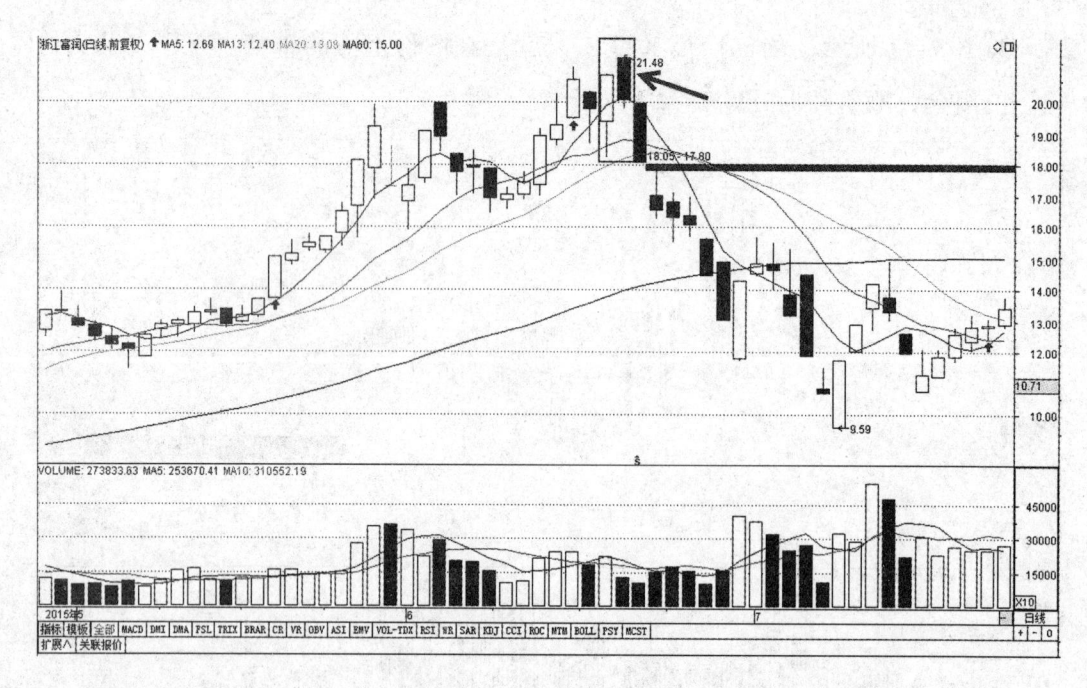

图 3-12 浙江富润K线图

操作提示：

在高位出现"乌云压顶"组合形态，通常都会引发一波下跌行情。操作上应该以逢高减仓或者清仓出局为主。当然具体操作上，还应该考虑其所处的价位以及当时的市场环境等因素。

四、倾盆大雨

在股价有了一段升幅之后，第一天出现一根大阳线或中阳线，接着第二天出现了一根低开低收的大阴线或中阴线。其收盘价比前一根阳线的开盘价要低。当出现这种K线组合时，形势对多方非常不利，因为低开低收的阴线使多方信心受到严重打击。低开，说明投资者已不敢追高，而想低价出售股票的投资者却大有人在；低收，表明市场做空心态。

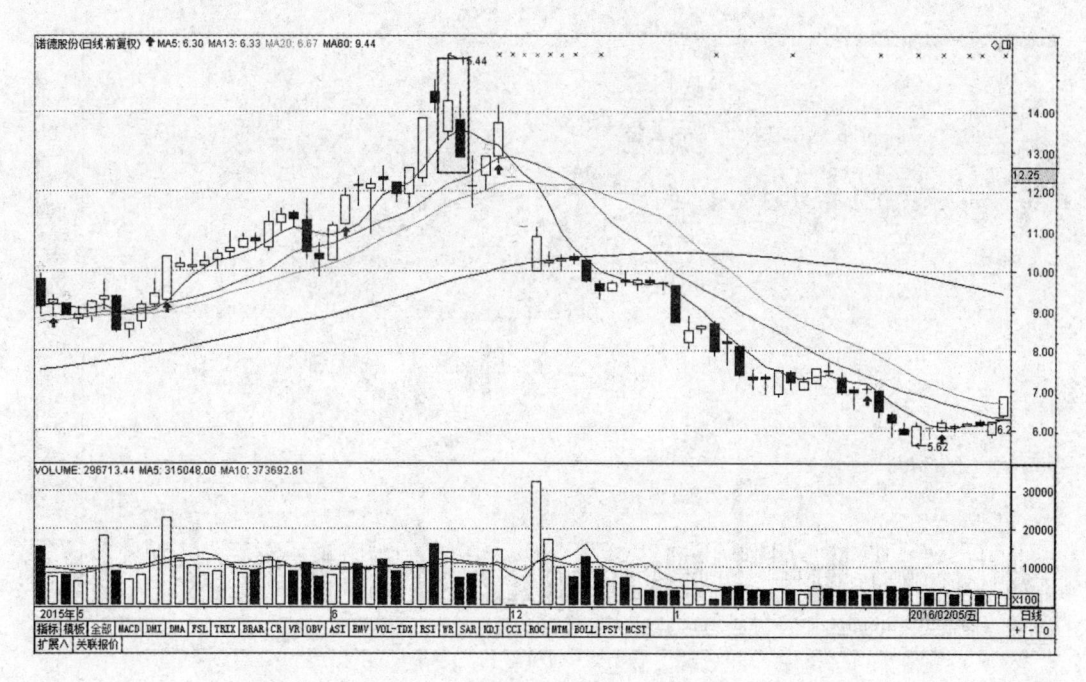

图 3-13　诺德股份 K 线图

如图 3-13 所示的诺德股份 K 线图，就是在高位出现了"倾盆大雨"的组合形态，从图中可以看到，在出现这种组合之后，虽然也出现了暂时的反弹，但终究没能逃离下跌的命运。

操作提示：

"倾盆大雨"组合的出现通常伴随着成交量的放大，虽然不排除在股价上涨的途中主力会采用这种组合进行洗盘操作，但从规避风险的角度出发，还是减仓操作为好。一旦后市出现走弱，建议清空离场。

五、两阴夹一阳

"两阴夹一阳"组合是由 2 根较长的阴线和一根较短的阳线组成。既可能出现在涨势中，也可能出现在跌势中，阳线夹在阴线之中。在涨势中出现，是见顶信号；在跌势中出现，继续看跌。

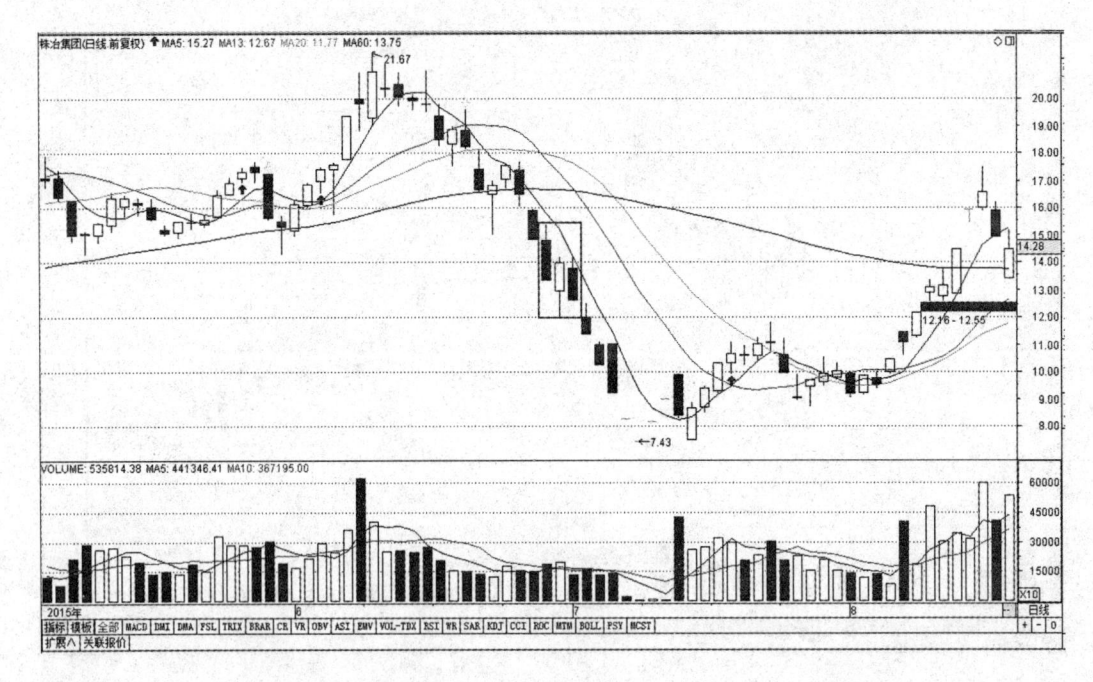

图 3-14 株冶集团 K 线图

如图 3-14 所示的株冶集团 K 线图，是在股价下跌的途中出现"两阴夹一阳"的组合形态，说明下跌行情还未结束，后市继续看跌，投资者不宜参与此类股票。

操作提示：

不管是高位运行中，还是下跌过程中出现"两阴夹一阳"组合形态，短线继续下跌的概率都非常高，情况不容乐观。建议投资者及时清仓离场。

六、下跌孕线

"下跌孕线"形态一般是出现在股价运行的高位区域，当然偶尔也会出现在股价上涨的中途。该形态由一根大阳线和一根小 K 线组成，先是前一交易日收出一根大阳线，次日的小 K 线实体在大阳线的实体内。从形态中可以看出，股价在第二天的走势出现了明显的滞涨现象，在第二天买盘出现了严重的衰退，要不然的话股价理应承接前一天的强势继续走高才对。当这种组合出现在股价长期上涨的高位区域时，投资者就要引起高度注意了，这往往是股价出现大幅度下跌的前兆。

如图 3-15 所示的南京化纤 K 线图，就是在股价经过大幅度的上涨之后出现了这种"下跌孕线"的组合形态，股价很快就出现一波下跌行情。而从其大阳线当日的分时图中可以看到（图 3-16），这根大阳线的形成，是在最后几分钟瞬间拉高 10 多个点形成的，主力明显有故意做 K 线形态的嫌疑，正所谓尾盘拉高，非奸即盗。特别是在大幅上涨的高位区域出现这种莫名其妙的拉升，投资者一定要注意后市变化，一旦出现该走势，应该立即离场。

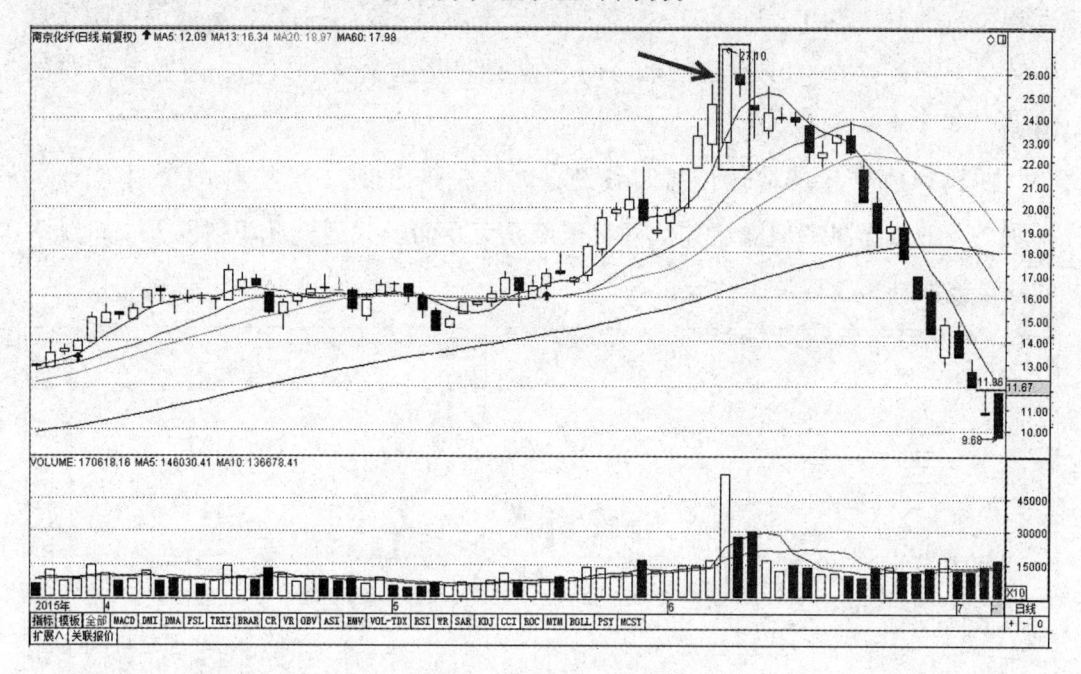

图 3-15 南京化纤 K 线图

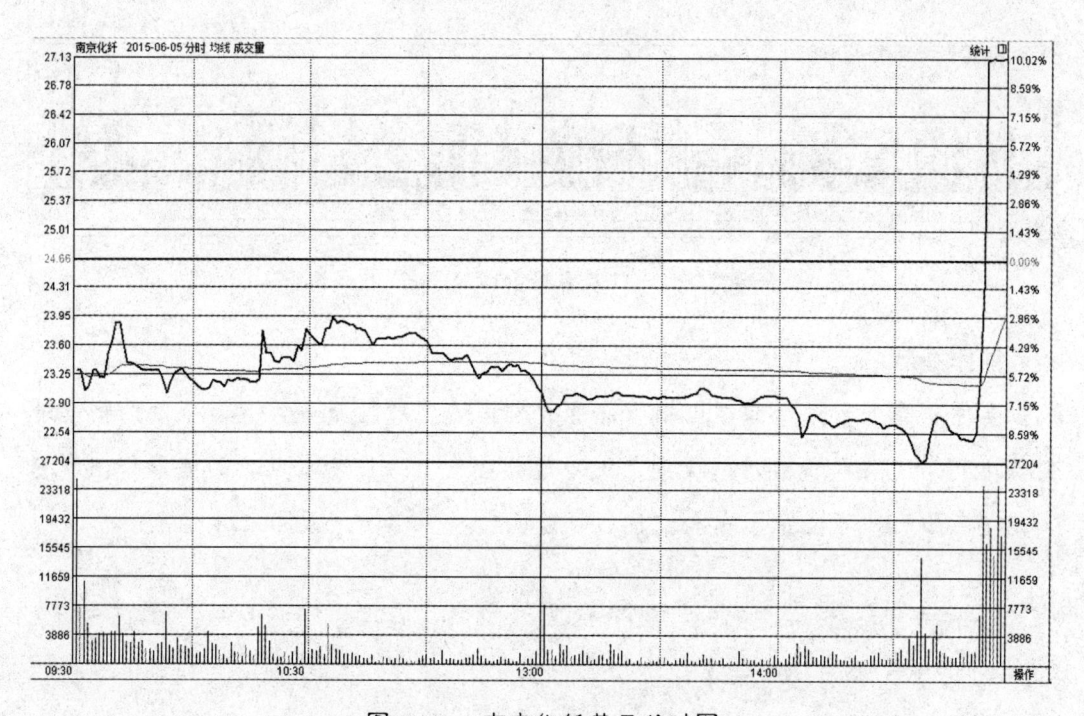

图 3-16 南京化纤某日分时图

七、高位连续上影线

股价经过连续的上涨之后，在高位连续收出几根带上影线的K线，说明上方有较大的压力，多方上攻无力，空方慢慢掌握着场上的主动权，形势很可能要发生转变。遇到这种久攻不破的形态时，投资者要注意及时离场，避免不必要的损失。

如图3-17所示的博瑞传播K线图，高位先是出现一个跳空向上的上影线，说明当天上攻无果，但随后连续两日依旧是无功而返，遇到此类情况，一旦跳空的缺口被回补，就要考虑清仓出局。

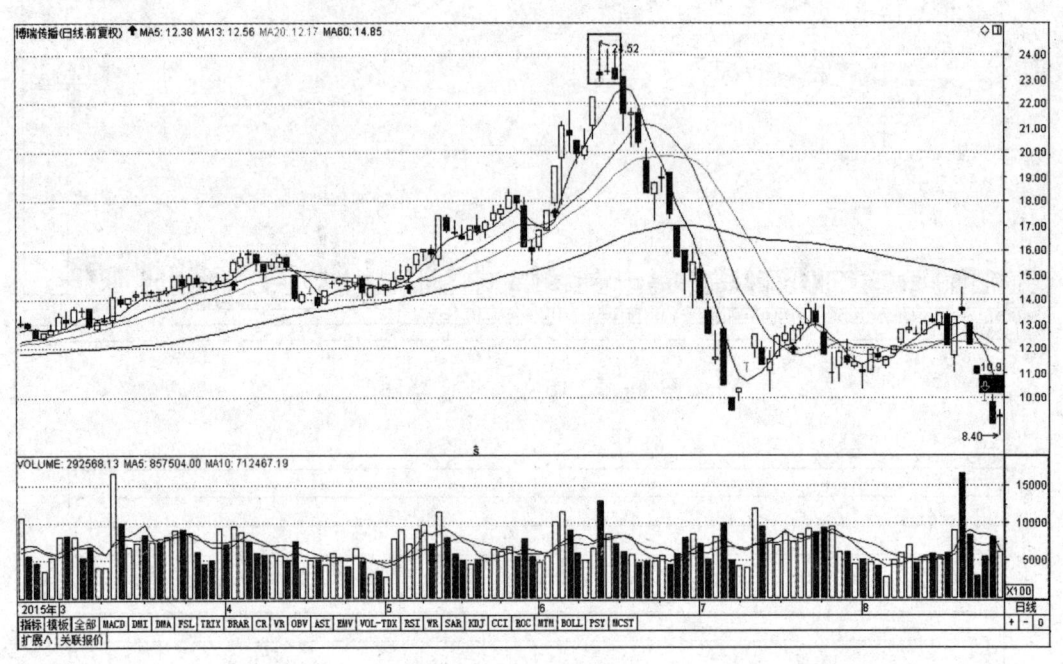

图 3-17 博瑞传播 K 线图

操作提示：

高位连续上影线形态在大幅上涨的高位区域实战性最强，后市下跌的概率非常大。但若是在股价启动的初期，则可视为在向上做试盘动作，即使股价出现暂时性的回调，也不必急于出局，反而可以低吸。

第三节　善于发现突破点位置

当一些形态完成突破时，也是短线介入的好时机，比如当头肩底、双重底等形态向上突破颈线时，如果能伴随着成交量的放大，则是一个明显的买入信息，投资者要关注发现这些关键的突破位置。

一、"头肩底"的突破

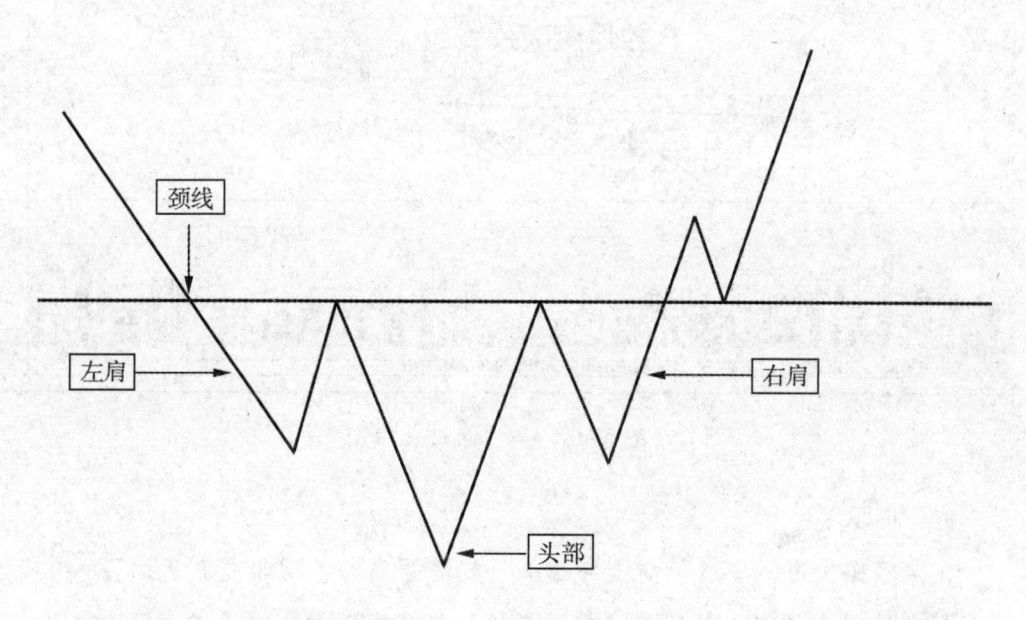

图 3-18　"头肩底"形态

"头肩底"是指股价在某个下降趋势的底部出现三个连续的谷底的形态，如图 3-18 所示。其中间的谷底较低，被称为头肩底的头部。其他两个比中间的谷底稍微高一些，分别被称为左肩和右肩。

在头肩底中，左肩处于股价的下跌过程中，成交量较小；在头部形成时，一些买盘开始涌入，成交量反而有所回升。在右肩的形成过程中，成交量还会持续放大。当股价放量向上突破颈线时，则头肩底形态成立。

如图3-19所示的华友钴业K线图，股价走出一波加速下跌的走势，下跌到一定程度之后出现了反弹的行情，从而形成了底部的第一个低点，即左肩。当股价反弹至一定高度之后遇阻回落，且跌破了前面的低点，然后再次出现反弹，这次创出的低点形成了一个头部。当股价反弹到前次反弹的高点附近再次遇阻回落，但这次股价并没有创出新低，而是前次低点之前涌出了大量的买盘，将股价再次托起，形成右肩。然而这次的反弹直接突破了前次的高点位置，不再出现回落，而是继续向上运行。至此，头肩底形态形成。

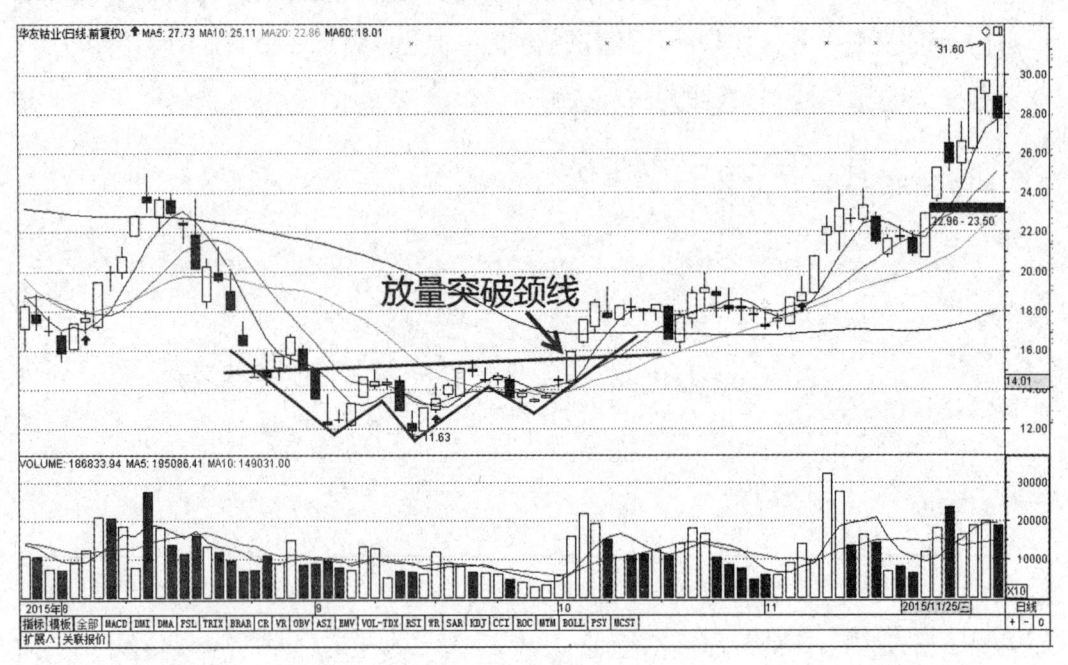

图3-19 华友钴业K线图

操作提示：

在实际操作中，当股价向上突破头肩底的颈线时，通常是真正的买入信号。虽然股价这时和低点比较已经上升了一段，但是真正的上升通道才刚刚开始，之前没有介入的投资者可以积极买进。另外需要注意的是，当股价突破颈线时，一定要关注成交量的变化，通常此时的成交量会出现放量的配合，否则可能是个错误的突破假象。随后成交量如果逐渐增加，形态也可以确认。

二、"双重底"的突破

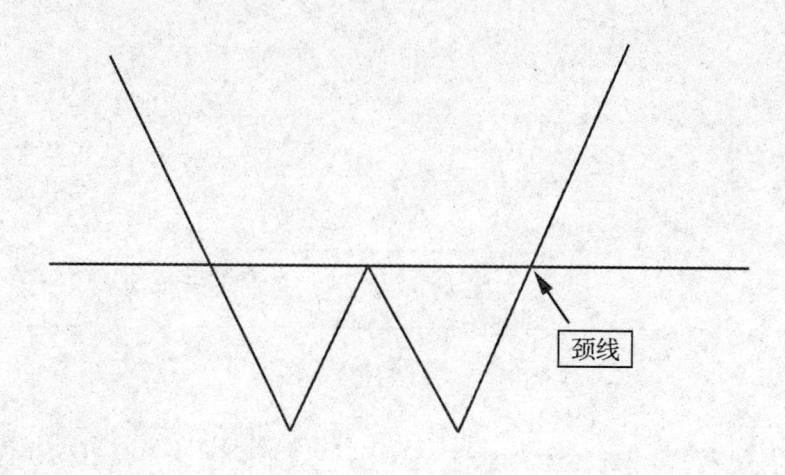

图 3-20 "双重底"形态

W 底也叫"双重底",如图 3-20 所示。股价在长期下跌之后,出现第一次反弹,遇阻后再次回落。随着股价的下跌,成交量萎缩。当跌至前期低点位置附近,一些抄底的投资者再度参与,使得股价再次上扬,并且一举突破了前期高点。股价在向上放量突破颈线时,W 底形态正式确立。

双重底的形态特点是,股价的变动和成交量的变动大致相同。在两个底部中,如果第二个底部的低点较高,说明市场多方的力量占据上风,否则就说明当前的走势还是比较弱的。W 底是典型的反转形态,说明下跌行情告一段落,未来将出现上涨行情。

如图 3-21 所示的盐田港 K 线图,在经过一轮下跌行情后,在底部出现了 W 底走势,股价也随之一路走高。当股票在低位出现双重底走势后,投资者可以放心买入持有,把握获利机会。

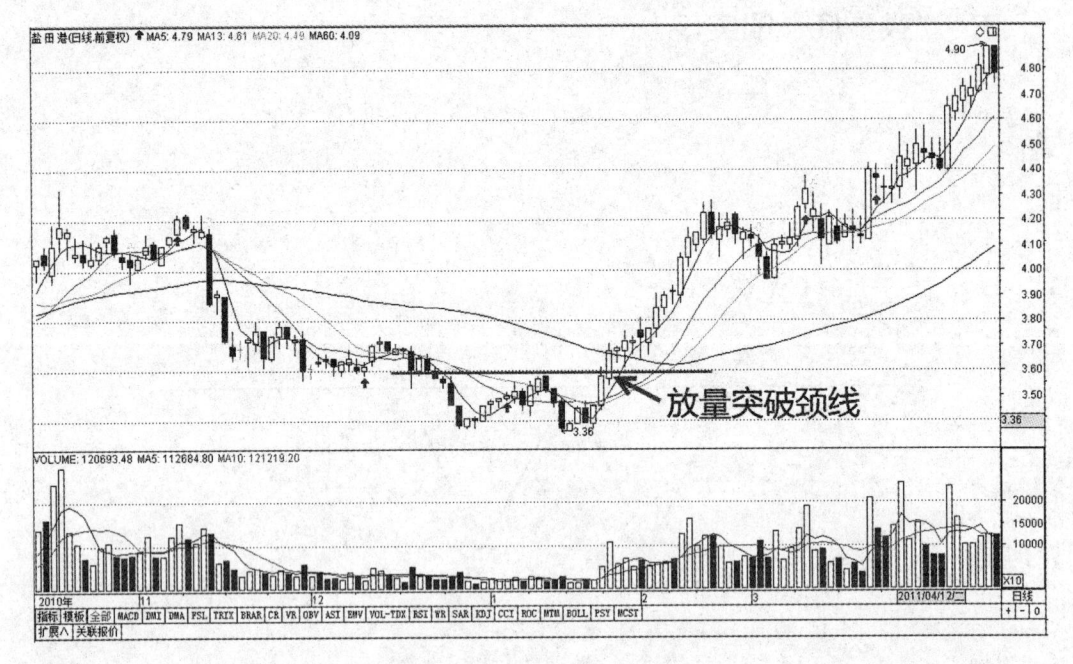

图 3-21　盐田港 K 线图

操作提示：

当股价向上突破颈线时，就是比较好的买入信号，投资者此时可以放心介入。另外值得注意的是，在双重底形成的过程中，股价如果出现了第三次回跌，只要跌幅不超过第二次跌幅的 1/3，随后反弹创出新高，这样双重底还是可以确立，投资者可以放心持有，随后还是上涨行情。不然可能还是处于低位的盘整阶段。

三、"三重底"的突破

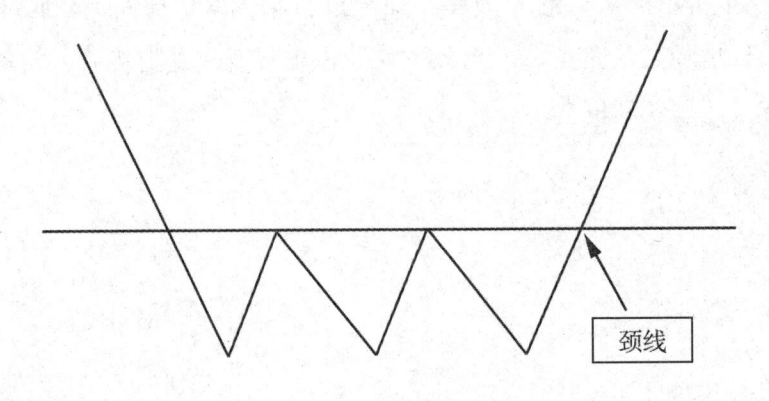

图 3-22　"三重底"形态

"三重底"是指股票在连续三次下跌的低点大致相同时形成的走势图，和"双重底"类似，只是多了一个底，如图 3-22 所示。它的形态多发生在震荡波段行情的底部，三重底的图形通常要一个月的时间，并且向上突破阻力线才被确定，在底部的形成时间越久，上涨力度越大。股价出现三重底，说明上方强压已经被突破，后市会出现上涨行情。

如图 3-23 所示的三一重工 K 线图，经过连续数日的反弹，在底部形成了三重底的走势形态，当突破上方压力后，随着成交量不断放大，进入上升通道。投资者可以在三重底形成，向上突破阻力后介入。

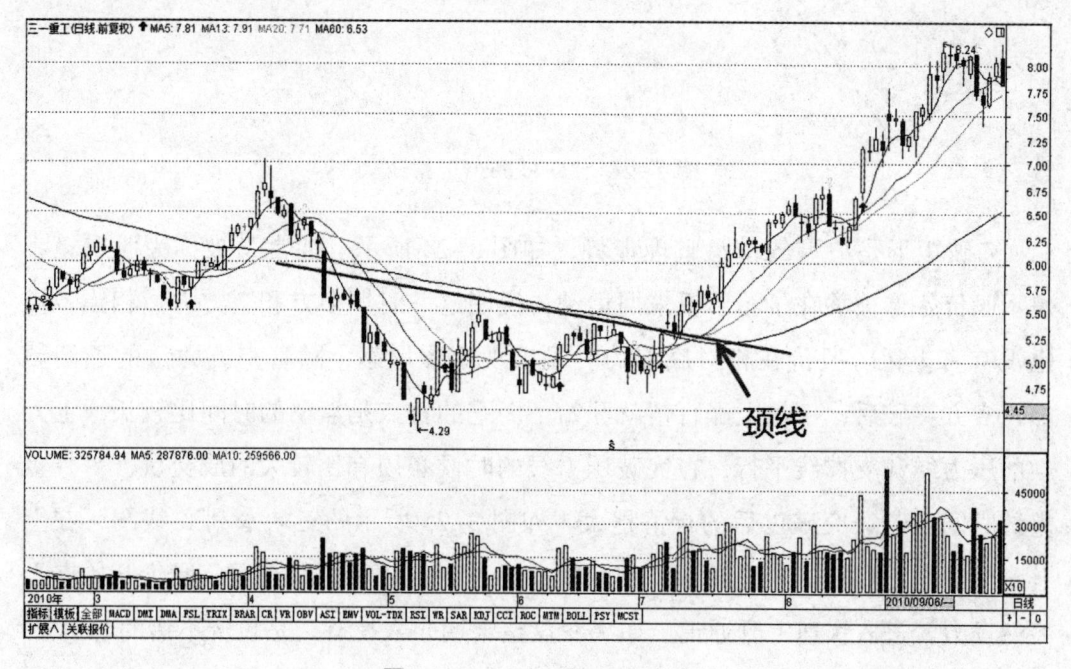

图 3-23　三一重工 K 线图

操作提示：

在实际操作中，投资者不要看到股价走出类似三重底的形态就盲目介入，股价如果不能突破颈线的话，后市可能还是会向下调整。在三重底形成的过程中，成交量要呈现放大趋势，如果成交量未能呈现放大趋势，很有可能导致形态形成失败。当股价向上突破颈线时，才是最佳买入时机。投资者应该耐心等待，不要在低点和形态还未形成后过早介入，以免得不偿失。

四、"矩形"的突破

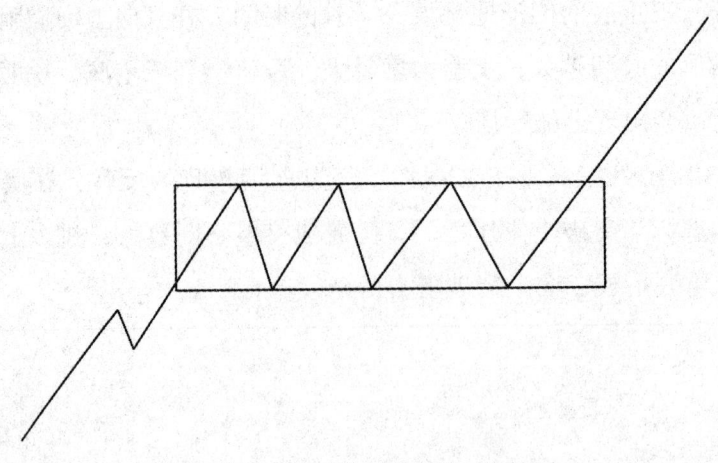

图 3-24 "突破矩形"形态

突破矩形是典型的横盘整理走势，如图 3-24 所示。通常又被称为股票箱，表示股价好像被关在了箱子里来回运动，说明这一时期多方和空方力量相当，谁也没有占上风，股价在相对底部的时候出现矩形形态，随着空方力量的逐渐萎靡，多方突破后，一轮上涨行情就开始了。它的特点是盘整的时间比较长，上升中的压力线和支撑线平行，在突破压力线的时候必须有比较大的成交量，另外盘整的时间越长，突破以后的行情越大。如图 3-25 所示的三峡水利 K 线图，在上升一段时间之后形成一个矩形整理区间，经过一段时间的盘整后，股价开始向上突然发力，进入快速上升通道。如果在盘整末期介入持有，是投资不错的时机。

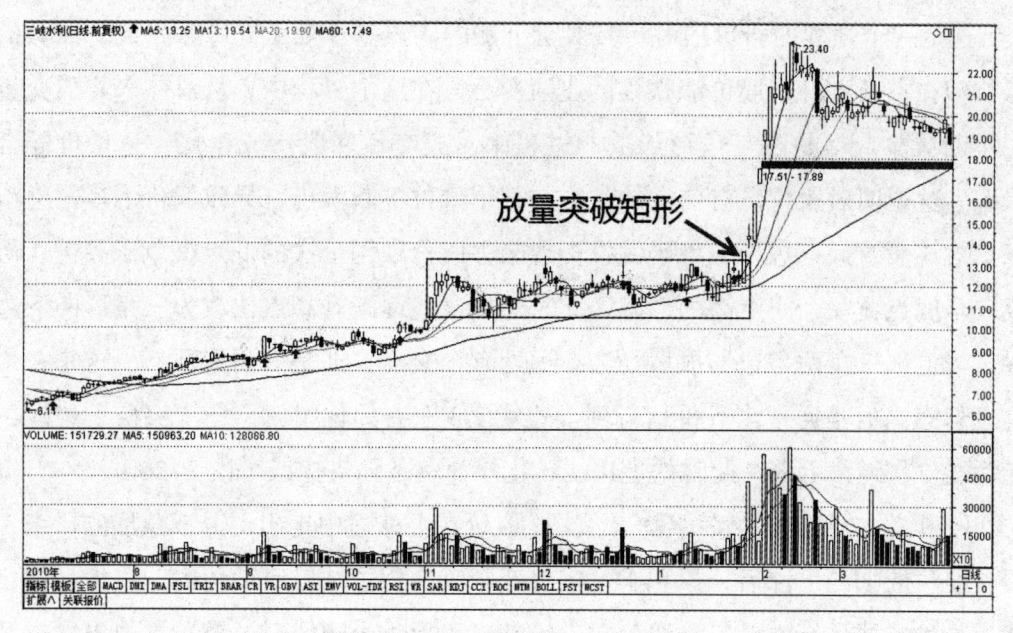

图 3-25 三峡水利 K 线图

操作提示:

在实战中,股价在矩形形态中震荡的次数没有固定的标准,这决定于庄家的需要,震荡的次数越多,说明市场洗牌洗的越彻底,但是在洗盘快结束时,成交量往往会随着萎缩。当股价向上突破压力线以后,伴随成交量的迅速放大,这时介入比较稳妥。

五、"上涨三角形"突破

图 3-26 "上涨三角形"形态

这是一个强烈的指示信号。其股价上涨的高点基本处于同一水平线，回调的点位却在不断上升，股价涨跌幅度逐渐变小，在这个过程中，从总体来看成交量在不断减少。但是在三角形形成的过程中，成交量和股价成正比，呈量价配合状态。这说明对股价没有信心的一方在某个价位不断卖出，导致股价下行，但市场却对该股看好，想增加筹码的投资者未等股价跌到上次的低点就急于买进，形成一个底点比一个底点高的形态，此时连接这些逐渐升高点位成为三角形的下边线。当上涨三角两条边形成后，会在远处有个交点，即是三角形顶点。这是一个整理形态，但是通常当股价运行到上边线 2/3 左右的位置就会向上突破上边线，随后股价将继续上涨，此时的上边线转化成为一条强支撑线（图 3-26）。

如图 3-27 所示的莱茵生物 K 线图，股价在上涨途中走出上升三角形的形态。股价经过前期的上涨后，累积了一定的获利盘。为了减轻盘面压力，主力经常会通过这种方式进行洗盘。当股价放量突破三角形的上边线时，就是主力再次拉升股价之时。投资者可以在该突破点积极介入。

图 3-27　莱茵生物 K 线图

操作提示：

稳健的投资者在上升三角形形成的过程中，可暂时观望，在股价放量突破上边线时可积极介入。这种图形看涨的预示性非常强烈，出错概率也很低。

需要注意的是，当上升三角形锥形形成后，越早向上突破，则后市的上升空间越大；若迟迟未形成突破，则有可能向双顶或三重顶形态发展。此外，在向上突破阻力线时，最好有较大的成交量配合。

六、"上涨旗形"的突破

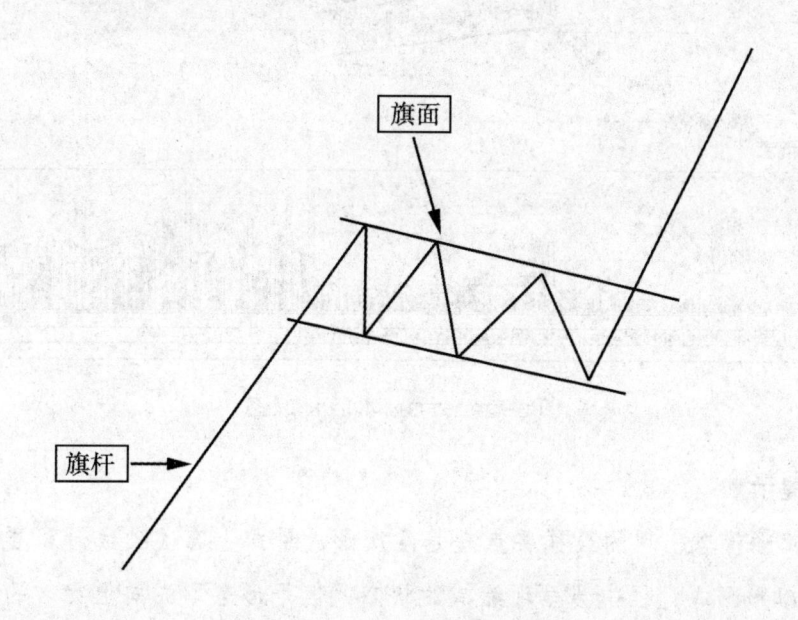

图 3-28 "上涨旗形"形态

当股价经过快速大幅拉升后，随后出现了横盘整理行情，形成一个紧密、狭窄和稍微向下倾斜的价格密集区，将整理形态中的高点和低点分别连接起来，便会出现两条平行而下倾的直线，这就是旗形的旗面。旗面与整理形态之前的快速拉升组合后就构成了上升旗形，如图 3-28 所示。

如图 3-29 所示的 TCL 集团 K 线图，就是在上涨的过程中出现了旗形形态。前面的涨幅形成了一个旗杆。股价突破旗形上边线，继续向上拉升。而旗形之后的涨停通常会大于或等于启动前的涨幅。

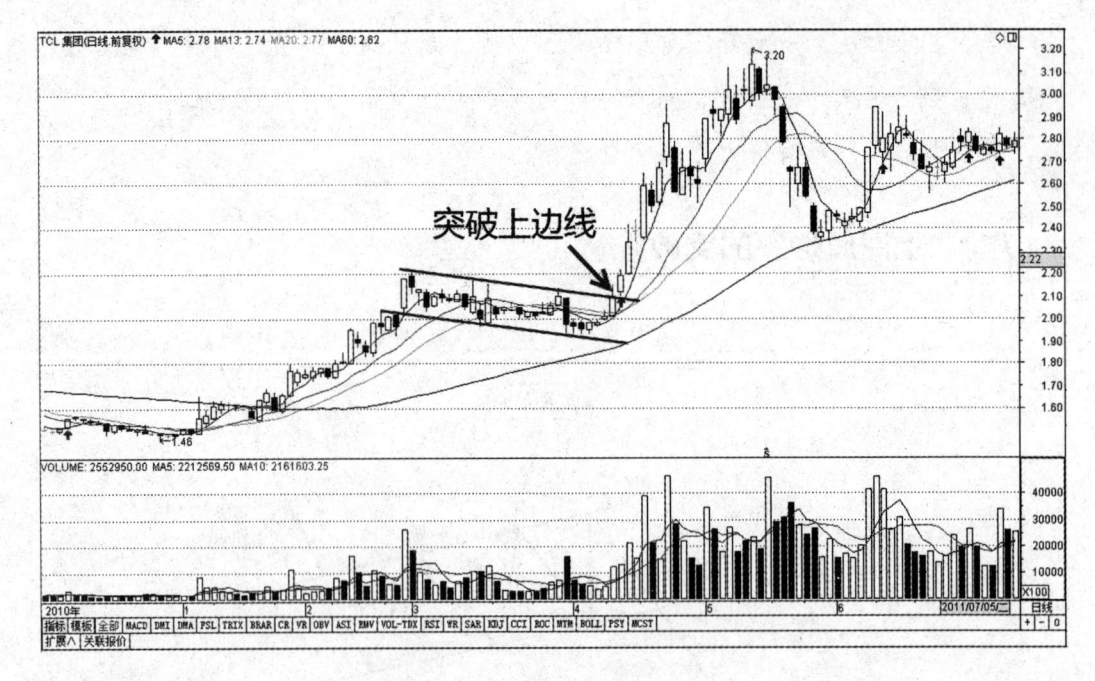

图 3-29　TCL 集团 K 线图

操作提示：

上涨旗形状态出现的最佳买点就是在旗形放量向上突破颈线时。要注意的是成交量在旗形形成过程中会呈现缩减的状态，但是形态形成向上突破的时候一定是放量状态，如果仍是缩量，则说明不是真正的上涨旗形，后市上涨行情不可预见。在股价上涨的中期出现上涨旗形，说明股价开始进入下一波上涨阶段，但是也有可能是最后阶段，持有者要合理把握。

第四节　从 K 线形态把握卖点

股价上涨到一定的程度，就会停止继续向上拓展空间，从而转为跌势或者整理行情。正所谓，没有只涨不跌的股票。同样，股价达到顶部往往也会形成一些经典的形态。下面就来探讨如何把握这些形态形成时的卖点机会。

一、判断"头肩顶"卖点位置

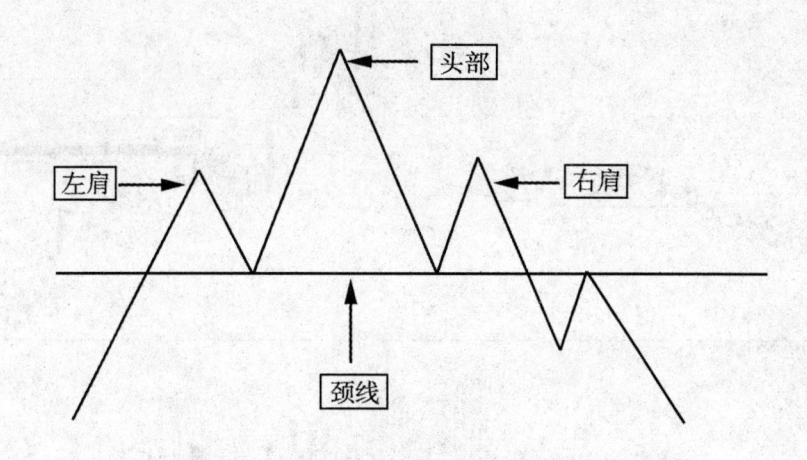

图 3-30 "头肩顶"形态

"头肩顶"是非常多见的反转形态,如图 3-30 所示。该组合形态就像人体的头和两肩的位置,中间头部较高,两边肩部稍低。这是一个长期性趋势的转向形态,一般出现在牛市的末端和阶段性顶部。

"头肩顶"是一个非常重要的技术性走势,开始时多头力量持续推动股价上涨,市场投资情绪高涨,经过一次短期的小幅下跌调整后,错过上次升势的投资者在调整期间买进,促使股价继续上升,而且超过上次的高点,那些对股价没有信心以及错过了上次高点获利回吐的投资者,或是在回落低点买进作短线投机的投资者纷纷抛售,导致股价再次回落。第三次的上升,则为那些后知后觉错过了上次获利时机的投资者提供了机会,但股价无力超过上次的高点,市场呈现疲弱无力的状态,即将面临一次大幅度的下跌。

如图 3-31 所示的大连国际 K 线图,就是一个较为典型的"头肩顶"形态。"头肩顶"形态形成后,股价也随之走出了一波不小的下跌行情。

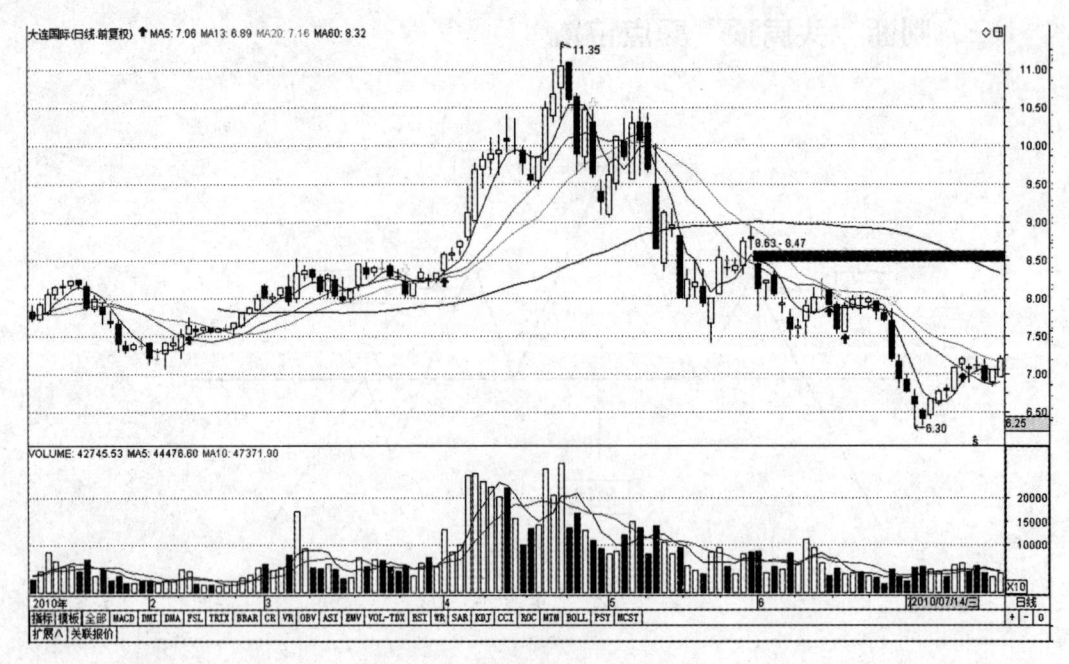

图 3-31 大连国际 K 线图

操作提示：

"头肩顶"是一个见顶信号，一旦形态确立，股价下跌的可能性非常大。当股价形成头肩顶的基础形时，投资者就该多加关注，这时股价虽然没有跌破颈线，但是最好减仓。"头肩顶"的出现对股价后市的跌幅有多大的影响，取决于它形成时间的长短，形成的时间越长，说明跌幅的空间越大。在股价跌破颈线后，要彻底清仓，退出观望。

二、"双重顶"的卖点位置

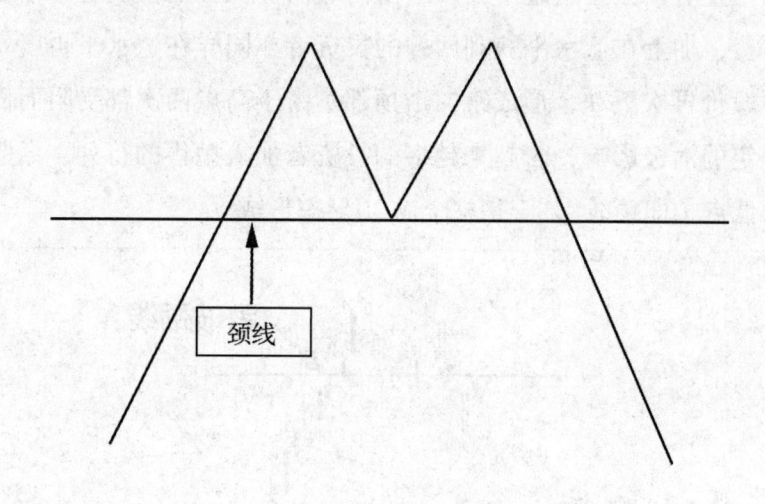

图 3-32 "M 顶"形态

双重顶又称为 M 顶，如图 3-32 所示。双重顶是一种常见的顶部形态，它经常出现在长期上涨后的高位，有时也会出现在阶段性高点的附近，或者出现在重要的压力线位置。但其市场意义基本都是相同的。双重顶的出现预示着股价由涨转跌。

其形成过程：股价上涨到一定程度时，一些获利投资者开始卖出筹码，成交量放大，这一股力量致使上涨的行情转为下跌，形成第一个顶部。当股价回落到一定程度时，吸引了部分短线投资者的目光，另外前期获利的投资者也有可能在低点再次买入，于是股价再次上升。股价又涨至与前一个高点几乎相同的位置，而这时，短线获利投资者和一些错过在第一次高点出货的投资者，以及信心产生了动摇的投资者，都在这时开始出货，强大的卖压令股价再次下跌，形成第二个顶部。由于高点两次都受阻而回，给投资者带来了一定的消极影响，认为该股在短期内无法再继续上升，如果越来越多的投资者加入抛售的行列，股价则会跌破前次回落的低点（即颈线），整个 M 形态便告形成。股价的移动轨迹就像 M 字，所以称 M 顶。M 顶的两个最高点不一定要在同一水平线上，二者相差少于 3% 是可接受的。

如图 3-33 所示的建峰化工 K 线图，股价经过一段时间的上涨后，在高位区域出现了回落，此时形成第一个顶部。当股价下降到某一个低点时，吸引了部分短线投资者的兴趣，在买盘的增加下，股价又快速回升。待涨至与前一个高点几乎相同的位置时，一些错过了在第一次高点出货机会的投资者，信心产生了动摇，开始出货，加上在低水平获利回补的投资者亦同样在这水平再度卖出，在卖方的抛压下股价再次下跌，形成第二个顶部。由于高点两次都受阻而回，给投资者带来了一定的消极影响，若越来越多的投资者加入抛售的行列，令股价跌破到前次回落的低点（即颈线），于是整个 M 顶形态形成。

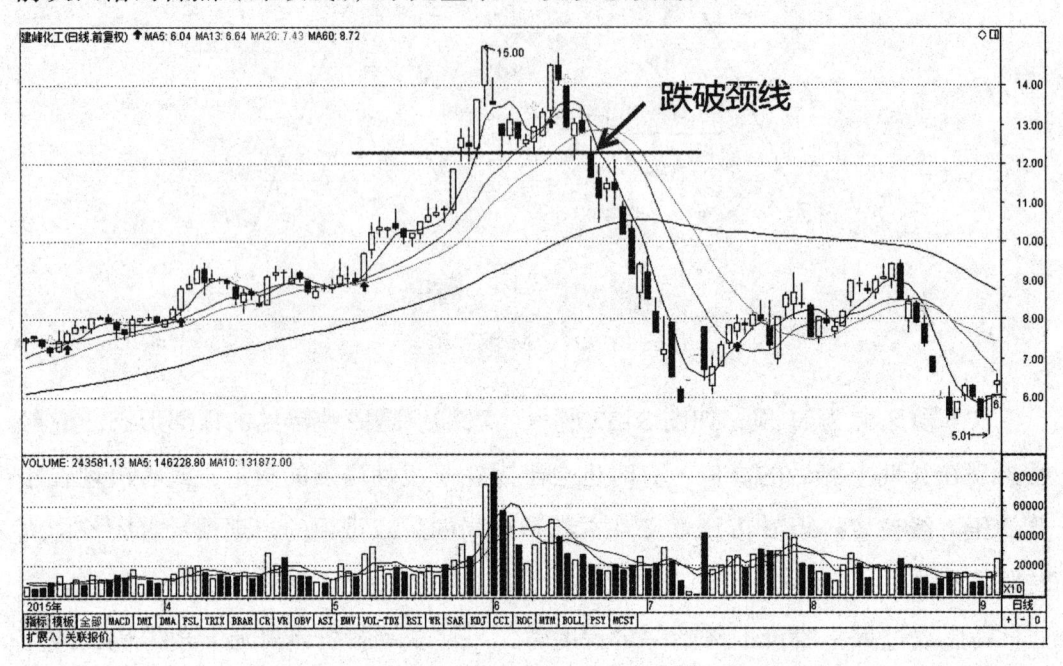

图 3-33　建峰化工 K 线图

操作提示：

　　"双重顶"形态最可靠的卖点是跌破颈线位置时，尽管此前已经有一定幅度的下跌，但通常后期下跌的幅度要大于或等于前期的跌幅。

三、"三重顶"的卖点位置

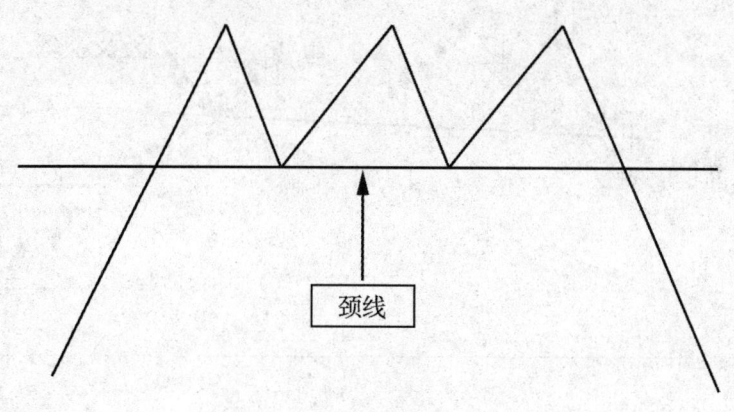

图 3-34 "三重顶"形态

"三重顶"也是有三个顶点，但三重顶并不一定是中间一个顶最高。三重顶的出现，预示着后市看跌，如图 3-34 所示。

三重顶形成过程：通常是股价上涨一段时间后投资者开始获利回吐，形成第一个顶部，导致股价下跌。在跌至某一价位后又吸引部分场外资金进场，前期获利抛出的投资者也有可能再次选择在低价时买入，导致行情再度上升，在股价回升至前一高点附近时，错过前期高点获利的投资者以及短线获利投资者开始抛售，股价再度走低，形成第二个顶部。之后，股价被错过前一低点买进机会的投资者及短线投资者的买盘再度拉升，但鉴于高点两次都受阻而回落，投资者通常会在股价接近前两次高点时纷纷减仓，股价再次跌至前两次低点附近。这时，一些短线投资者开始抛售。如果此时越来越多的投资者意识到股价无力回升，继而将股票抛出，股价将跌破上两次回落的低点，即颈线，整个三重顶形态便告形成。

如图 3-35 所示的民和股份 K 线图，股价在上升一段时间后，前期获利的投资者开始卖出股票，成交量明显放大。大量的卖单使股价回落。这时，看好该股的短线投资者介入，股价再度回升。但是少量短线投资者的介入还不足以支撑股价的持续上涨，所以当股价上涨到前次高点时，再次遇阻回落。当股价跌至上次低点附近时，错过上次短线获利的投资者再次买入。而从图 3-35 也可以看出，成交量出现堆量，也很有可能是主力在利用这种保护盘出货，进行最后一轮的拉升，所以股价再次上涨。当股价再次上涨到前期高点附近时，更多投资者意识到该股上涨动能衰竭，开始抛出筹码，股价再次下跌。当股价在下跌的过程中，拉出一根长阴线，跌破多头赖以生存的颈线时,三重顶形态正式确立,股价开始大幅度的下跌。

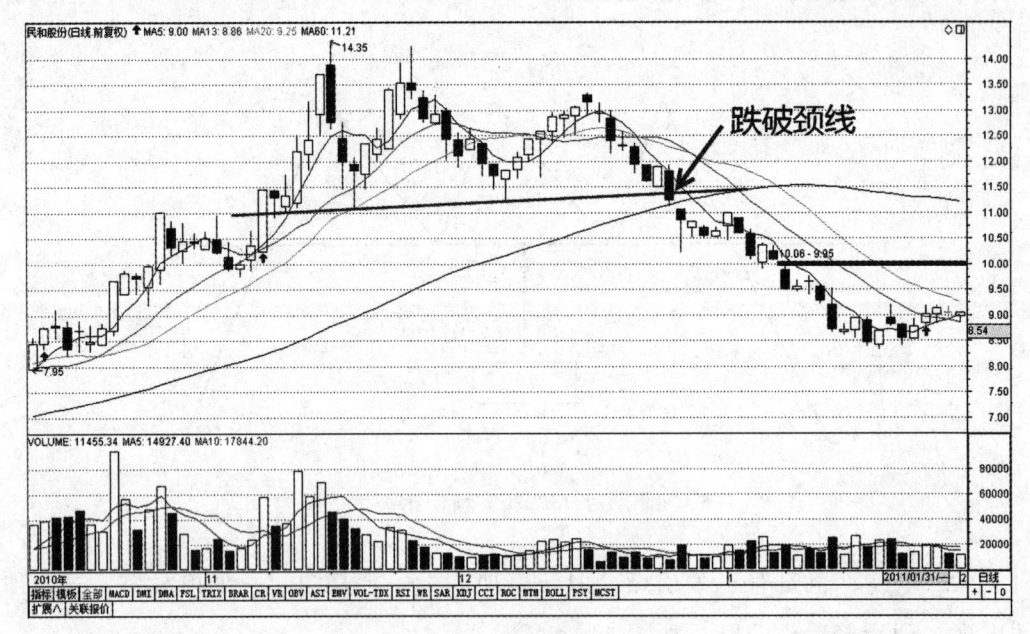

图 3-35 民和股份 K 线图

操作提示：

通常,"三重顶"的最小跌幅是最高点的顶部到颈线位置的垂直距离,且顶部距离越宽,跌幅越大。实战中,当第二个波峰形成时成交量出现顶背离现象,投资者要适当减仓；一旦第三个波峰形成,成交量出现双重顶背离时,则需要考虑离场,特别是在三重顶形成之前股价已经大幅炒高时；而当股价跌破颈线位时,是一个重要的卖点,应该坚决抛售。

四、"跌破矩形"的卖点位置

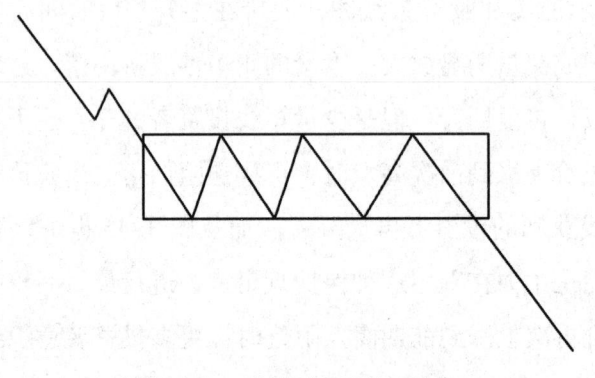

图 3-36 "跌破矩形"形态

跌破矩形和突破矩形类似，也是典型的横盘整理走势，如图3-36所示。跌破矩形通常出现在下跌的途中，是指股价在下跌到一定阶段后，出现横盘整理，在箱体内上线波动。波动的低点和高点基本处于同一水平位置，分别连接起来就形成箱体的上下边线，亦是整理阶段的阻力线和支撑线。当股价向下跌破支撑线，股价继续原来的下跌走势时，该突破矩形则宣告确立。股价也会随之进入下降通道。

如图3-37所示的东北证券K线图，自顶部反转后，经过一段下跌，股价横盘整理，形成一个矩形形态。这通常被投资者认为是个底部形态，但实际上更多只是下跌途中的一个中继站。因此股价一旦跌破矩形的下边线应果断出局，以免更大损失。

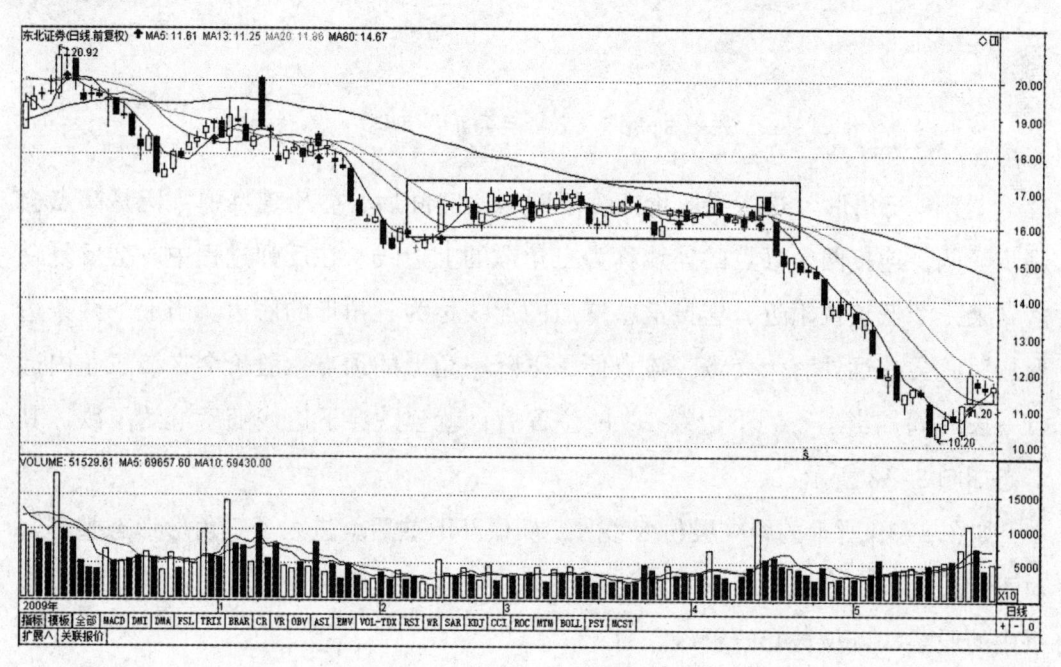

图 3-37　东北证券K线图

操作提示：

在实战中，投资者在看到股价跌破矩形后，应该果断清仓离场。通常之前的矩形形态有多久，后市的跌幅空间就有多大。

五、"下降三角形"的卖点位置

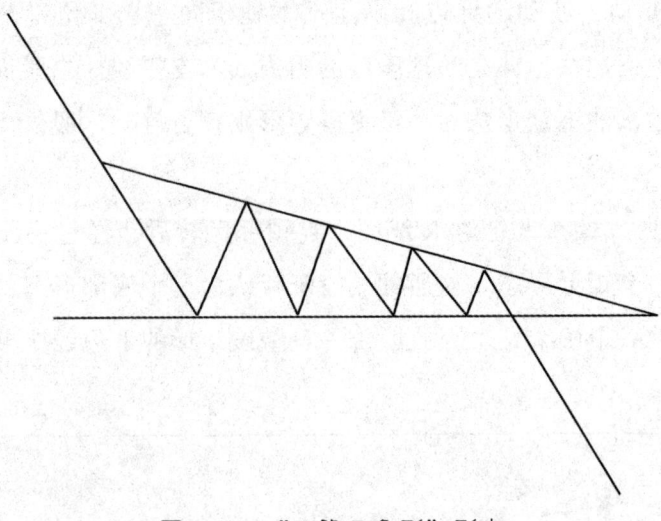

图 3-38 "下降三角形"形态

"下降三角形"是指当股价持续下跌一段时间后，会出现反弹，但是高点会逐步降低，连接两个高点的连线称为三角形的上边线。在反弹过程中，会反复跌落到某一个低点位附近，连接这些低点的连线称为三角形的底边。当上下两条边形成后，会在远处有个交点，该点便是下降三角形的顶点。股价会在该三角内运行一段时间，当运行到下边线 2/3 的位置后，就会跌穿下边线随后继续下跌。其形态如图 3-38 所示。

如图 3-39 所示的维维股份 K 线图，从顶部下跌后就进入了三角形形态整理，对于持股的投资者来讲，一定要注意观察，一旦股价跌破下边线，就应及时抛出手中的股票，以免被套的更深。

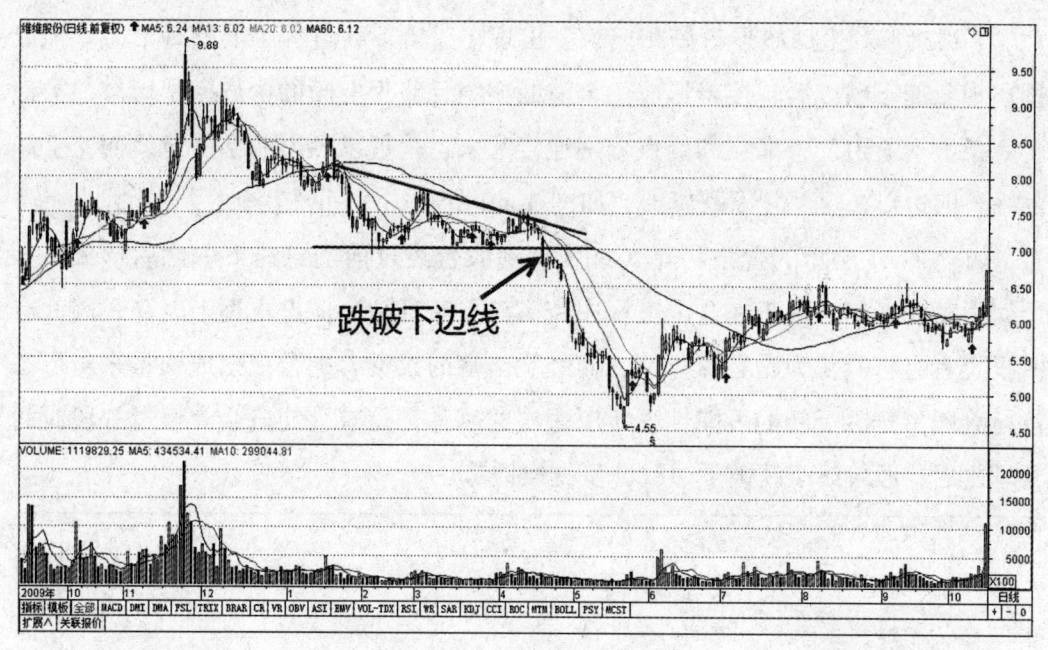

图 3-39　维维股份 K 线图

操作提示：

"下降三角形"属于弱势盘整，投资者在遇到这种情况时，应该坚持做空。理论上的最佳卖点是股价向下跌破下降三角形下边线时。最好是在该下降三角形形成过程中逢高卖出，在跌破下边线时彻底清仓。

六、"下跌旗形"的卖点位置

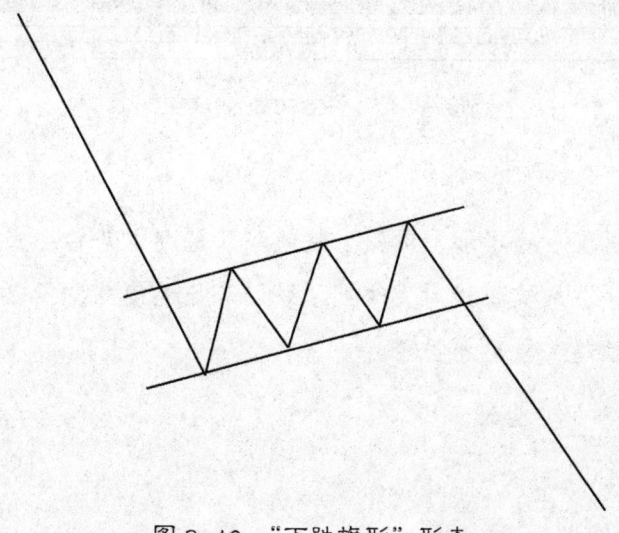

图 3-40　"下跌旗形"形态

下跌旗形和上涨旗形正好相反，是出现在股价下跌过程中的整理形态。当股价出现急速下跌以后，接着形成一个波幅狭窄且略为上倾的价格密集区域，类似于一条上升通道。将高点和低点分别连接起来，就可以画出两条平行线而又上倾的平行四边形，这就是下跌旗形，如图3-40所示。

如图3-41所示的普洛药业K线图，在股价经过前期急速下跌之后形成了一个旗形整理区间。由于在这个过程中，高点不断升高、低点也逐渐升高，因此有些投资者会将其认为是看涨行情，而经验丰富的投资者则会根据成交量来对形态进行判断，排除反转的可能性，所以每次的反弹都是减仓的机会。经过一段时间整理之后，股价终于跌破下边线，呈继续跌势。

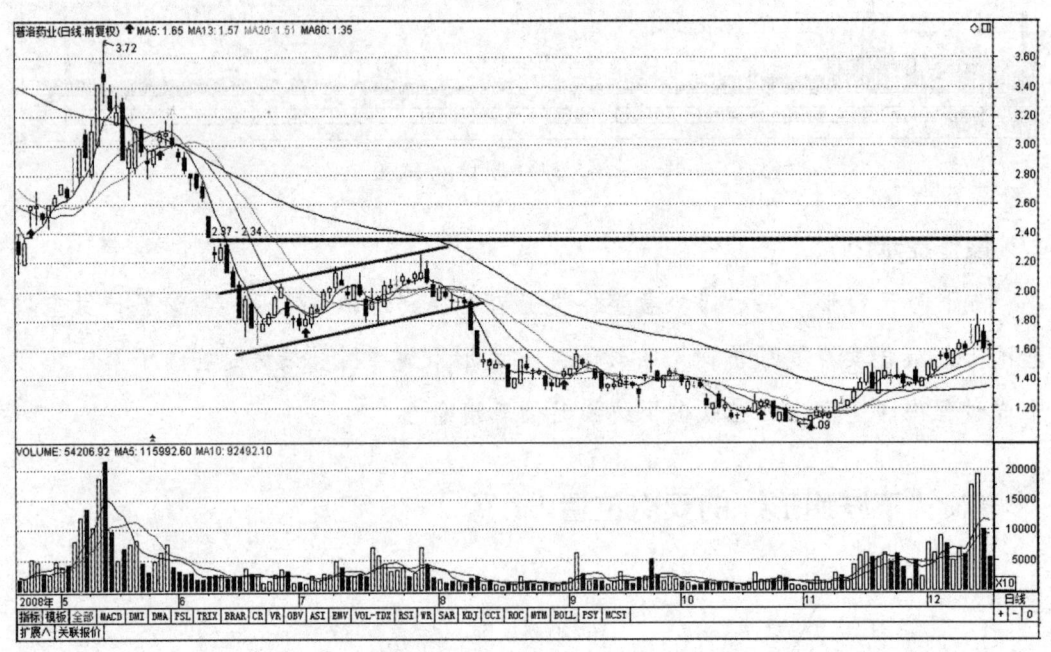

图3-41 普洛药业K线图

操作提示：

在下跌途中出现下跌旗形，说明下跌趋势只是刚刚开始，未来下跌的空间非常大。当股价向下跌破支撑线时，说明下跌趋势已经确立，投资者应该及时清仓离场，之后的下跌趋势会更加明显。

第4章 从均线捕捉短线交易良机

移动平均线是被广泛应用的技术指标之一,可以用它来显示股价的历史波动情况,帮助我们确认与分析现有的趋势、研判将要出现的趋势等。在短线交易中,均线的作用同样举足轻重,利用均线来判断短线的买卖操作是广大投资者必备的技能之一。下面介绍一些均线战法。

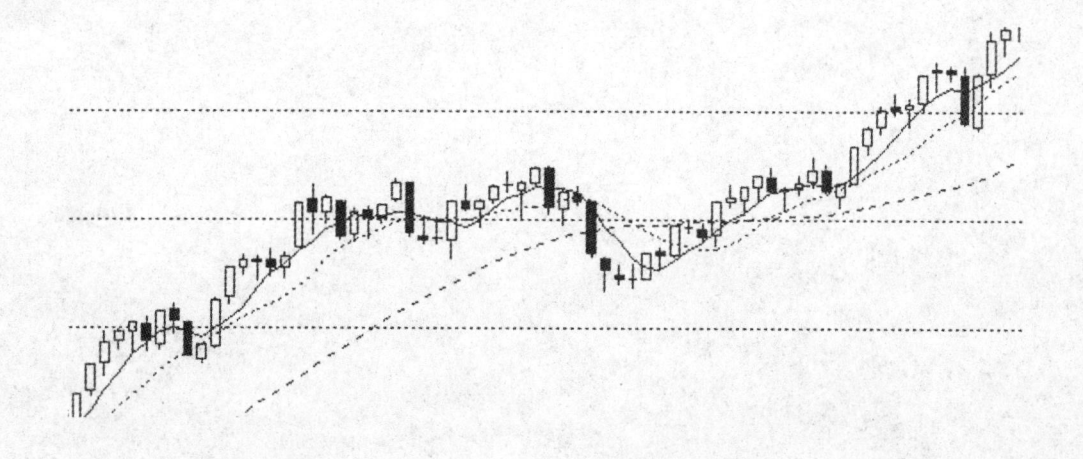

第一节　均线的市场意义

首先，介绍什么是移动平均线，移动平均线有哪些优点、缺点以及它的分类和计算方法等基础知识。

一、什么是移动平均线

移动平均线的英文名称是 moving average（MA），原先叫做移动平均，将其制作成线形后就被称为移动平均线，简称均线。简单地说，移动平均线是将某一段时间股指或股价的平均值连成的曲线，主要用以研判股价未来的运动趋势。它是以道·琼斯的"平均成本概念"为理论基础，采用统计学中"移动平均"的原理绘制而成。

在行情软件中输入 MA 即可以显示或者隐藏均线，输入 MA2 可以显示较多的均线类型。不同的均线颜色也有所不同，如图 4-1 所示。

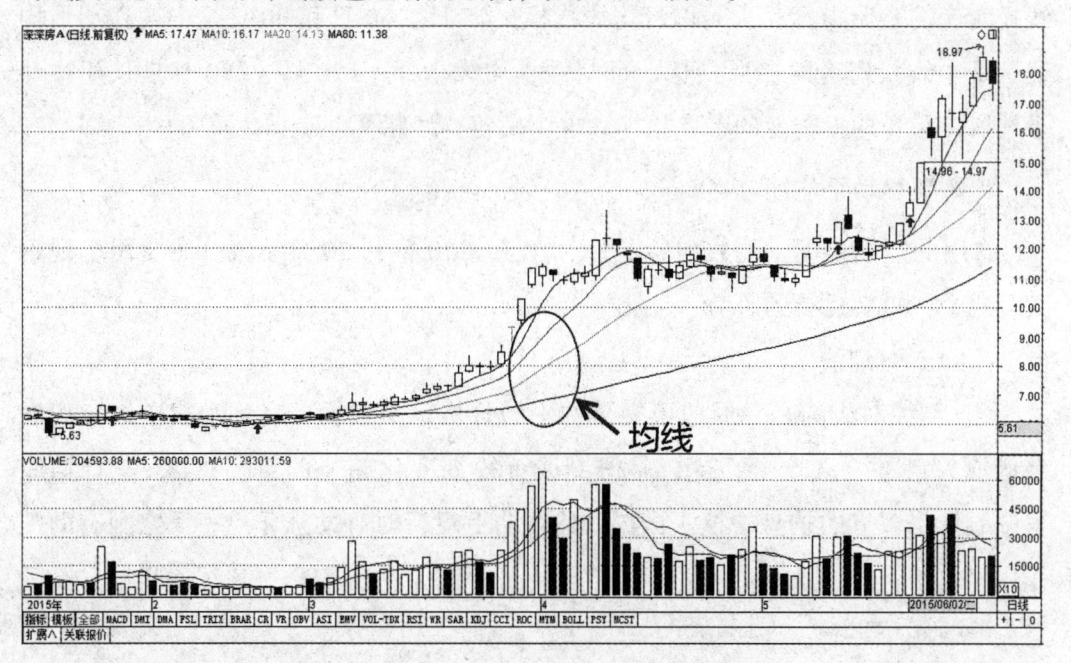

图 4-1　多条均线指示图

二、移动平均线的计算方法

移动平均线的计算方法是用某一段时间内收盘价相加的总和除以时间周期，即得到这一时间的移动平均线。以 5 日移动平均线为例来说明，5 日平均线就是将近 5 日的收盘价相加除以 5，得到的就是这 5 日股价的平均值。如果用第一个 5 日平均线乘以 5 后减去第一日的收盘价再加上第 6 日的收盘价，得到的结果除以 5，就是第二个 5 日的股价平均值。按照这种计算方式，将得到的每个 5 日股价的平均值连接起来，即得到股价的 5 日平均线。其他移动平均线也可以用同样的方法计算获得。其计算公式如下：

$$MA=(C_1+C_2+C_3+\cdots+C_n)/n$$

其中 C 为每日收盘价，n 为时间周期（天数），MA 是平均股价。

以 5 日周期为例，如果连续 5 日的收盘价分别为 10.10、10.50、10.20、10.80、11.20，那么其值 MA=(10.10+10.50+10.20+10.80+11.20)/5，结果为：10.56。

三、移动平均线的分类

常用的移动平均线有 5 日、10 日、20 日、30 日、45 日、60 日、90 日、120 日和 250 日的指标。其中，5 日、10 日、20 日和 30 日是短期移动平均线，是短线投资者的参照指标，也叫做日均线指标；45 日、60 日和 90 日是中期移动平均线，是中线投资者的参照指标，也叫做季均线指标；120 日、250 日是长期移动平均线，是长期投资者的参照指标，也叫做年均线指标。

1. 短期移动平均线

常用的短期移动平均线包括 5 日、10 日、20 日和 30 日均线，主要用于观察大盘或个股短期运行的趋势。

（1）5 日均线

5 日均线对应的是一周股票交易的平均价格，又被投资者称为攻击线，代表个股或大盘的上涨攻击力度，是研判股价短期变化趋势的重要指标。5 日均线很多时候是多方的护盘中枢。当 5 日均线向上运行时有助涨作用，反之则有助跌作用。

（2）10 日均线

10 日均线又称半月线，也被投资者称为操盘线，对应的是连续两周的股票交易的平均价格,是波段行情的重要指标。10日均线往往是多方的重要支撑线,如果股价在上升过程中受到10日均线的支撑,那么该上升趋势可能会持续一段时间,一旦股价跌破10日均线,则市场很有可能转弱。

(3) 20日均线

20日均线又称月线,又被投资者称为辅助线。是10日均线向30日均线的过渡,使整个均线系统更匀称。20日均线是衡量市场中短期的指标,可以给以10日均线为依据的投资者提供趋势指导,也可以在一定程度上弥补30日均线反应迟缓的缺陷。

(4) 30日均线

30日均线对投资者来说具有非同一般的意义,通常被称为股价的生命线。在如何规避波段风险以及把握波段收益方面,都能从30日均线的走势中得到重要启示。当30日均线向上运行时,后市行情看好,中、短线投资者可以大胆跟进,反之,则需要及时减仓。

2. 中期移动平均线

常用的中期移动平均线组合有45日、60日和90日均线,主要用于观察大盘或个股中期运行的趋势。

(1) 45日均线

45日均线是30日均线向60日均线过渡的指标,相对应的是两个月的股票交易平均价格。对股价的走势往往有着非常重要的预示作用。多在中期均线的组合中使用。

(2) 60日均线

60日均线是比较标准的中期均线,对研判股价中期走势具有非常重要的意义,又被投资者称为决策线。60日均线的走势意味着股价中期运行趋势的强弱。当该均线向上运行时,投资者可以积极参与,一旦股价跌破该均线,投资者就应该及时清仓出局。

(3) 90日均线

90日均线是中期均线和长期均线的分界线,其走势非常平滑、有规律,一般是多头的中期护盘线。当股价在90日均线之上运行时,表示中期主力进场,则上涨行情仍将持续;但反之并不一定意味着股价后市一定会下跌,还应该结合其他指标进行判断。

3. 长期移动平均线

常用的长期移动平均线组合有120日和250日均线，主要用于观察大盘或个股的中、长期趋势。

（1）120日均线

120日均线又称半年线，也被称为股价的趋势线，是股价中、长期走势的风向标，在实际操作中具有非常重大的指导意义。120日均线向上运行时，投资者可以放心介入；反之，其下行趋势一旦确立，投资者要坚决清仓离场。

（2）250日均线

250日均线又称为年线，也被称为牛熊走势的分界线，用于判别股票走势的牛熊转换，具有非常重要的技术分析意义。如果股价突破250日均线，表示牛市即将来临；反之，如果股价跌破250日均线，说明熊市即将出现。

四、调整移动平均线

软件中显示的平均线，往往都是默认的周期，如5日、10日等，如果想对这些均线的周期进行调整，可以手动进行修改。

在炒股软件中，右击任意一条均线，选择"调整指标参数"命令，如图4-2所示。

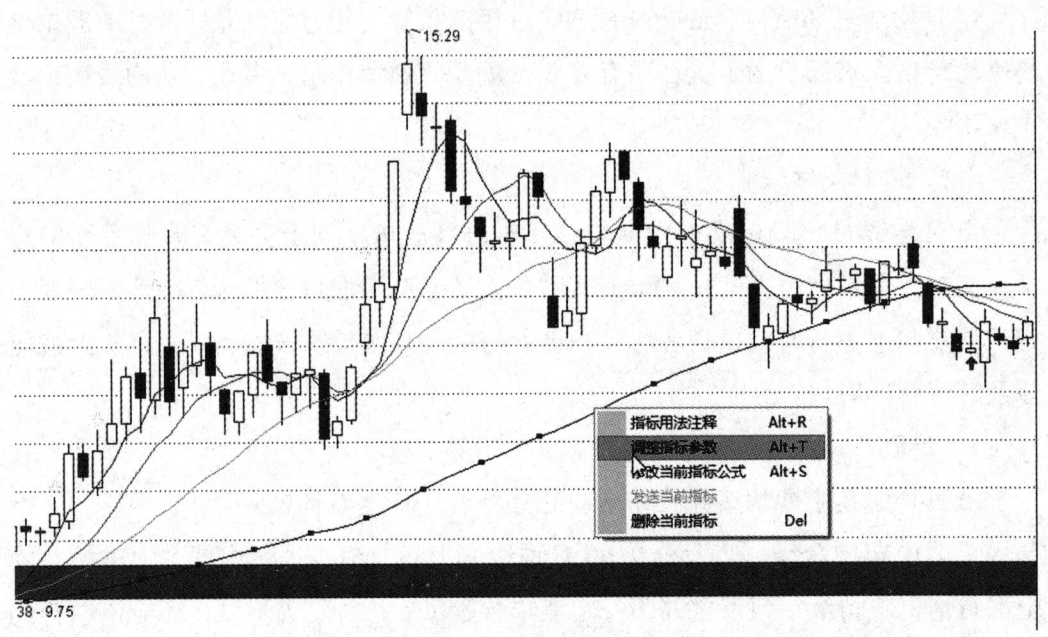

图4-2 选择"调整指标参数"命令

在出现的对话框中，可以根据需要来调整平均线的参数，如图4-3所示。

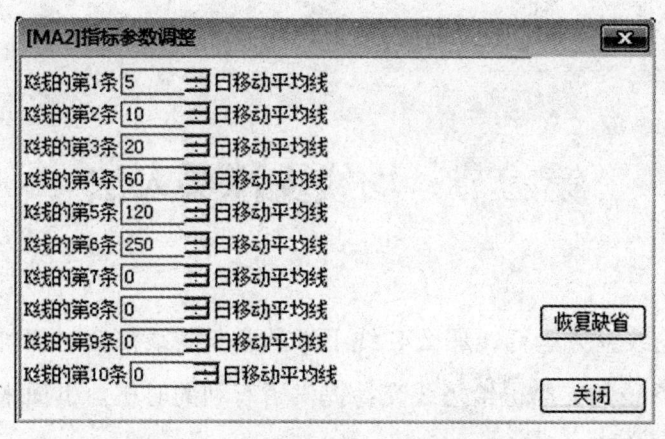

图4-3 修改"移动平均线"参数

五、移动平均线的优缺点

和任何一项技术指标一样，移动平均线既有缺点，也有优点。如果只知道其优点，而忽略其缺点，将导致对股市后市判断失误，而蒙受经济损失。以下列出了移动平均线的优点和缺点。

1. 移动平均线的优点

（1）可以观察总体走势，不用理会某一日的剧烈波动。在进行分析时，方法简单，并且有很强的图形做参考。

（2）在横盘期间，均线呈现水平走势，没有明显交易信号，此时可以考虑不进行交易，等待信号出现后再考虑交易。

（3）用移动平均线原理去买卖交易时可以界定风险，可以将亏损降至最低。在趋势转变，行情发动时，买卖交易的利润可观。

（4）移动平均线的组合可以判断行情的真正趋势走向。

2. 移动平均线的缺点

（1）在价格波幅不大的牛市，移动平均线频繁往返于价格之间，缺少明确的交易信号，容易使投资者产生错误判断。

（2）移动平均线具有滞后于股价行情的特性，不易把握股价趋势的高峰与低谷。

（3）移动平均线的最优周期需要交易者自行调试和优化，一般需要隔6个月优化一次，看所用移动平均线是否和股价运行趋势保持良好的跟随性。

第二节　均线支撑买入法

当股价在均线上方运行，那么K线下方的各条均线都会对股价有一定的支撑作用，而这些均线的支撑也给短线交易提供了有利的时机。下面来介绍几个较为实用的均线支撑战法。

一、股价沿5日均线上升

股价在上涨的初期，沿着5日均线以小阳线和小阴线的方式向上攀升。每次触及5日均线都会受到支撑再次向上反弹。这说明多方在控制着场上的节奏，通常后面会有更大的涨幅。投资者可以逢低买入，持股待涨。

如图4-4所示的深华发A K线图，经过一段时间的下跌后止跌回升，沿着5日均线稳步向上攀升。说明多方已经有效掌握着市场上的节奏，从图4-4中可以看到，后市震荡上涨的空间比较大。

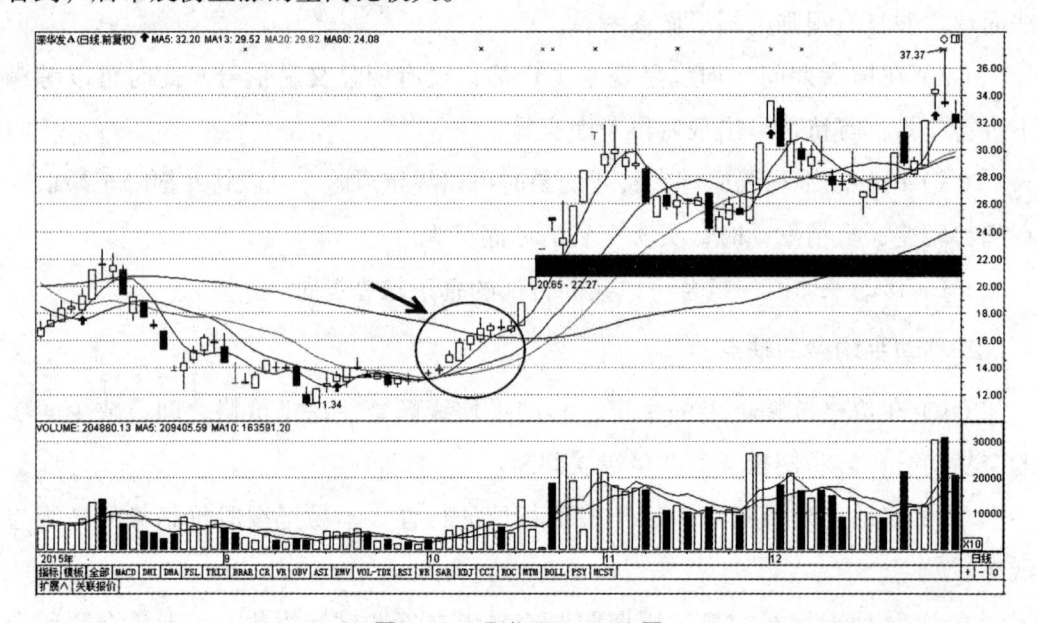

图4-4　深华发A K线图

二、股价回调不破 10 日均线

股价在经过一段时间的快速上涨后累积了大量短期获利盘。获利盘的抛售必然会导致股价的短暂回落，但只要股价不跌破 10 日均线且 10 日均线继续上行，就说明该过程是正常的短线强势调整，上涨行情尚未结束。而这个阶段也是投资者介入的一次良机，尤其是股价在 10 日均线获得支撑后再次放量上涨时，代表调整已经结束，新的上升行情展开，此时更是追涨买入的好时机。

如图 4-5 所示的深物业 A K 线图，股价自低位震荡向上运行。在上涨过程中，始终受到 10 日均线的支撑，回调并没有跌破 10 日均线，说明后市还有上涨空间。从图 4-5 可以看出，当股价回档至 10 日均线附近时，受到了 10 日均线的支撑，再度上涨时成交量出现放大。遇到此情况，投资者可以继续持股。

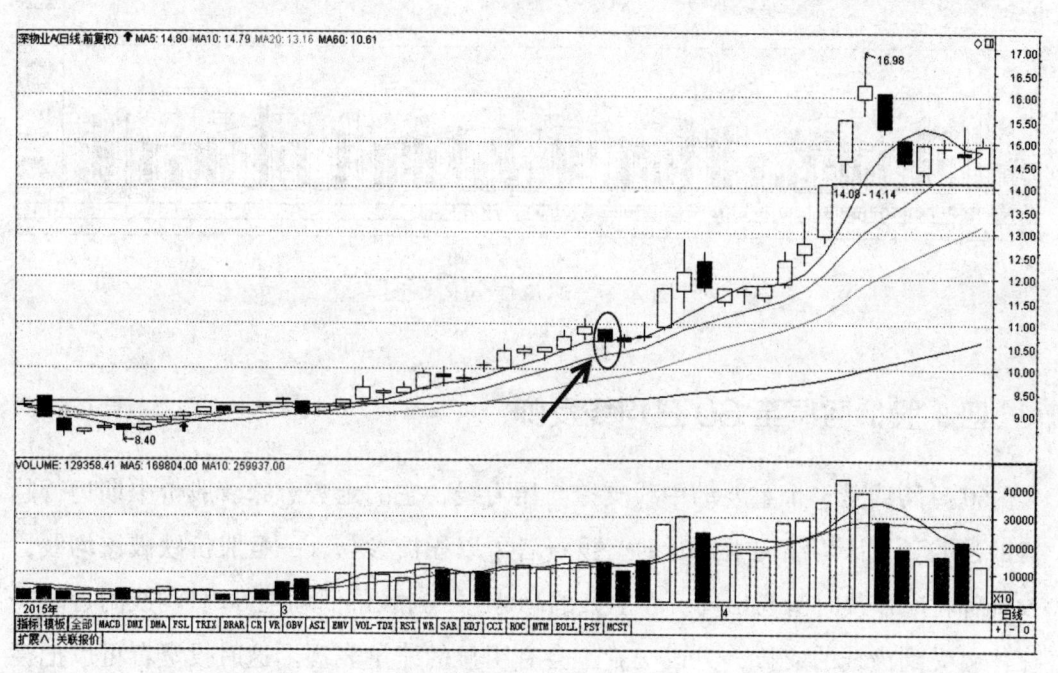

图 4-5 深物业 A K 线图

三、股价受 20 日均线支撑

当股价经过一段时间的上涨后，往往会遇到阻力出现回调。如果股价回调至 20 日均线附近并得到支撑，那么说明涨势并未结束。当股价发生再次反弹时投资者可以适当买入，中线持股者往往会有不小的收益。

如图4-6所示的深康佳A K线图，股价经过前期的震荡上行，累积已经有了较大涨幅，由于获利盘的抛压，导致股价出现回调，当股价触及20日均线时止跌，随后再次放量向上运行。

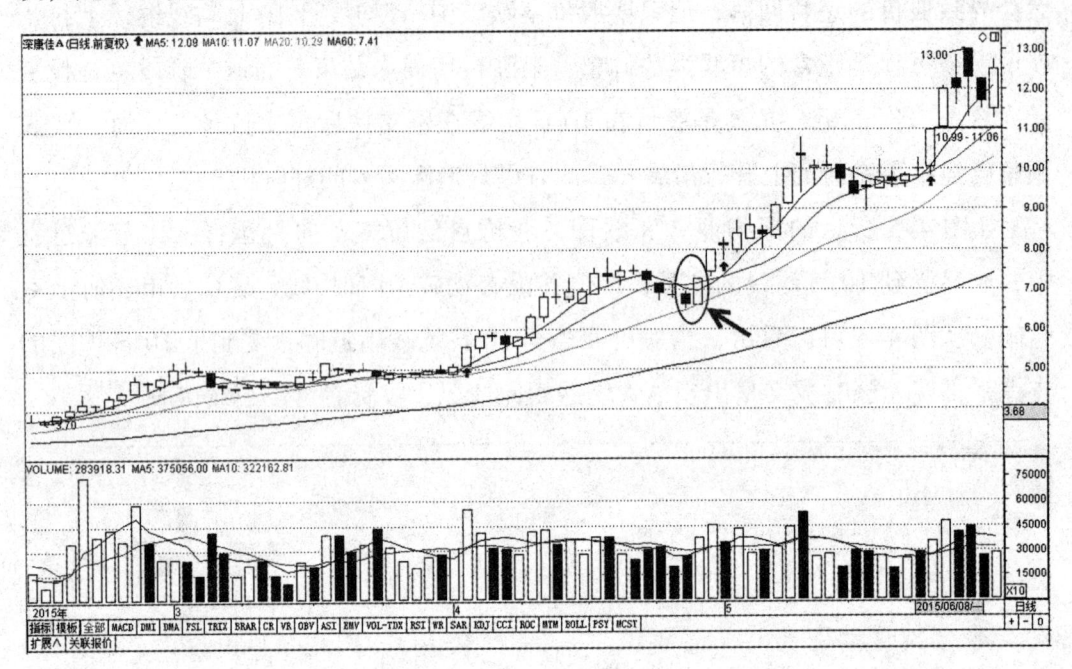

图4-6 深康佳A K线图

四、股价回调至60日均线反弹

60日均线是一个重要的中线支撑与压力线，它的走势意味着股价中期运行趋势的强弱。当该均线向上运行时，投资者可以积极参与，一旦股价跌破该均线，投资者就应该及时清仓出局。在上升的趋势中，当股价回调至60日均线附近时，往往会受到该线的支撑，且成交量也会有明显的缩量表现。这时投资者可以把握短线买入机会，通常都会有所获利。但是当股价前期涨幅累积过高，且在60日均线附近出现放量下跌，则应该回避该股。

如图4-7所示的永安林业K线图，就是在震荡上涨的过程中，每次在60日均线附近时，都会遇到支撑，投资者若能有效把握机会，就会有一定的获利空间。

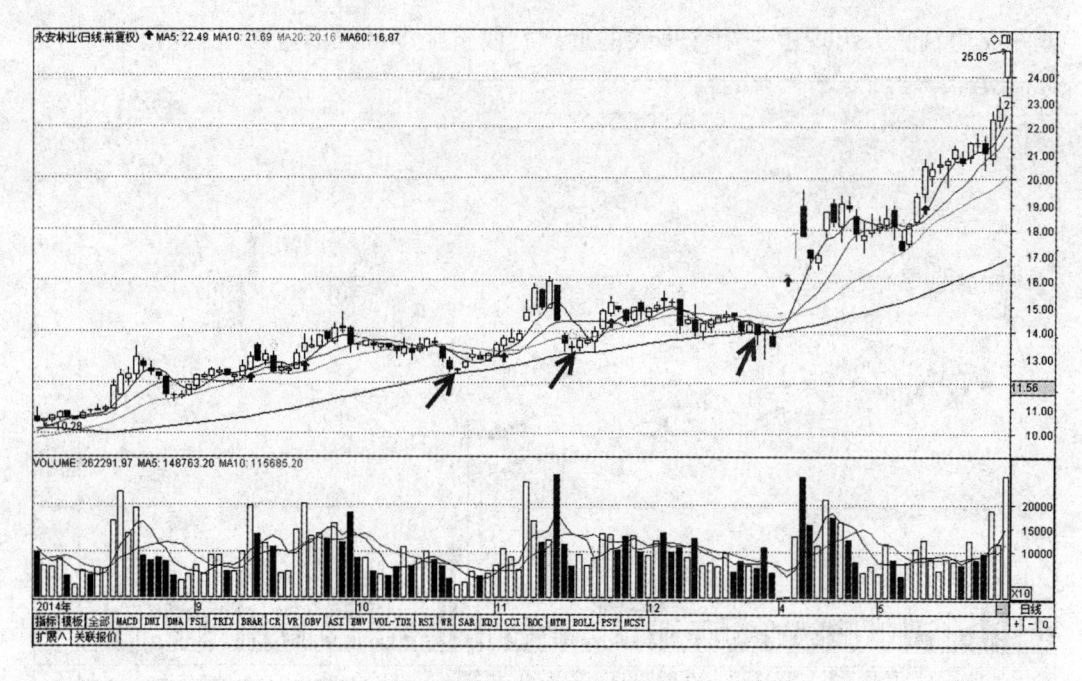

图 4-7 永安林业 K 线图

第三节 均线突破买入法

当股价在某条均线下方运行，一旦能够有效突破该均线，则说明主力短期有做多的意愿，如果在突破的过程中有明显的放量，投资者则可以适当参与进来。下面我们来了解几种均线突破时的买入方法。

一、一阳穿多线

股价在多条均线以下运行，某天一条放量的大阳线连续突破多条均线，表明多方可能随时发起攻击，后市看涨。该形态既可以出现在筑底之后，也可以出现在洗盘后的拉升阶段，或者出现在长期的震荡整理阶段。如果在股价的低位区域遇到这种趋势，投资者可以大胆介入，甚至是重仓参与。

如图 4-8 所示的莱美药业 K 线图，前期经过一段时间下跌后，进行短暂的整理并成功筑底，出现了一阳穿多线的形态，股价随即继续展开拉升行情。

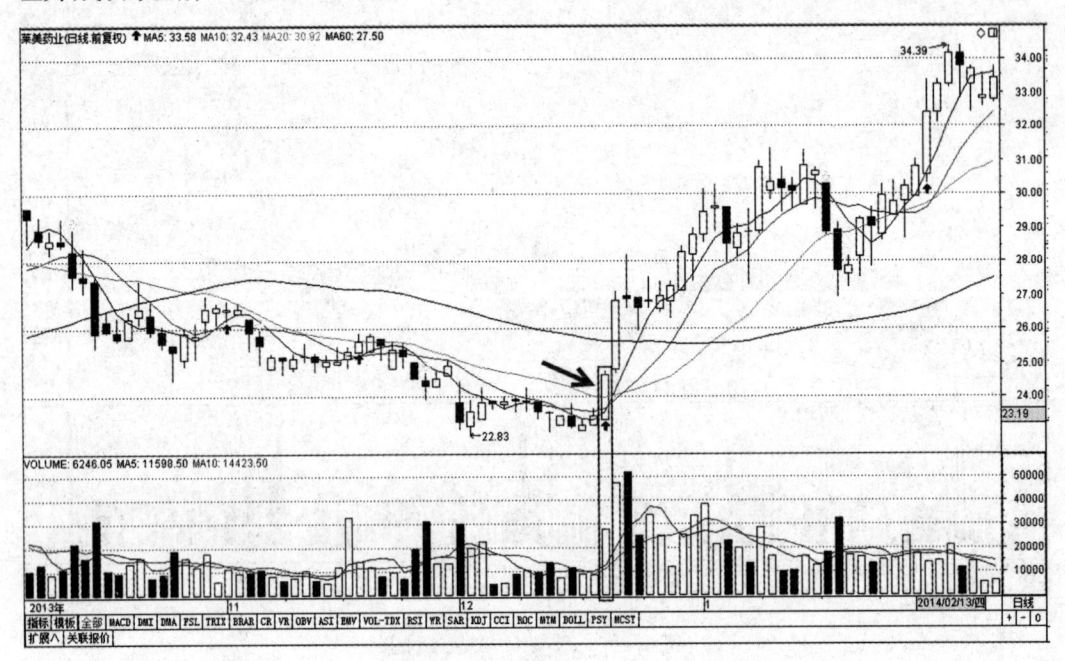

图 4-8 莱美药业 K 线图

二、反弹突破 20 日均线

股价从底部向上反弹，依次站稳 5 日均线、10 日均线后，再次突破 20 日均线，说明主力做多欲望较强，短线继续向上的可能性较大。若在突破时有明显的放量，则后市看涨信号更强。投资者可以抓住这种短线操作机会。

如图 4-9 所示的双箭股份 K 线图，就是在上涨的过程中，小幅回调之后，在 10 日均线的支撑下，放量向上突破了 20 日均线。确立了上涨趋势后，后市又有不小的涨幅。

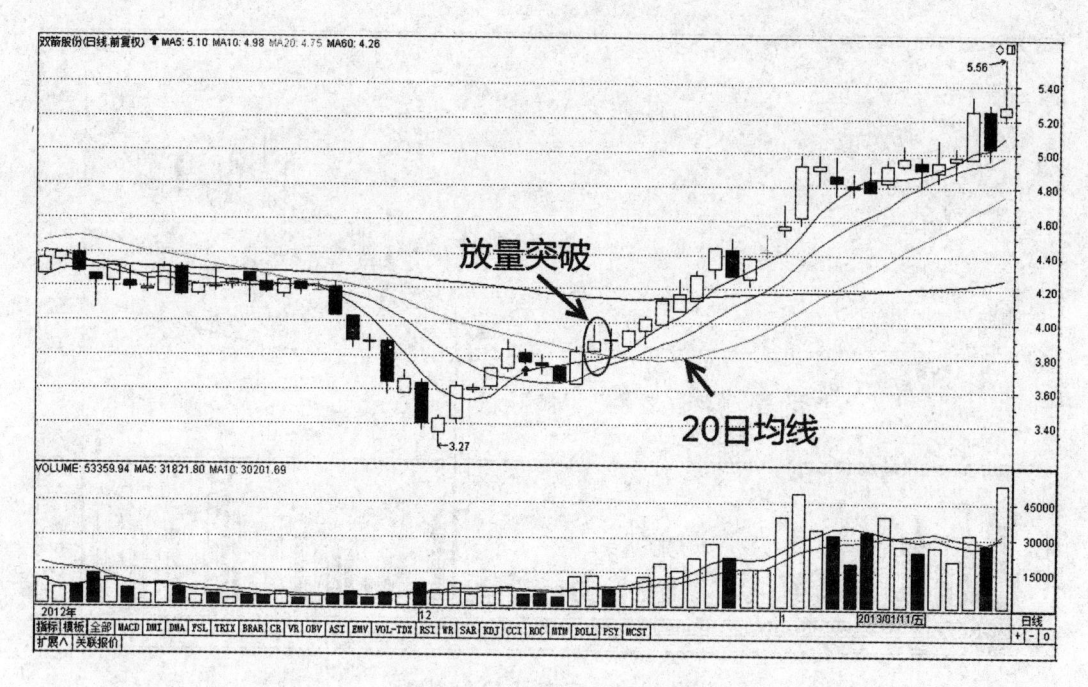

图 4-9 双箭股份 K 线图

三、反弹突破 60 日均线

股价经过长期大幅下跌后触底反弹,在向上运行的过程中,通常会遇到来自 60 日均线的压力,而如果此时股价继续上涨,放量突破 60 日均线,那么后市很可能迎来上涨行情。股价有效突破 60 日均线时是中线买入时机。

60 日均线在波段操作中有着十分重要的指导作用。由于不少中线庄家吸筹的周期都是一个季度左右,所以 60 日均线往往也就成为波段高手操作的利器。当股价有效突破 60 日均线后,如果该均线在横向整理了一段时间后向上运行,且此时短期均线成多头排列,则说明该股的庄家吸筹已经完毕,正在试图拉升股价。这是该股中期行情启动的信号,是投资者参与的最佳时期。

如图 4-10 所示的宋都股份 K 线图,股价探底成功后,小幅震荡向上运行,某日突然放量向上突破 60 日均线,且之后三天内始终在 5 日均线上方强势运行,没有再试探 60 日均线的支撑,说明多方较为强势,60 日均线后期将可能转换为一条重要的支撑线,可放心介入。

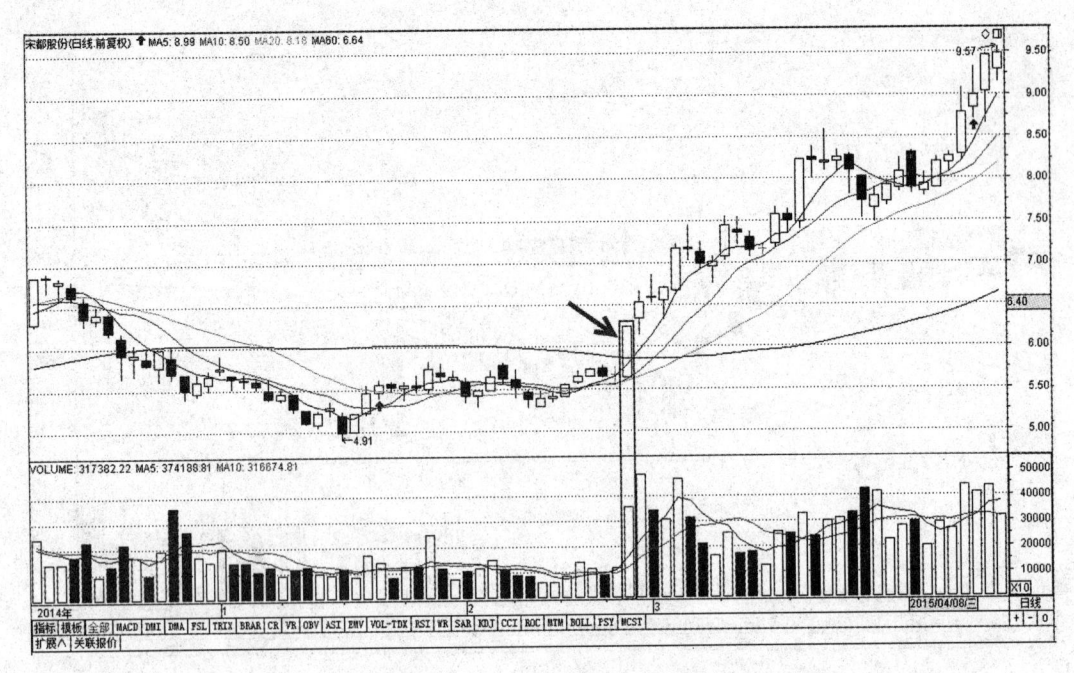

图 4-10 宋都股份 K 线图

第四节 均线压力卖出法

当股价在某条均线下方运行,那么这条均线就对股价有着一定的压制作用。如果股价在反弹时无法有效突破这条均线的压制,就说明空方暂时占据一定优势。后市仍可能继续调整,投资者应以观望为主,不宜做买入操作,而持股的投资者则可以在此压力位置卖出手中的股票。下面介绍几种均线压力卖出法。

一、反弹至 10 日均线无量

股价经过了较长时间的上涨行情,由于获利盘的涌出,多空出现转换,转为跌势。但在开始下跌的过程中,往往会出现一些小的反弹,而这些反弹若止步于 10 日均线,则说明反弹无力,后市可能出现加速下跌行情。投资者应该及时卖出手中的筹码,避免更大的损失。持币的朋友也不要不参与此类个股。

如图 4-11 所示的神州长城 K 线图，经过连续的逼空上涨行情，出现了多空转换，股价先后跌破了 5 日、10 日均线，且在跌破 10 日均线之后，该均线成了明显的压力位。这时投资者就要果断出局。

需要指出的是，这种战法仅适用于大幅上涨后，股价出现明显走弱迹象时，如果是探底后上涨的初期，或者涨幅不大的上涨过程中，不宜采用此战法。

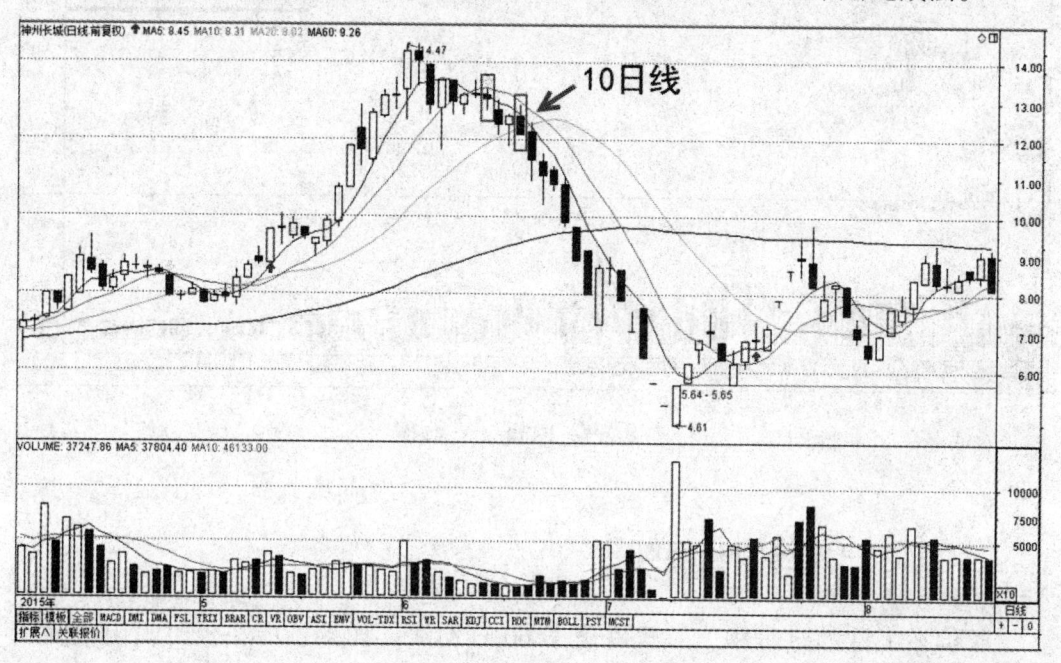

图 4-11　神州长城 K 线图

二、20 日均线阻止反弹

股价在跌破 20 日均线之后向上反弹，但在 20 日均线附近遇阻，或者短暂上穿 20 日均线之后又继续下跌。这说明空方力量强于多方力量，后市将继续看跌。投资者应该尽快获利了结。

如图 4-12 所示的深科技 K 线图，短线急跌之后开始反弹，但到 20 日均线时却无力突破，又向下继续跌势。投资者遇到此情况，应该在股价反弹时逢高卖出。

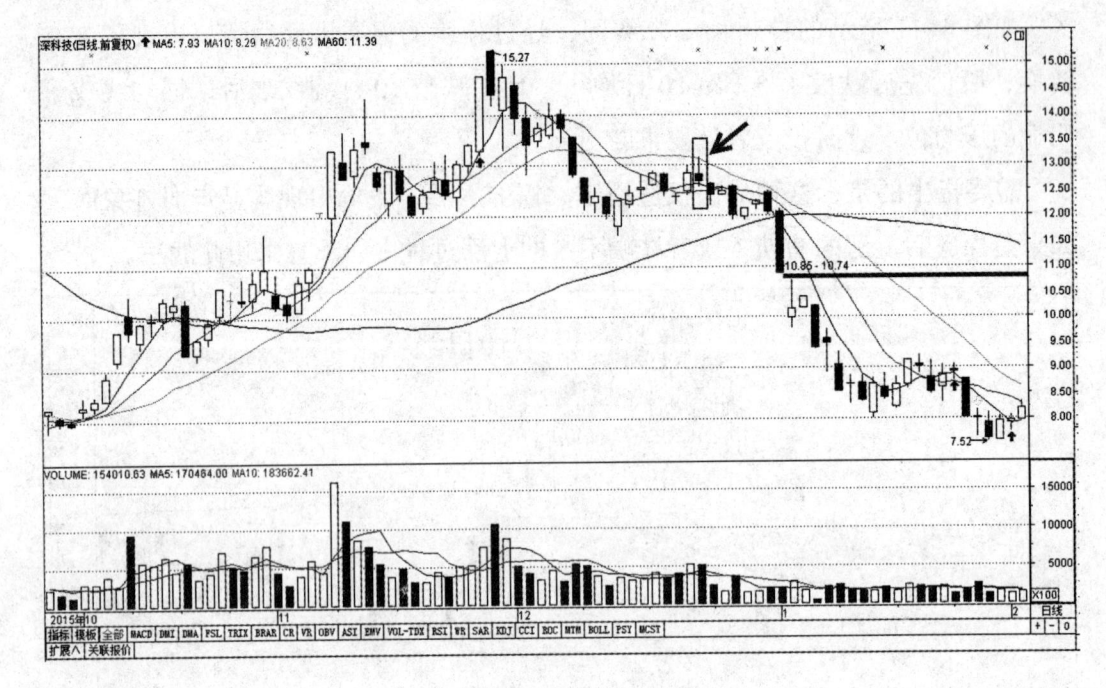

图 4-12 深科技 K 线图

三、60 日均线阻止反弹

股价在上涨的过程中，一旦跌破了 60 日均线，如果不能在短时间内收复，那么该均线就会成为较大的压力位置，也可以视为后面反弹时的卖点位置。当股价由下向上反弹至该位置，若无法实现有效突破，一旦有走弱迹象，则应该立刻出局观望，等待下次买点的到来。

如图 4-13 所示的巴安水务 K 线图，就是在每次反弹至 60 日均线附近时无法向上实现突破，从而继续向下运行。

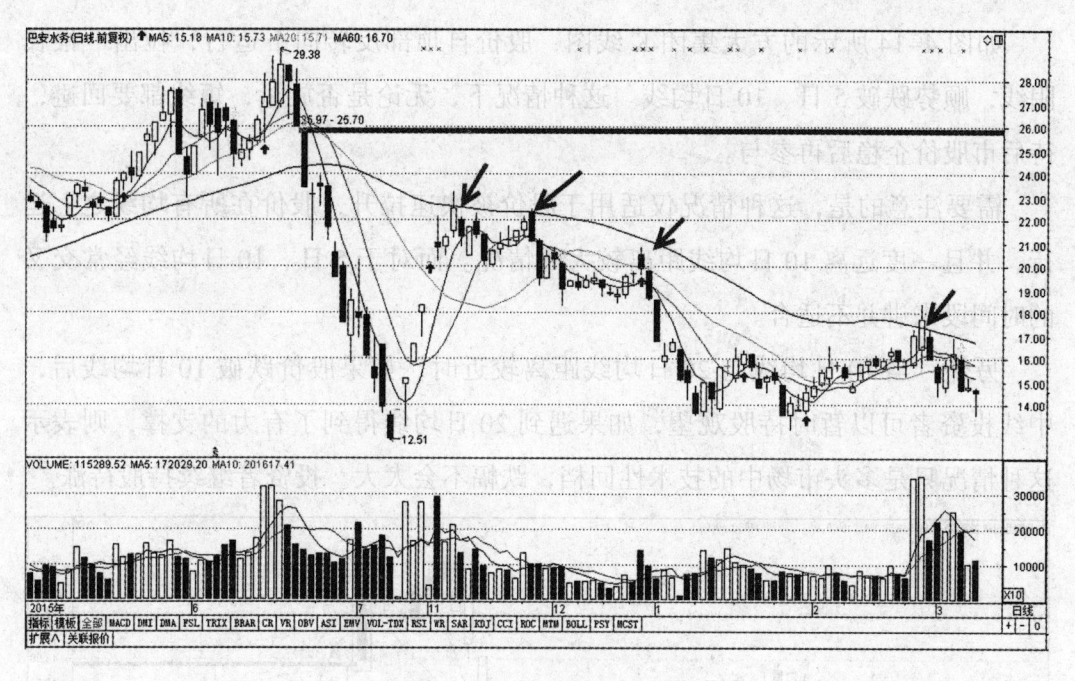

图 4-13 巴安水务 K 线图

第五节 均线破位卖出法

所谓破位就是股价自上向下运行,跌破了某一支撑位置,后市继续下跌的可能性较大。比如,股价长期沿某条均线震荡上行,一直未曾跌破过该均线;而一旦股价走弱,跌破这条均线时,则说明股价可能要有一波调整。这时投资者就应该考虑卖出手中的筹码。下面来了解几种均线破位卖出法。

一、跌破 10 日均线

在股价上涨的过程中,如果日 K 线一直保持在 10 日均线之上运行,那么投资者可以持股待涨,一旦股价以长阴线或盘势跌破 10 日均线,则后市看跌信号强烈,投资者应该果断卖出。如果此时 10 日均线向下运行,则卖出信号更加强烈,投资者应该离场观望,重新等待机会。

如图 4-14 所示的方大集团 K 线图，股价自顶部反转向下运行，拉出一根长阴线，顺势跌破 5 日、10 日均线。这种情况下，无论是否放量，短线都要回避，待后市股价企稳后再参与。

需要注意的是，这种情况仅适用于股价被快速拉升，股价在所有均线之上运行，并且一度远离 10 日均线距离较大的情况。而对于 5 日、10 日均线经常交叉的时间段来讲并不适合。

另外，当 10 日均线与 20 日均线距离较近时，如果股价跌破 10 日均线后，中线投资者可以暂时持股观望，如果遇到 20 日均线得到了有力的支撑，则表示这种情况只是多头市场中的技术性回档，跌幅不会太大。投资者继续持股待涨。

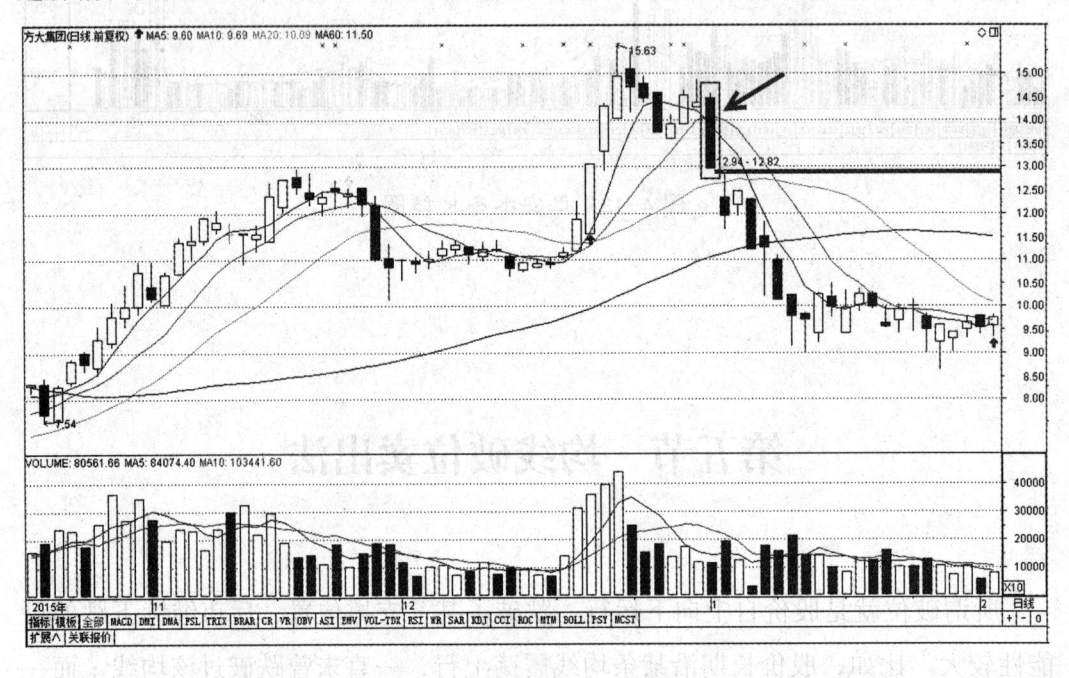

图 4-14　方大集团 K 线图

二、"断头铡刀"

"断头铡刀"是指当股价在高位区域出现滞涨，不久出现一根大阴线跌破所有短线均线。此形态经常出现在股价经过长期上涨后的高位，或者是下跌的反弹过程中，后市股价往往将会有一轮大的跌势，特别是带有大成交量的中阴或大阴线时，则中线转弱的信号则更强，投资者应趁早离场。

如图 4-15 所示的杉杉股份 K 线图，该股在整理一段时间后以一个涨停的方式向上突破，但这种突破并没有向上打开上涨空间，而是出现了滞涨。紧接着收出一根大阴线，且该大阴线连续跌破三条均线，之前的突破基本可以断定是假突破。这种情况足以说明空方力量的强大，短期内多方将无法展开有效的反攻，投资者应该尽快卖出股票，避免更大的损失。

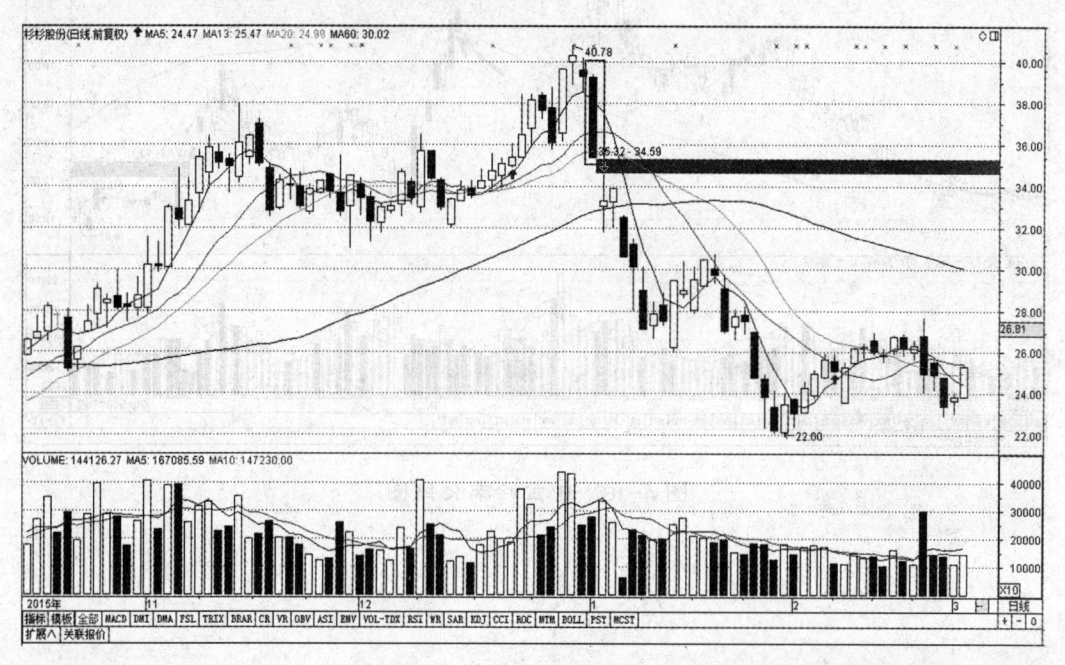

图 4-15 杉杉股份 K 线图

三、跌破 60 日均线

股价在运行过程中，继向下跌破 10 日均线之后，又顺次跌破 20 日、60 日均线，这种情况预示着不久股价将有较深的跌幅，是非常重要的卖出信号。60 日均线更是重要的中期指标，股价跌破该线往往代表着中期下跌行情的确立，投资者应择机卖出股票。

如图 4-16 所示的中金岭南 K 线图，股价在跌破 10 日均线后，又相继跌破 20 日和 60 日均线，可谓跌势凶猛。高位遇到此类走势，切忌盲目抢反弹。通常情况下，根本不会有像样的反弹，而是会出现大幅下跌。

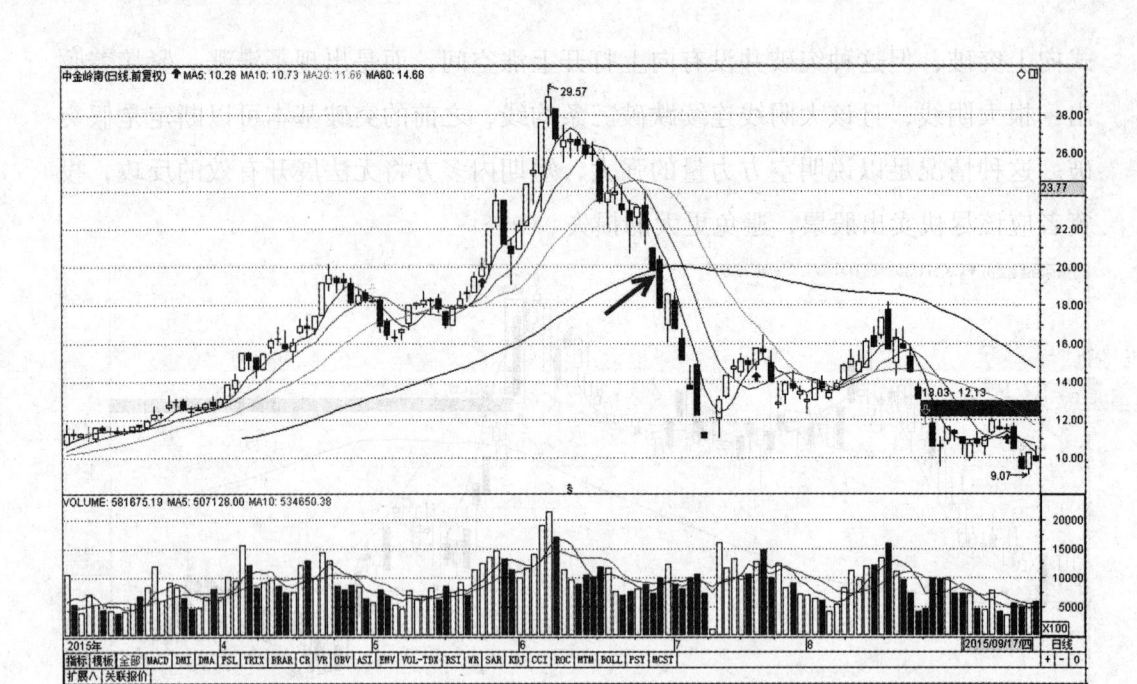

图 4-16 中金岭南 K 线图

第六节 把握均线交叉买卖点

股价自底部向上运行,均线的交叉往往是买入的好时机,而股价自高位向下运行,在顶部形成交叉,则说明股价已经开始走弱,则是卖出时机。下面来了解几种均线交叉战法。

一、黄金交叉

股价在经过一段时间的下跌或者整理行情后,由下向上突破 5 日、10 日均线,且 5 日均线在向上运行过程中突破了 10 日均线,相交于一点。该突破点被称为黄金交叉点,表示多方力量增强,已有效突破空方的压力线,后市看涨,是买入信号。

如图 4-17 所示的大华股份 K 线图,股价在经过一段时间的下跌后企稳回升,

5日均线向上拐头，很快穿破10日均线，并且成交量有明显的放大，短线有较明显的转强信号。投资者可以在交叉点形成之后适当买入，持股待涨。

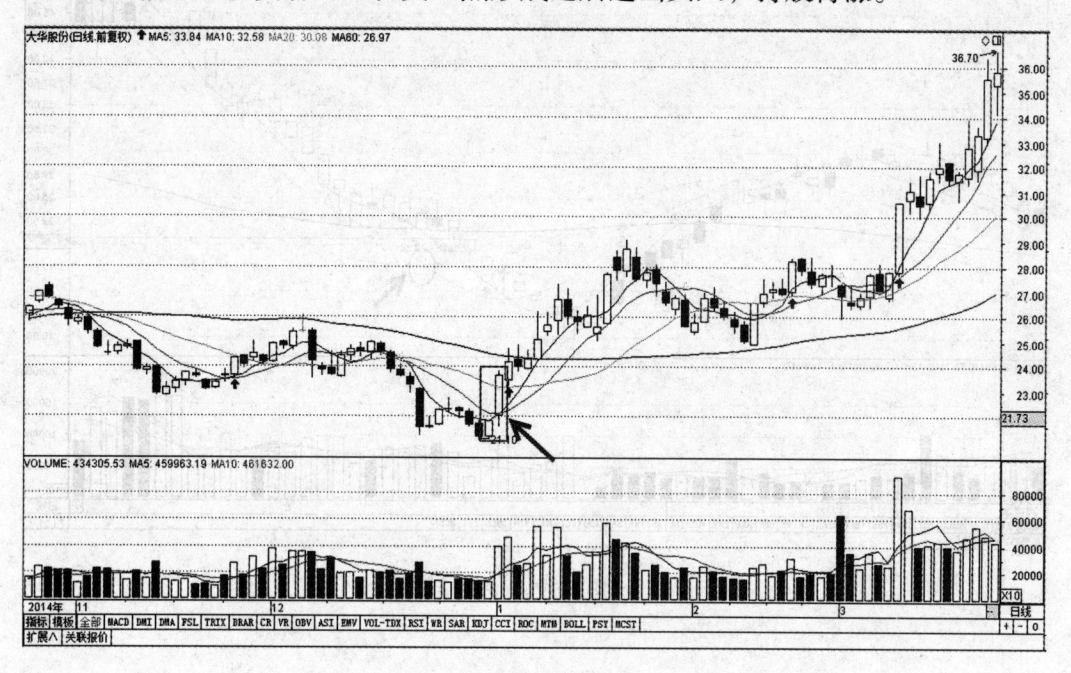

图 4-17 大华股份K线图

二、10日均线上穿20日均线

股价在运行的过程中，10日均线和20日均线随股价同时向上运行。如果此时10日均线上穿20日均线，表明多方力量增强，后市继续看涨，投资者可以适当介入。

如图4-18所示的特力A K线图，在经过一波下跌行情后开始大幅反弹，在向上运行的过程中，10日均线成功上穿20日均线，预示着中期将有一波上涨的行情。

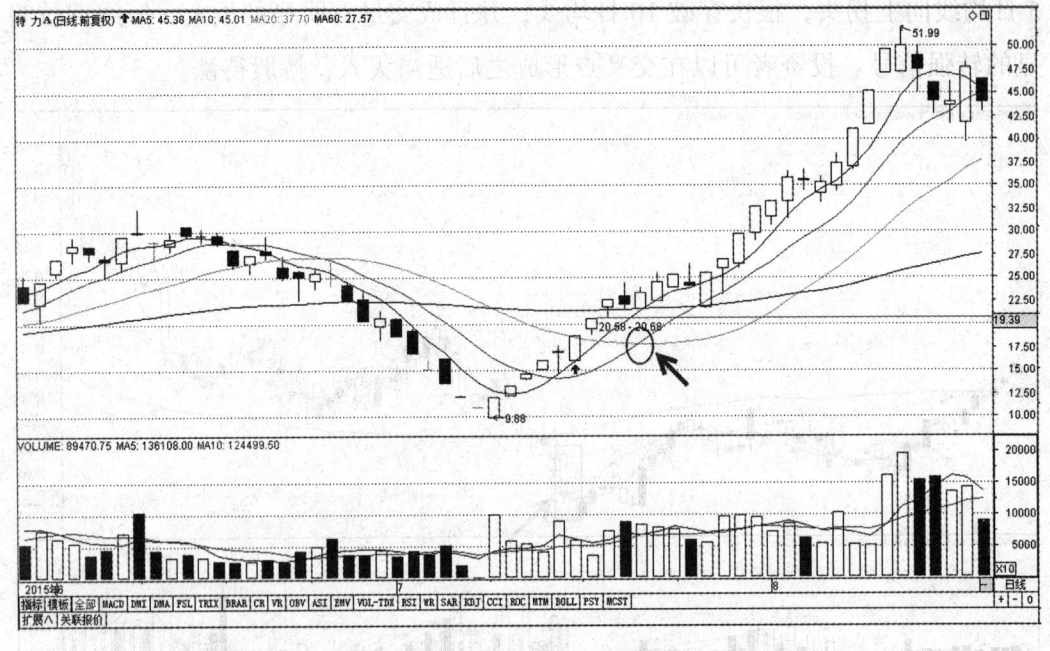

图 4-18 特力A K 线图

三、底部金三角

股价在经过一波下跌行情后，5 日均线上穿 10 日均线，随后 10 日均线上穿 30 日均线（或 20 日均线），在相对低位形成封闭的三角。这种形态，被称为底部金三角，这种形态比黄金交叉的看涨意义更为强烈。遇到此类图形，投资者可以积极买入。

如图 4-19 所示的中恒集团 K 线图，股价经过前期的下跌后到达底部，开始触底反弹，随后 5 日均线向上与 10 日均线形成交叉，接着 10 日均线又向上突破了 20 日均线，这三条均线在底部形成了一个封闭的三角形。从该股 K 线图上可以看出，在出现该封闭三角形之后，该股的上涨行情持续了较长一段时间。

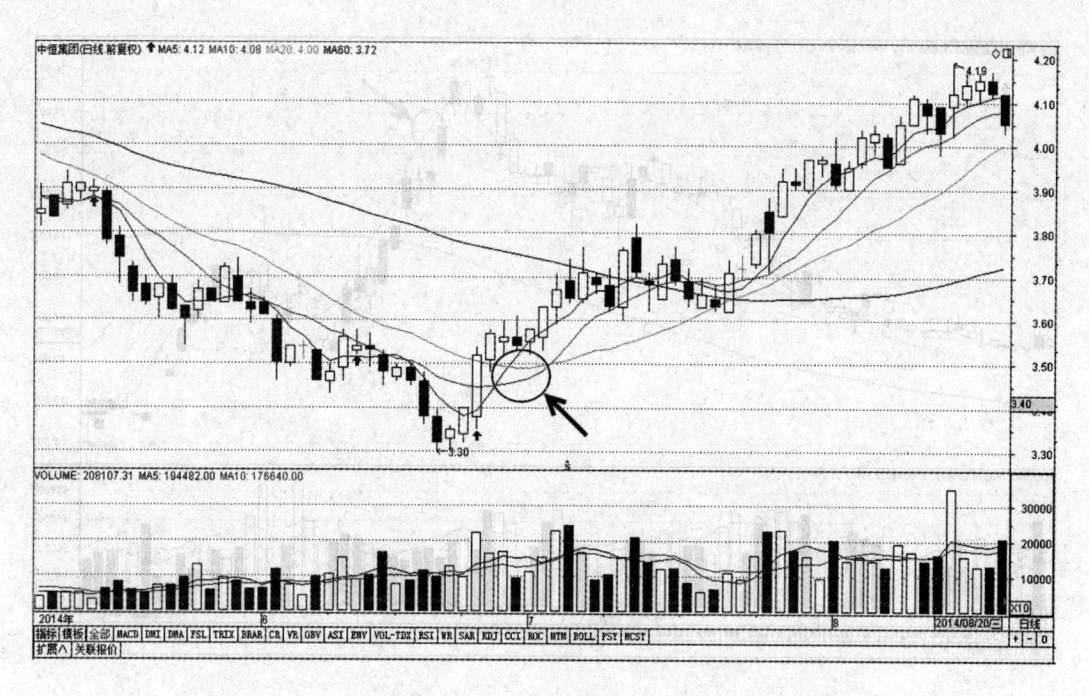

图 4-19　中恒集团 K 线图

四、高位死叉

股价运行到高位后上涨动力开始衰竭，股价由涨转跌。当 5 日均线向下穿破 10 日均线形成一个交点时，后市的下跌行情基本确立，该点称为死叉。在高位遇到这种走势时，投资者应该卖出筹码。

如图 4-20 所示的凯乐科技 K 线图，股价在上涨到高位后，由于获利盘的抛售导致上涨动力枯竭。随后股价开始走弱，随着 5 日均线向下穿破 10 日均线形成死叉，短线下跌的行情已基本确立。从图 4-20 中可以看到，在该点形成之后便走出一波下跌行情。

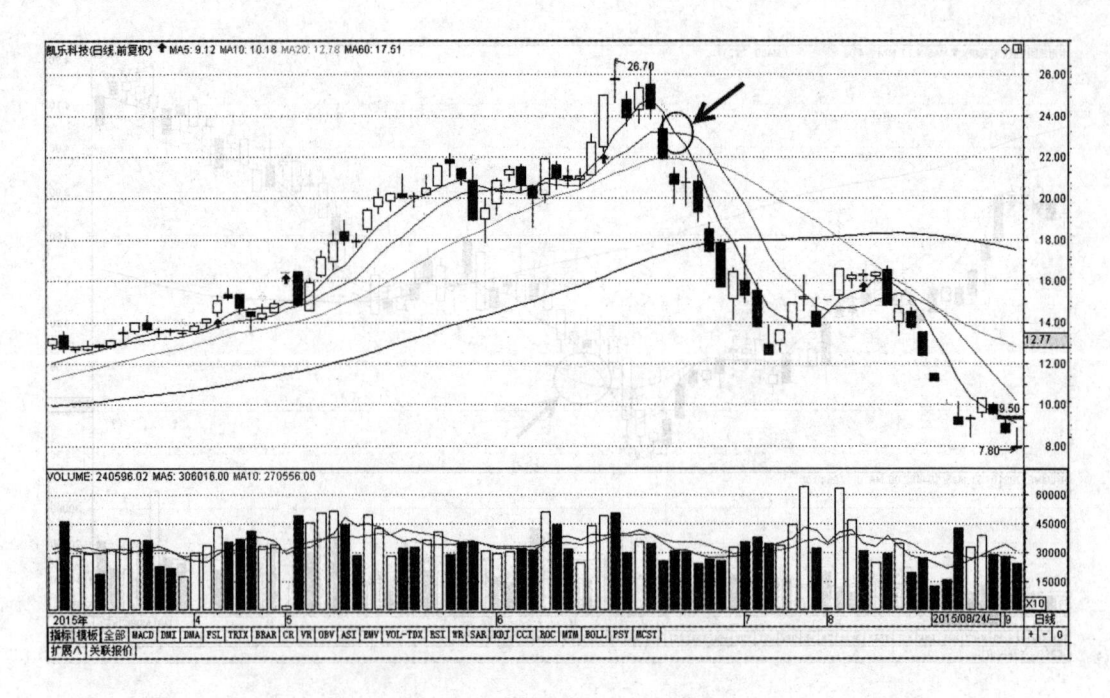

图 4-20　凯乐科技 K 线图

五、10 日均线与 20 日均线死叉

股价在运行过程中，当 10 日均线向下穿破 20 日均线，同时，20 日均线也开始向下弯曲时，代表着中期下跌行情的确立，是非常重要的卖出信号。中线投资者遇到这种走势时，应该择机卖出股票。

如图 4-21 所示的开开实业 K 线图，股价在到达顶部后开始下跌，终于在 10 日均线向下穿破 20 日均线后正式确立了下跌趋势。投资者应该在 10 日均线下穿 20 日均线时及时卖出筹码。

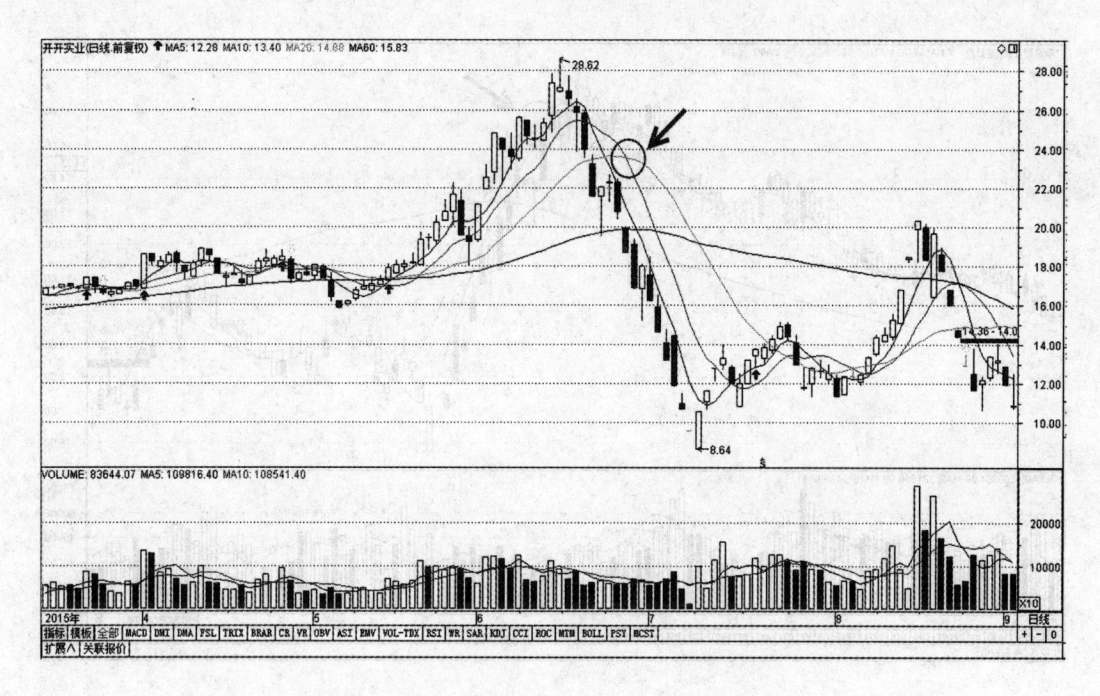

图 4-21 开开实业 K 线图

六、顶部死三角

在股价运行的过程中，当 5 日均线下穿 10 日均线，随后 10 日均线又下穿 30 日均线（或 20 日均线）形成一个封闭的三角形时，预示后市将出现大幅度的下跌行情。这个封闭的三角形称为顶部死三角。投资者在遇到这种走势时，应该立即斩仓。

如图 4-22 所示的广宇发展 K 线图，股价在经过长期上涨后到达顶部开始下跌，并形成了一个死三角的形态，此后股价随即发生了大幅度的下跌。投资者在高位遇到此情况时，应该及时止损，避免不必要的损失。

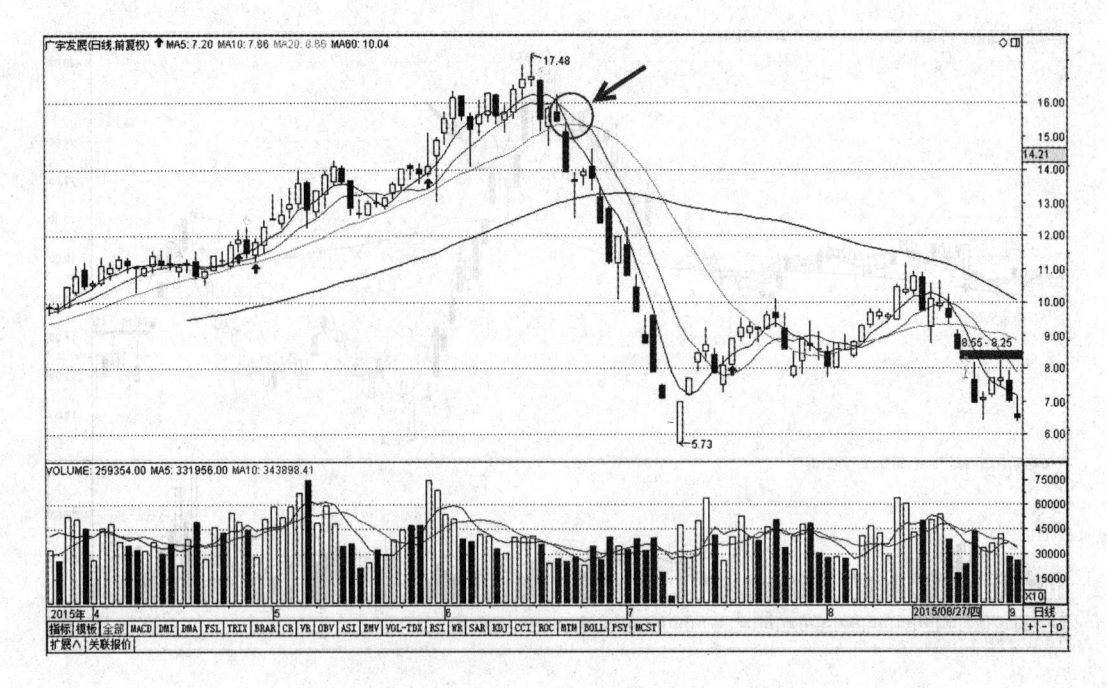

图 4-22 广宇发展 K 线图

第 5 章 从成交量把握短线机会

市场人士常说"股市中什么都可以骗人,唯有量是真实的",可以说,成交量的大小直接表明了多空双方对市场某一时刻的技术形态最终的认同程度。投资者对成交量异常波动的股票应当密切关注。本章介绍如何从成交量中寻找短线交易机会。

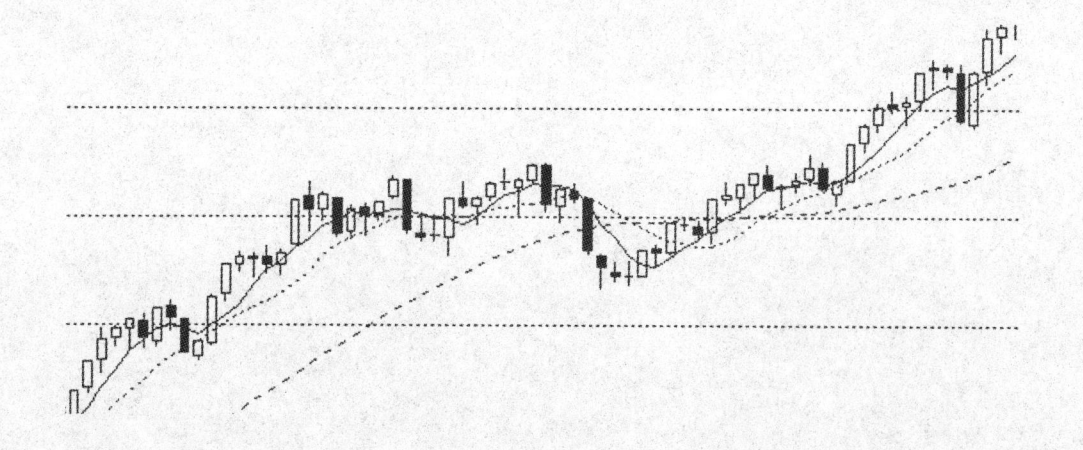

第一节 成交量基本知识

成交量是影响市场的几大要素之一。股市中有句老话:"技术指标千变万化,成交量才是实打实的买卖。"可以说,成交量的大小直接表明了市场上多空双方对市场某一时刻的技术形态最终认同的程度,在量价关系中起主导作用。下面就来介绍成交量的相关知识。

一、什么是成交量

股市中的成交量是指单位时间内股票的成交数量,单位一般是手(1手等于100股),用柱状图表示。其中,红柱表示当天收盘价高于开盘价个股的成交量;绿柱表示收盘价低于开盘价个股的成交量。如图5-1所示。一般情况下,成交量大且价格上涨的股票,趋势向好。成交量持续低迷时,说明市场不活跃,一般出现在熊市或股票整理阶段。成交量是判断股价走势的重要依据,为分析主力行为提供了重要线索。多空双方的分歧越大,成交量就越大,股价短期内的涨跌幅度就会较大。反之,成交量较小,则投资者操作不积极,股价短期内很难发生大的变化。

图 5-1 成交量

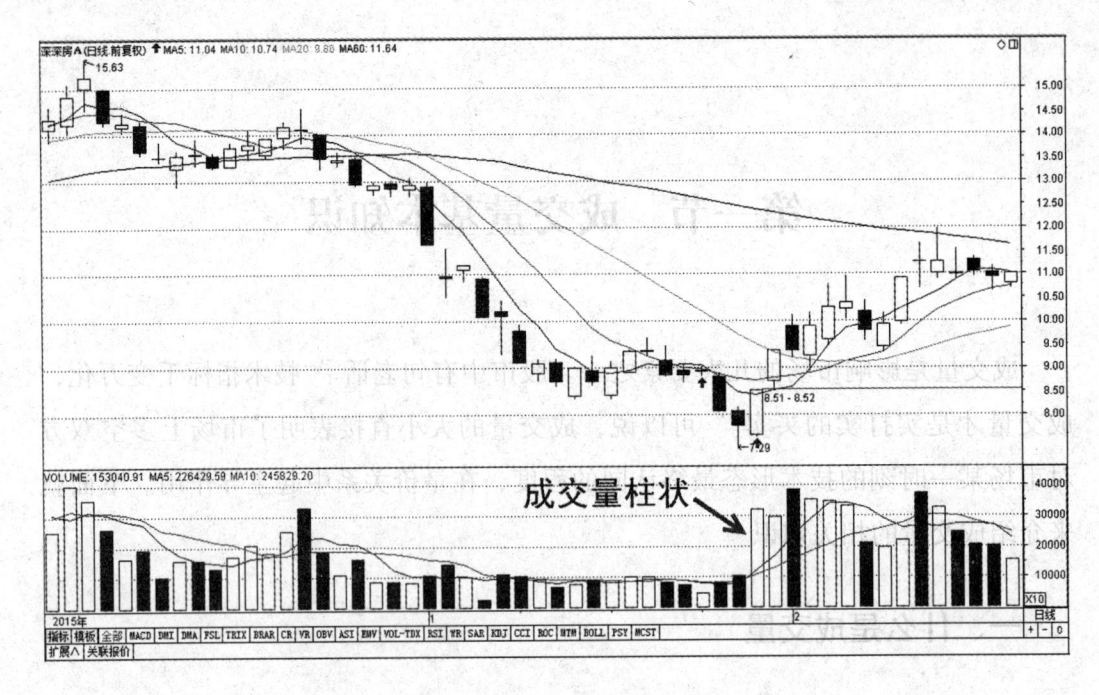

二、成交量的几种形态

1. 缩量

　　缩量是指市场上的成交量极为清淡。出现这种情况的原因一般有两个。一是市场人士都十分看淡后市，造成只有人卖，却没有人买，所以成交量急剧缩小；二是市场人士都十分看好后市，造成只有人买，却没有人卖，所以成交量依旧急剧缩小。缩量一般发生在趋势的中期。投资者在遇到这种情况时应该出局观望，等到放量上攻时再重新介入。如图 5-2 所示的富奥股份，就是在股价上涨到一定阶段后，投资者一致看淡后市，成交量也随着股价的下跌逐渐减少。

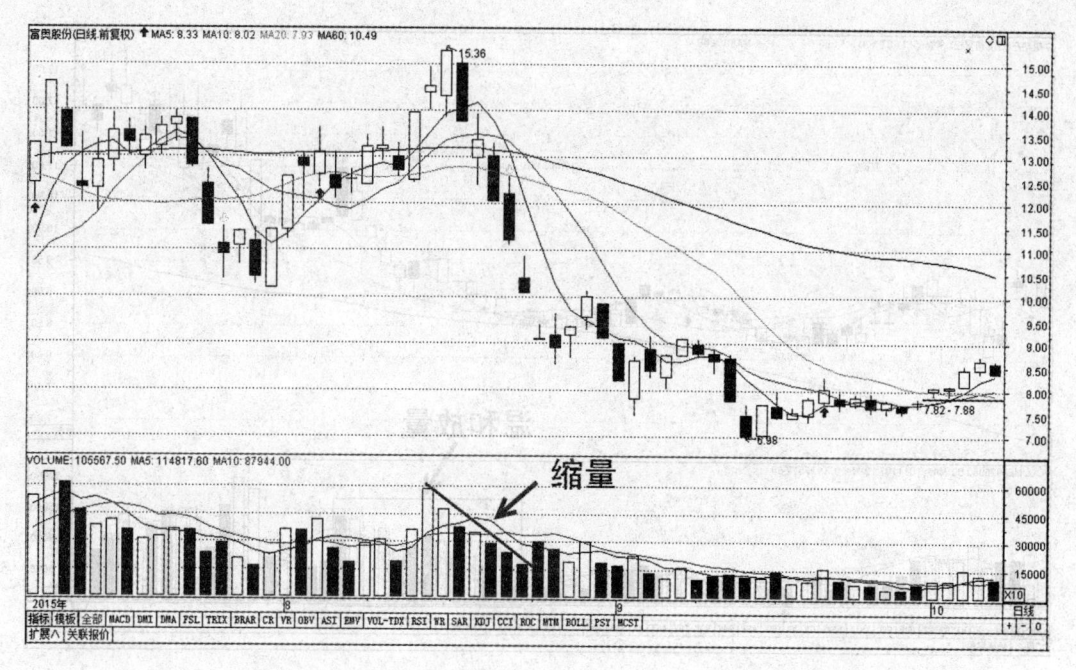

图 5-2 缩量

2. 放量

放量是指成交量较前段时间有明显放大，分为温和放量和突放巨量。放量一般发生在市场趋势发生转折时。如果出现放量时，股价也出现上涨，那么后市继续看涨。如果出现放量，股价却出现滞涨的情况，则是不祥之兆。尤其是出现放量但是股价却下挫的时候，是一种非常准确的下跌信号。投资者应该及时止损。

与缩量相比，放量有很大的不真实成分。对于主力来说，利用手中的筹码大笔对倒放出天量是非常简单的事。但是，我们如果能分析清楚主力的意图，就能相对准确地进行有效操作。

如图 5-3 所示的中粮地产，在底部出现温和放量时，股价也随之逐步攀升。而图 5-4 所示的深深宝 A，则在触底后出现突放巨量的情况，股价在短期内即出现翻倍行情。

图 5-3　温和放量

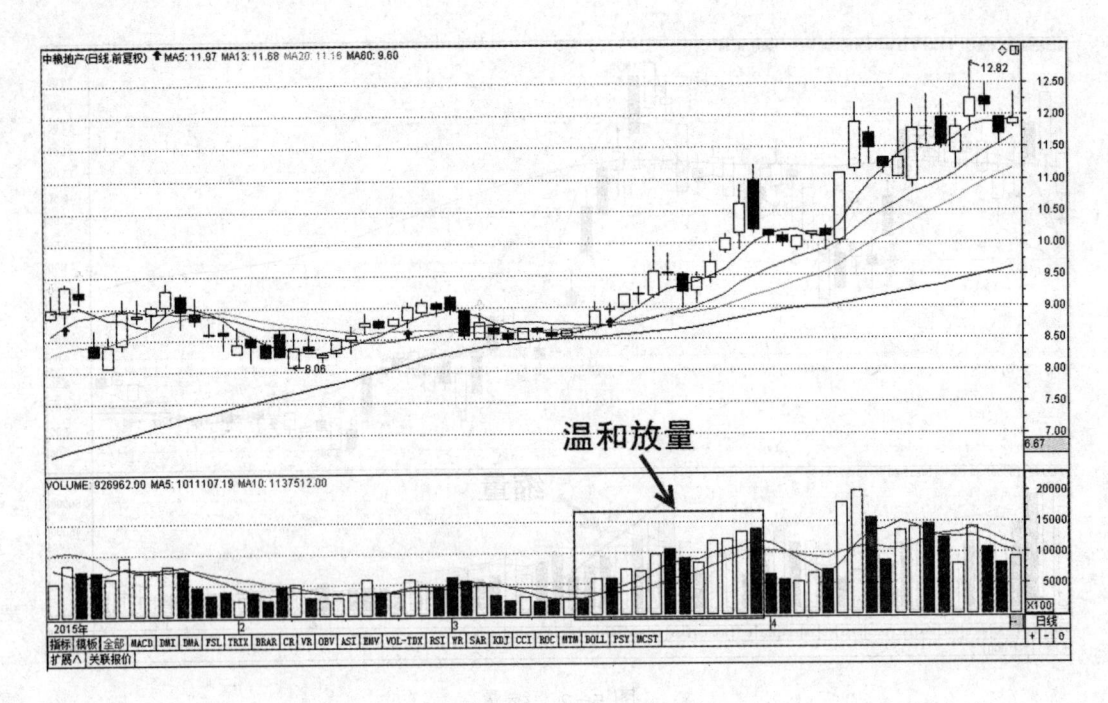

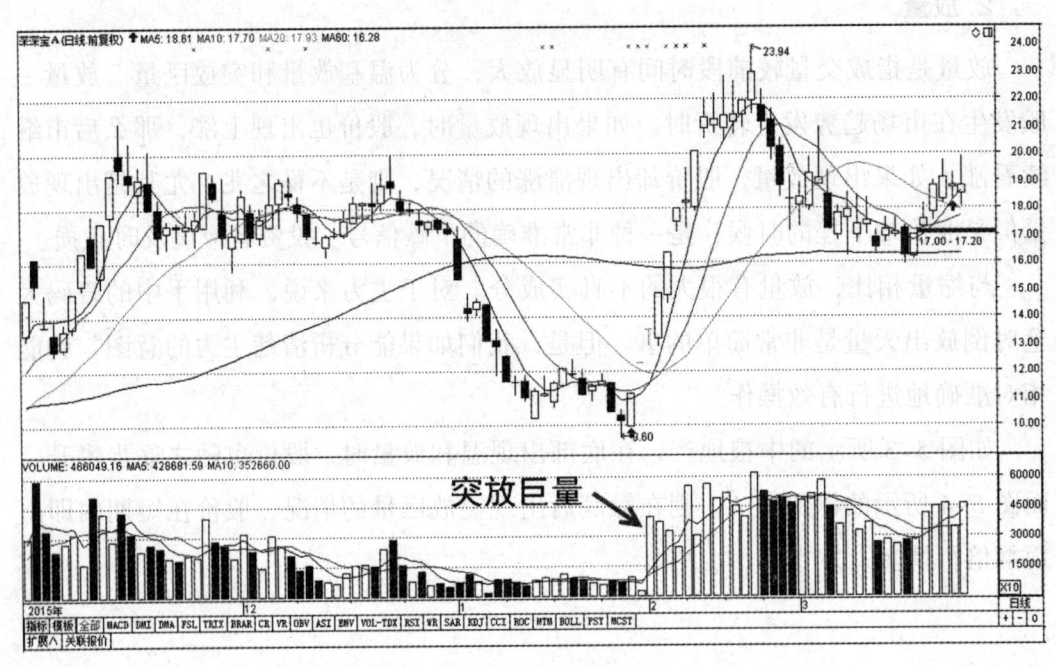

图 5-4　突放巨量

3. 堆量

当主力意欲拉升股价时，通常会把成交量做得非常漂亮。在几日或几周内，成交量缓慢放大，股价慢慢推高，在近期的 K 线图上形成一个状似土堆的形态，故称堆量。一般情况下，成交量堆得越漂亮，就越可能产生大行情。相反，在高位的堆量表示主力已不想玩了，在大量出货。如图 5-5 所示的深赤湾 A，就在底部区域出现了堆量形态。

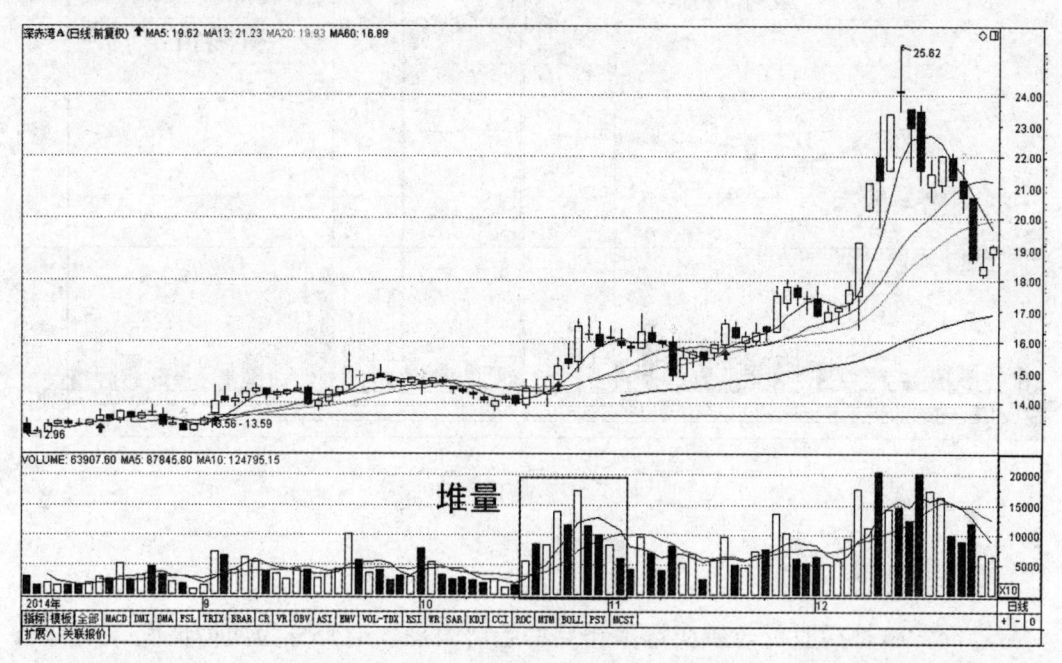

图 5-5　堆量

三、量价关系的两种类型

1. 量价同向

量价同向是指股价与成交量变化方向相同。当股价上升时，成交量也随着股价增加，是后市继续看好的表现；股价下跌，成交量也随之减少，说明卖方对后市看好，持仓惜售，股价在下跌后很有可能发生反弹。

如图 5-6 所示的深南电 A，成交量与股价的变化方向始终一致。在股价上涨的过程中，成交量也逐渐递增；在回调时，成交量随之缩小，是典型的量价同向现象。

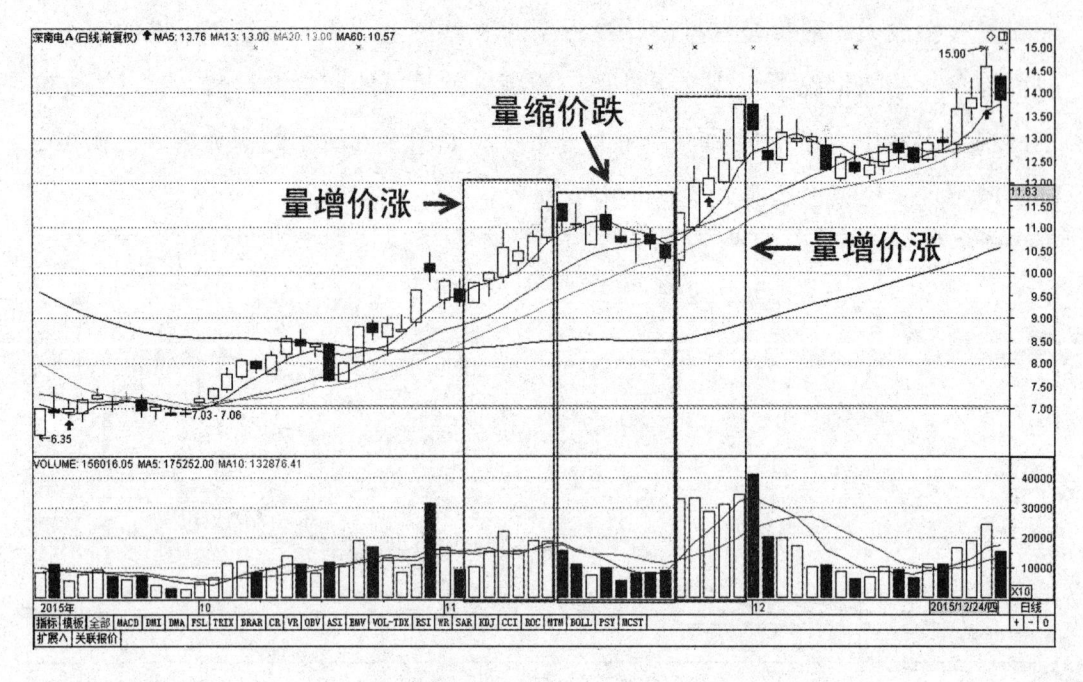

图 5-6　量价同向

2. 量价背离

量价背离是指股价与成交量呈相反的趋势发展。通常分为两种情况。一是当股价创出新高时，成交量非但未增加，反而开始下降。发生这种情况时，股价的上涨得不到成交量的支持，很难继续维持。二是当股价下跌时，成交量却往相反方向发展，出现放大。这种情况预示着是后市低迷，说明投资者看淡后市，很有可能正在进行恐慌性抛盘。

如图 5-7 所示的华天酒店，股价到达顶部时，成交量放大后逐步减少。而股价却继续上移。出现这种量价背离的现象，主要是由于主力通过对倒放量出货造成的，在成交量减少到一定程度时，股价便会开始下跌。

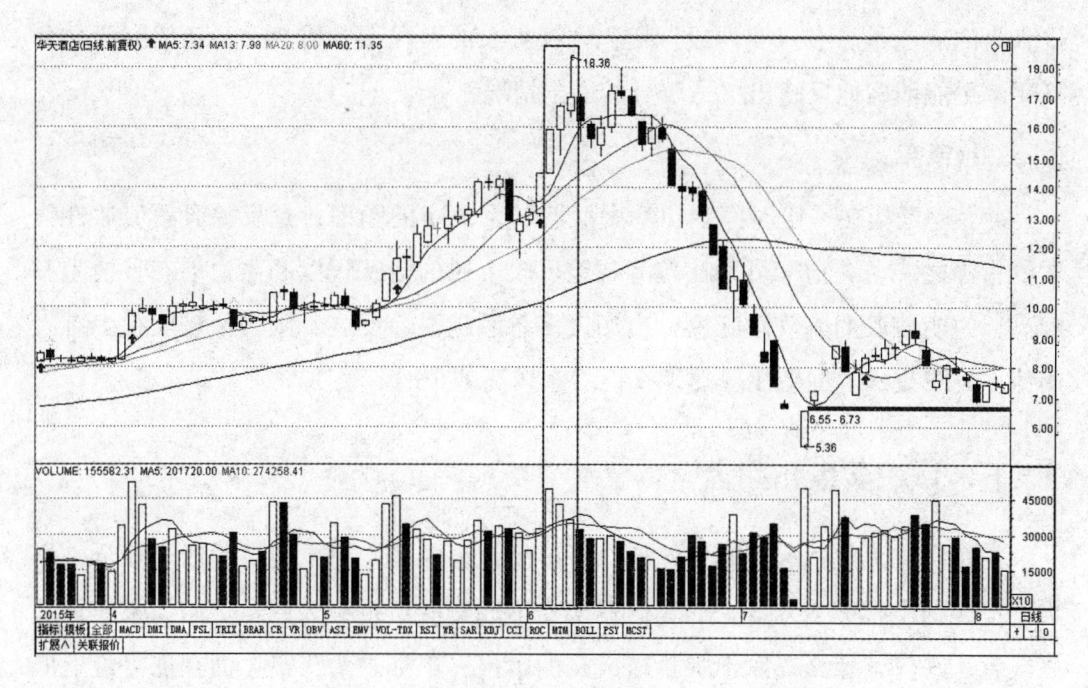

图 5-7　量价背离

四、反映成交量的指标

市场人士常说："股市中什么都可以骗人，唯有成交量是真实的。"可以说，成交量的大小直接表明了多空双方对市场某一时刻的技术形态最终的认同程度。但成交量是非常容易造假的，成交量在某种程度上也不能完全反映市场且还会迷惑投资者，因此还要结合实际情况具体分析。常用反映成交量的指标有三个：成交股数、成交金额、换手率。

1. 成交股数

成交股数即成交量中的"量"，是最常见的指标。该指标适用于个股成交量的纵向比较，即观察个股历史上放量与缩量的相对情况。但是，其最大的缺点在于忽略了不同个股之间流通盘大小不一的差别，不适合对不同个股进行横向比较，也无法准确反映出掌握主力的动向。

2. 成交金额

成交金额表示已经成交股票的金额数，直接反映了参与市场资金量的多少。该指标排除了大盘中由于不同个股间的价格差异带来的干扰，可以更直观地显示出大盘的成交量。在短期内股价变化幅度很大的情况下，成交金额比成交股数和换手率更能明确地反映出主力资金的进出情况。

3.换手率

换手率是指在一定时间内市场中股票转手买卖的频率，是反映股票流通性强弱的指标之一。该指标可以比较客观地反映个股的活跃程度和主力动态。换手率越高，说明该股的人气越旺盛，市场做多意愿越强，反之，则表示该股很少有人问津。短线投资者一般比较热衷于换手率较高的个股。

五、认识买盘和卖盘

买盘就是大家经常所说的外盘，而卖盘就是内盘。简单地说，场外资金进场买进成交的申报称为外盘，而场内资金卖出成交的申报称为内盘。而如果股价涨停或者是跌停，那么以跌停板价格成交的申报，都称之为买盘；而在涨停板上成交的申报，都称之为卖盘。在成交明细中会用英文字母"B"和字母"S"来表示，其中"B"是英文Buy（买进）的缩写，"S"是英文Sell（卖出）的缩写。如图5-8所示。

14:56	7.67	17 B	1
14:56	7.67	1 S	1
14:56	7.68	50 B	3
14:56	7.67	33 S	3
14:56	7.68	105 B	5
14:56	7.67	2 S	1
14:56	7.67	2 B	2
14:56	7.68	197 B	9
14:56	7.68	8 B	2
14:56	7.67	60 S	2
14:57	7.67	1 S	1
15:00	7.68	1042	67

| 笔 | 价 | 细 | 日 | 势 | 联 | 值 | 筹 |

图5-8 成交明细

通过外盘、内盘数量的大小和比例，投资者通常可能发现主动性的买盘多还是主动性的抛盘多，并在很多时候可以发现庄家动向，是一个较有效的短线指标。但投资者在使用外盘和内盘时，要注意结合股价在低位、中位和高位的成交情况以及该股的总成交量情况。因为外盘、内盘的数量并不是在所有时间都有效，在许多时候外盘大，股价并不一定上涨；内盘大，股价也并不一定下跌。在大量的实践中，我们发现如下六种情况：

（1）股价经过了较长时间的震荡下跌，处于较低价位，成交量极度萎缩。此后，成交量温和放量，当日外盘数量增加，大于内盘数量，股价将可能上涨，这种情况较可靠。

（2）在股价经过了较长时间的上涨，股价处于较高价位，成交量巨大，并不能再继续增加，当日内盘数量放大，大于外盘数量，股价将可能继续下跌。

（3）在股价阴跌过程中，时常会发现外盘大、内盘小，这种情况并不表明股价一定会上涨。因为有些时候庄家用几笔抛单将股价打至较低位置，然后在卖1、卖2挂卖单，并自己买自己的卖单，造成股价暂时横盘或小幅上升。此时的外盘将明显大于内盘，使投资者认为庄家在吃货，而纷纷买入，结果次日股价继续下跌。

（4）在股价上涨过程中，时常会发现内盘大、外盘小，此种情况并不表示股价一定会下跌。因为有些时候庄家用几笔买单将股价拉至一个相对的高位，然后在股价小跌后，在买1、买2挂买单，一些投资者认为股价会下跌，纷纷以叫买价卖出股票，但庄家分步挂单，将抛单通通接走。这种先拉高后低位挂买单的手法，常会显示内盘大、外盘小，达到欺骗投资者的目的，待接足筹码后迅速继续推高股价。

（5）股价已上涨了较大的涨幅，如某日外盘大量增加，但股价却不上涨，投资者要警惕庄家制造假象，准备出货。

（6）当股价已下跌了较大的幅度，如某日内盘大量增加，但股价却不跌，投资者要警惕庄家制造假象，假打压真吃货。

第二节 成交量与股价的关系

成交量与股价之间的关系主要有量增价平、量增价涨、量增价跌、量缩价涨、量缩价跌、天量天价、地量地价等，下面我们将一一进行介绍。

一、量增价平

量增价平是指成交量出现放大，但是股价仅维持在原来的水平上，并没得到成交量的支持出现上涨。投资者不宜跟进；如果出现在股价上涨后的高位，则很有可能是主力在出货，在主力出完货后，股价很可能发生反转，投资者应该提高警惕；如果出现在股价下跌后的低位或者在股价上涨的初期阶段，则很有可能是场外资金正在进场，进行打压建仓，一旦底部形成，股价很有可能出现大幅拉升，投资者可以密切关注，适当参与。

如图 5-9 所示的渤海租赁，在股价上升到高位时就出现了量增价平的走势。股价随后就走出了一波下跌行情。

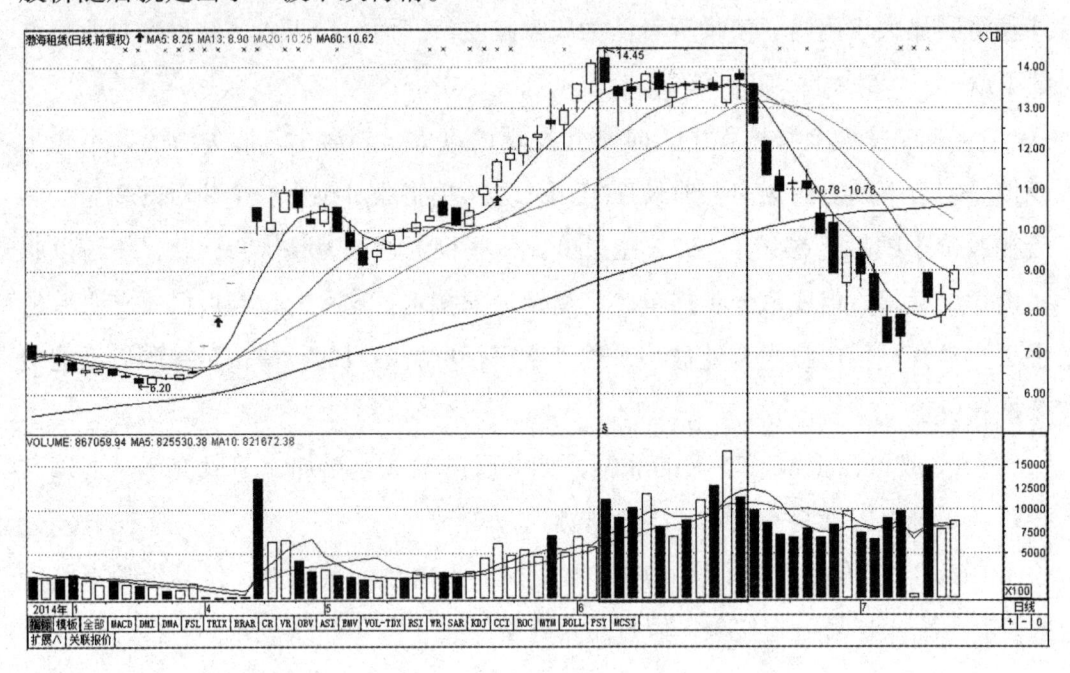

图 5-9　高位量增价平

二、量增价涨

量增价涨是指在成交量放大的同时股价也出现上升行情。这种量价配合的情况如果出现在股价上涨行情的初期阶段，后市一般继续看涨，投资者可以积极介入；若是出现在股价上涨后的高位，一般表示多方力量开始减弱，后市随时可能发生下跌,投资者应该尽快获利了结。

如图 5-10 所示的湖北宜化,就出现在行情启动的初期。股价在经过长时间的下跌到达底部。此时开始有主力资金进场,成交量随之增加,股价在成交量的配合下向上发展。从图 5-10 可以看出,该股后市出现了长期震荡上涨的行情。

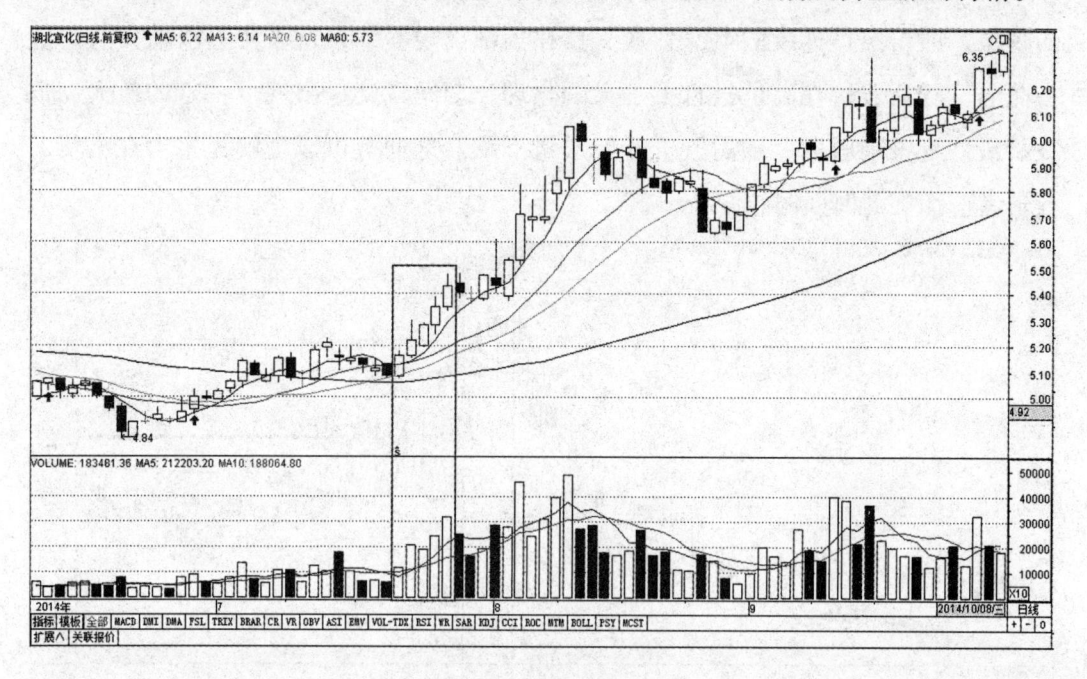

图 5-10 底部量增价涨

三、量增价跌

量增价跌是指在成交量放大的时候,股价不涨反跌。股价出现与成交量相反的走势。这是种量价背离的现象,下面分阶段介绍不同情况下出现量增价跌的市场意义。

(1)出现在上涨初期,似乎要重回跌势,而实际上这时的下跌往往是主力刻意打压,自己则在大量吸收筹码,只要不跌破重要支撑位,则可继续持股。

(2)如果出现在上涨的途中,则可能预示着会有深幅的调整,但也可能是短暂的打压,如果次日股价重回升势,则可以继续持股,否则应该暂时出局观望。

(3)如果出现在上涨的末期,多意味着主力在出货,投资者应该果断出局。

(4)如果出现在下跌的初期,说明主力出逃坚决,甚至引发抛售狂潮,投资者应该当断清仓,避免股价加速下跌带来的损失。

（5）如果出现在股价下跌末期，很有可能是主力正在介入，预示着底部即将形成，这时的价跌，往往是最后一跌，股价很快会发生反转，投资者可以买进筹码。

如图 5-11 所示的全新好，在下跌的初期以及下跌的途中都出现了量增价跌的现象，股价经过连续的上涨，成交量在顶部出现萎缩，这表明上涨动力有可能在减弱，随后股价在高位进行了三天的整理，期间成交量出现了一定的放大，但股价最终都没能收阳，随后股价开始放量下跌。这通常可以理解为主力在出货，投资者应该在此时及时止损。

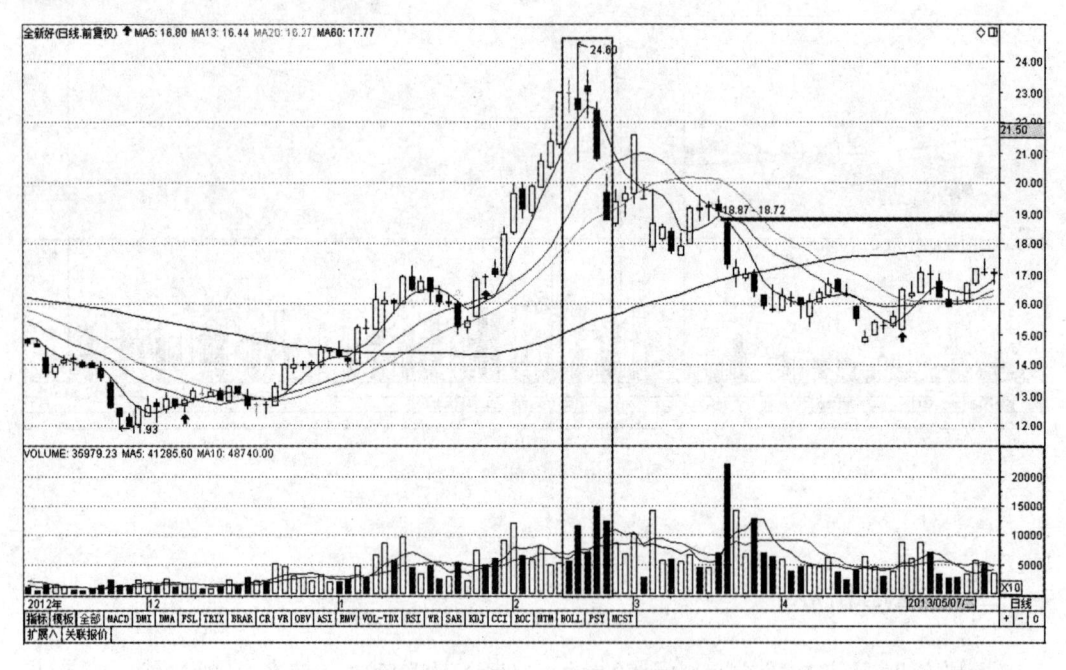

图 5-11 下跌初期量增价跌

再来看图 5-12 所示的 TCL 集团，该现象也是出现在下跌的初期，不同的是，该股在高位有一段时间的平台整理阶段，而在该阶段主力已经完成了大部分的出货任务，当股价运行至 60 日线时突然放量跌破 60 日线的支撑，预示着新一轮的下跌行情已经展开。投资者在遇到类似情况时，应该及时出局。

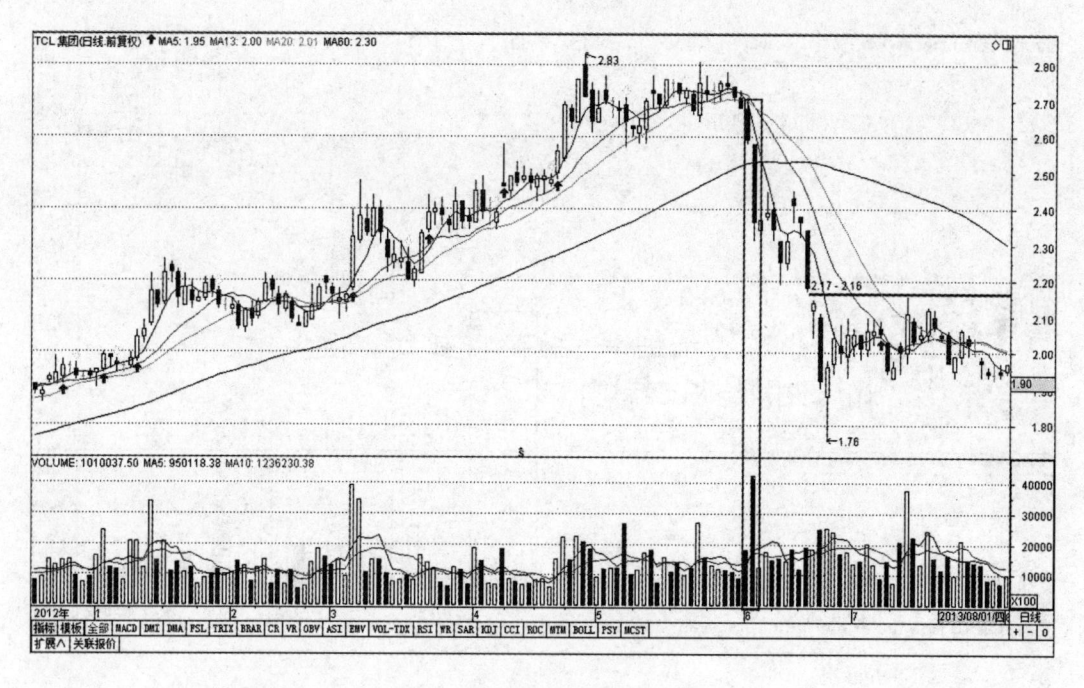

图 5-12　放量跌破 60 日线

四、量缩价涨

量缩价涨是指成交量出现减少或萎缩，而股价却向相反方向发展，出现上涨。量缩价涨可能出现在任何阶段，当然在不同的阶段市场含义也不同。如果在经过一波下跌之后，在反弹过程中出现了量缩价涨的现象，说明反弹没有得到市场的认可，通常反弹的高度并不会太高。如果在股价上涨的中途出现量缩价涨，若不是极度萎缩，一般说明庄家把筹码锁定良好。后市仍将上涨，但是此时股价一定不能大幅地上涨。而如果在股价刚从底部启动时，出现量缩价涨的走势，有时甚至是一开盘就涨停。这说明庄家把筹码锁定得相当死。出现这种现象时，往往预示着股价后期会出现大涨。投资者可积极介入。

如图 5-13 所示的福星股份，在股价上涨的过程中出现了量缩价涨的现象。在该现象之后，股价仍然继续大幅上涨。

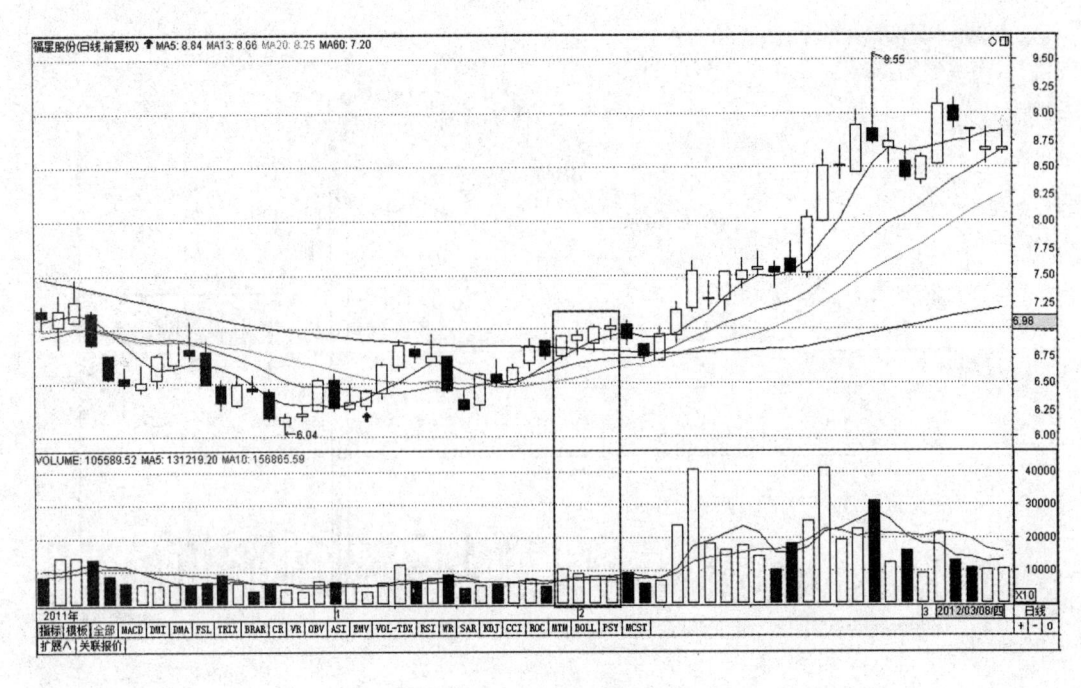

图 5-13 上涨途中的量缩价涨

如图 5-14 所示的普洛药业，在下跌的过程中，出现了一波小幅反弹，但没有成交量的配合，反弹并没有持续，继续转为下跌行情。

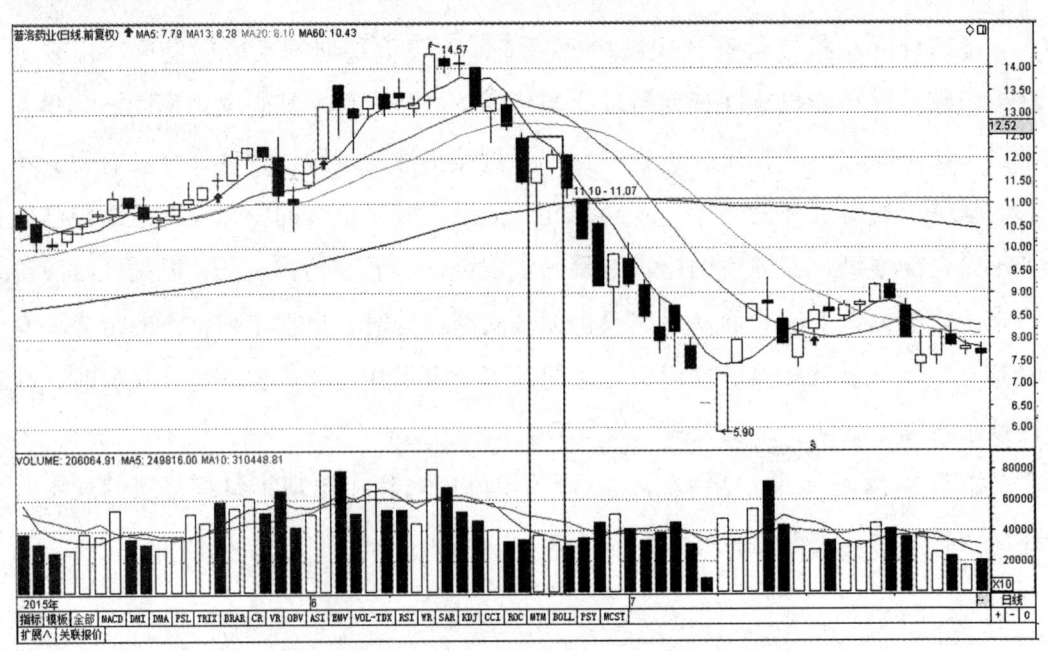

图 5-14 下跌过程中的量缩价涨

五、量缩价跌

量缩价跌是指在成交量减少或萎缩时，股价也发生下跌，量缩价跌也会出现在股价运行的各个阶段，其含义也因其出现的位置不同而不同。如果出现在股价下跌的过程中，通常预示着股价将会继续下跌，因为缩量说明下跌的过程中很少有资金流入抄底。经历了长期并且是大幅下跌后股价见底回升时出现该现象，预示着空方力量已经耗尽，后市很可能维持上攻走势。如果股价上涨的高位区出现该走势，预示着股价缺乏上涨的动力。投资者要小心操作，一旦后市出现下跌，其速度将会很快。如果出现在股价上涨的途中，则可视作缩量洗盘的走势，一旦洗盘结束就会出现放量上升的走势。

如图 5-15 所示的潮宏基，自底部放量上之后，连续几日出现量缩价跌的走势，这种放量上涨后的缩量下跌，就可以视为一个洗盘阶段，一旦后市出现放量上涨，就可以再次介入。

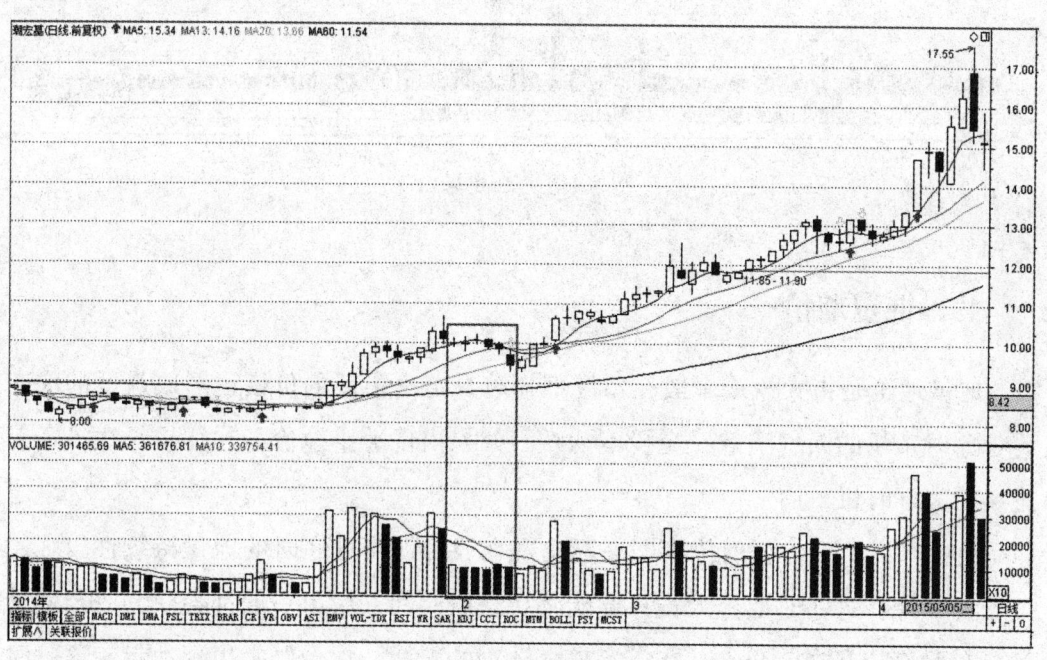

图 5-15 上涨途中的量缩价跌

六、天量天价

天量天价是指股价在上涨到高位后放出巨量，股价也创出新高。这种情况通常出现在股价上涨后的高位，是股价见顶的信号。如图 5-16 所示的华北高速，股价在经过一段时间的上涨之后到达高位，某日突然放出巨量。这种巨量持续到了第二日，但是第二日的股价出现高开低走，是上涨动能枯竭的信号，股价随即开始了下跌。

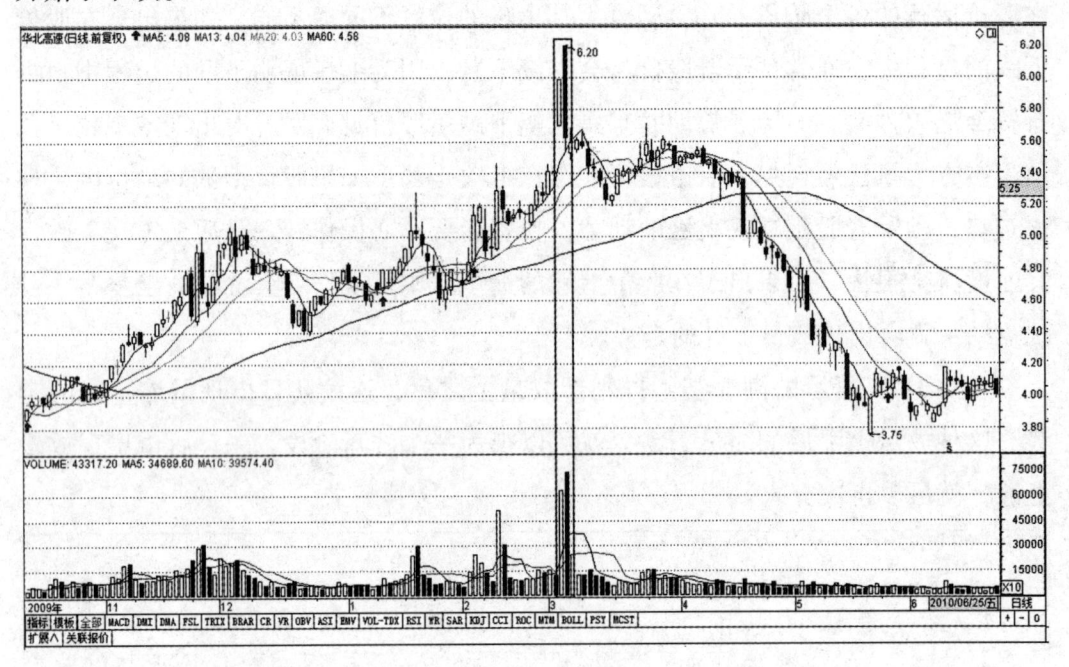

图 5-16 天量天价

七、地量地价

地量地价是指大盘或个股在市场低迷时，走出最低的价格，形成最低的成交量。此时市场的人气涣散，交投不活跃。如果出现地量地价，往往是长线投资者进场的大好时机。

地量可以出现在任何位置。一般出现在股价即将见底时的地量持续性较强，投资者如果在这一时期介入，只要能坚持一段时间，后市一般都会获利，当然最好是在股价拉升之前介入。在庄家震仓洗盘的末期，也会经常出现地量。这一时期往往是中线进场的好机会。地量也会间断性地出现在股票拉升前的整理阶段，庄家一般通过这种方式进行拉升前的试盘，如果投资者能在这一阶段的末期跟上庄家，后期将获利不小。

如图 5-17 所示的恒天海龙，股价在经过一段时间的下跌之后，成交量逐渐萎缩，出现地量，并且在底部进行了长时间的横盘。从图 5-17 可以看出，该股后市的上涨幅度非常可观,持续时间较长。长线投资者如果在地量持续阶段大量介入,后市将获利不小。

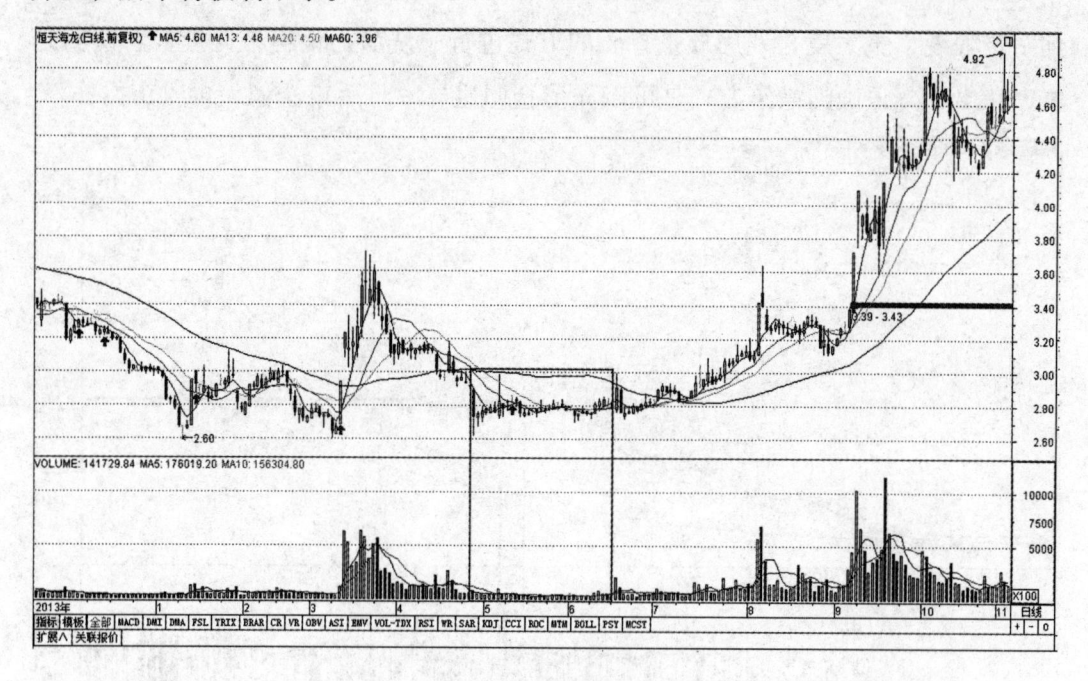

图 5-17 地量地价

第三节 从放量中发现"黑马"

放量代表着交投活跃,要么有人在大量收集筹码,要么有人在甩卖筹码,或多空出现明显分歧时产生。很多时候,放量就意味着有机会存在,下面我们来介绍几种放量情况下的机会。

一、放量打压

该形态通常是指当股价刚脱离底部不久就出现回调,成交量放大。让投资者误认为是主力在出货。然而,短暂的回调之后,股价便开始企稳反弹,继续向上拓展空间。遇到此类情况,只要前期涨幅不大,就不必过于惊慌,一旦股价企稳反弹，就是介入的好时机。

如图 5-18 所示的华昌化工，前期股价一直沿着上升趋势运行，当涨幅积累到一定程度，主力就是利用放量打压的方式进行了洗盘，很容易让投资者认为是主力在出货。正确的操作方式是可以先清仓回避，一旦后市企稳，再入市操作。

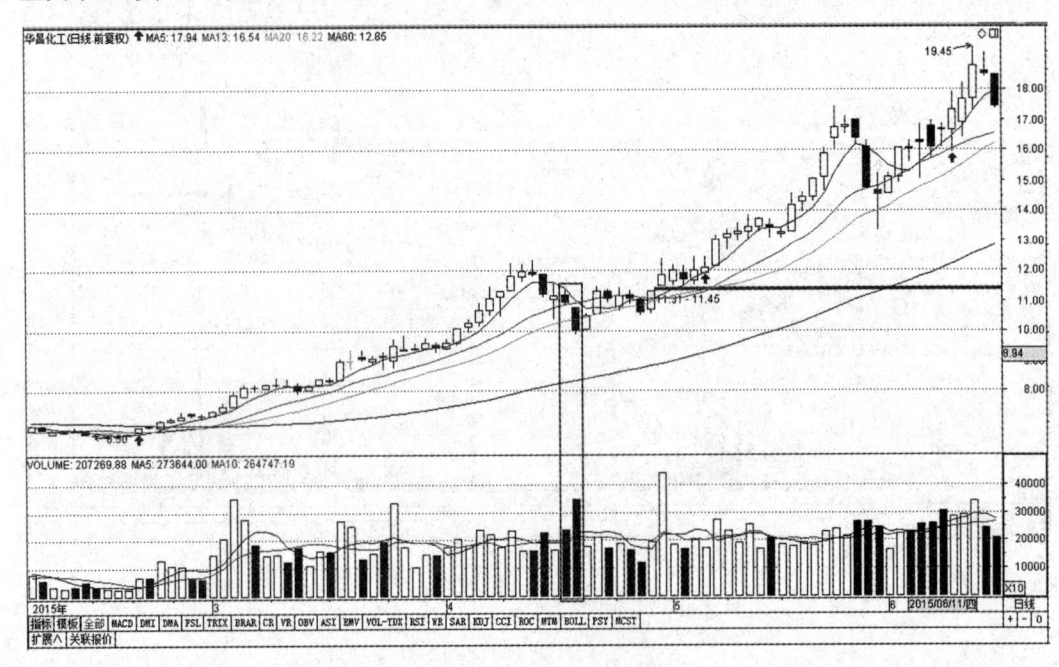

图 5-18　放量打压

二、巨量打开跌停板

这种情况是指股价受到利空打击或获利盘涌出的情况下急剧下跌，封于跌停板。但在盘中有巨额的资金买入，打开跌停板，说明有一股看好的力量在接下抛盘，后市有望企稳反弹，投资者可适当介入。当然，具体的情况还要结合当时的市场环境决策，如果次日毫无起色，则应止损出局。

如图 5-19 所示的茂化实华，在连续的跌停之后，突然巨量瞬间打开跌停板，表明下跌空间已经很小，主力对后市更加看好。投资者可以在打开前的瞬间挂单买入。

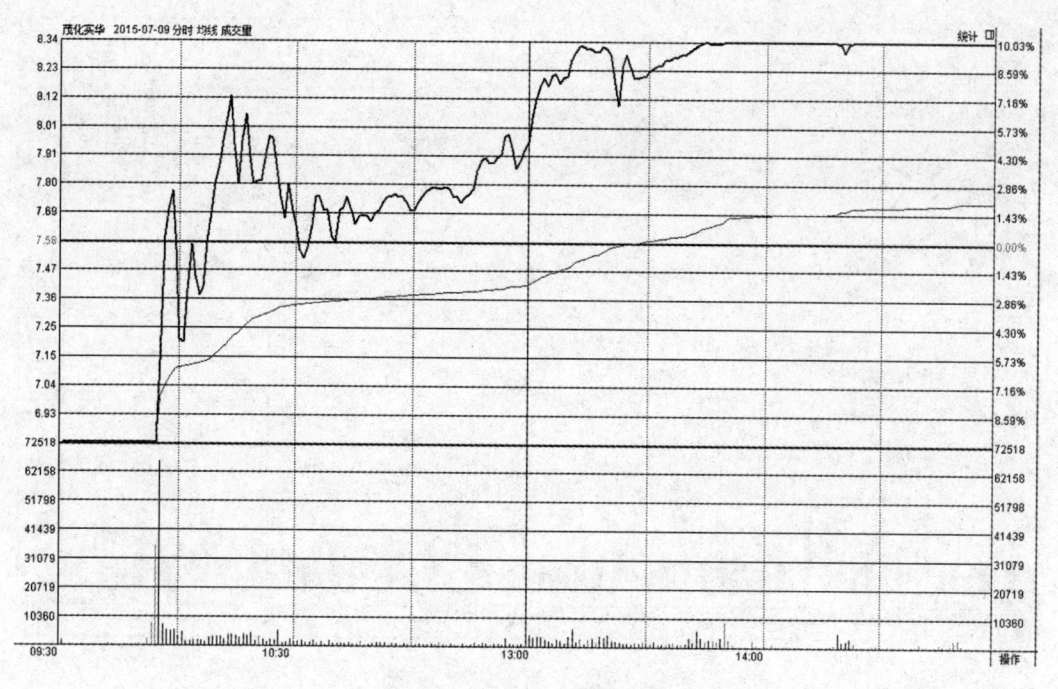

图 5-19　巨量打开跌停板

三、放量突破前高

这种情况是指股价处于上升趋势中，中途出现平台整理，或三角形整理等形态，一旦整理结束，股价放量冲过前期高点时，投资者可适当介入。通常，整理期间成交量有明显的萎缩，且整理的时间越长，后市上涨的幅度可能也会越大。

如图 5-20 所示的金岭矿业，在整理结束之后突然放量突破前高，以大阳线收盘。表明多方做多意愿强烈，后市上涨可期。

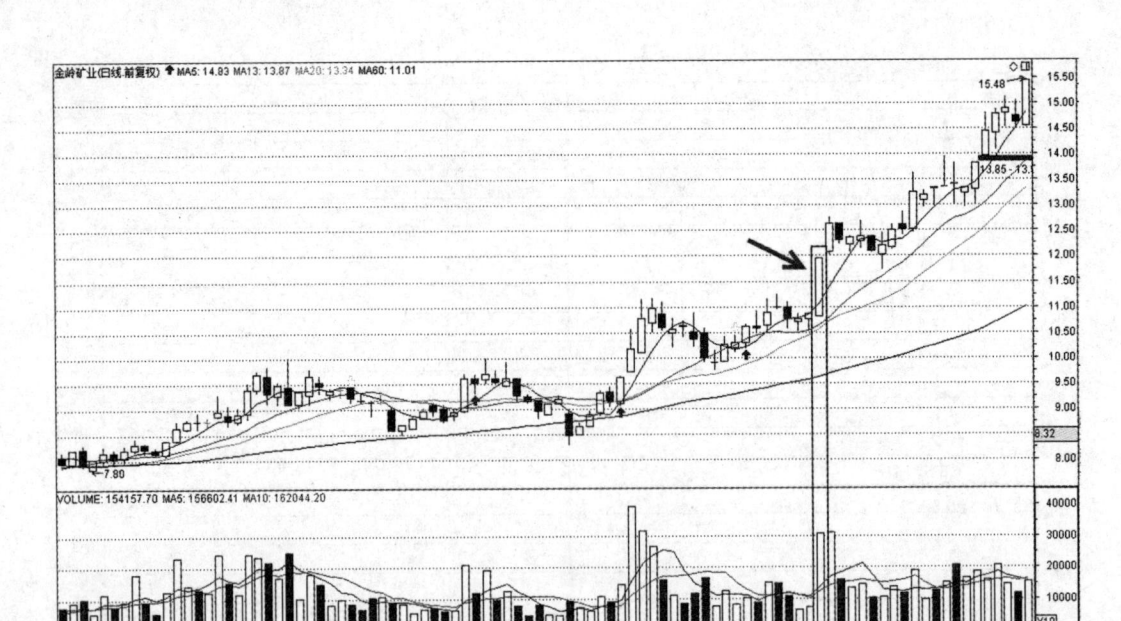

图 5-20 放量突破前高

四、连续大幅放量

一只个股前期交投较为平淡，但在某一日内突然出现极为明显的放量，放量前后的成交量效果明显是在两个不同层次上，并且这种放量的效果能够连续维持下去，同时股价在连续大幅放量的背景下出现飙升，这便是连续大幅放量所造就的短线黑马。

连续大幅放量一般出现在个股经历的长时间的大幅下跌后，此前个股也许运行在一个低位的止跌横盘区间内，也许是处于一个大幅下跌的 V 形反转中。这时出现如此的大量，若无明确的消息面的支撑，投资者很难判断放量的原因以及能维持多久，并且还会担心伴随放量而来的股价暴涨是否是主力对倒出货造成的情况，而正当投资者仍处于犹豫观望时，或者希望在股价回调后介入，该股却不给投资者任何一个回调后买入的机会，一路走高，于是市场专业人士开始注意到此股，在他们的引荐下投资者才恍然大悟，原来此股的暴涨是缘于它有重磅的隐含题材，市场投资者的蜂拥而入使得主力可以从容地"顺势"将股价再打高一个台阶，此时的股价相对于启动前很可能已经翻一倍甚至几倍。

这类股票之所以能够一路上扬，一般都源于此股有重大题材可供短期炒作。

主力很可能在大幅放量后的前三个交易日内完成建仓，随后的大幅放量更多的来自其他资金抢筹、散户资金的跟风参与以及主力顺势拉升的结果。主力为了使股价快速脱离建仓成本区，同时避免因股价回调而造成市场有机会持有低价的筹码，另外，如股价一旦在途中出现明显的回调则会引发更多的底部浮筹抛出，这对主力后期操作是极为不利的，正是基于以上种种原因，这种类型的股票才会一路高歌猛进。

如图 5-21 所示深天马 A。该股在这种大幅放量出现前，成交量始终处于较低水平，某日突然放量突破前期震荡平台，短暂调整之后股价再创近期新高，成交量再一次急剧放大，只要这种连续放大的成交量效果不减，股价就会一路上涨。分析这种放量是否具有连续性可以从以下三点入手：

（1）该股是否有符合主力炒作的热点题材；

（2）伴随放量出现的股价波动是否有强势的涨停板收盘；

（3）具有相同题材的其他个股是否也出现了异动，如果是，则可以更准确地说明这是主力拔高建仓导致的，如果不是，则很有可能只是个股主力对倒造成的放量效果，如果这种放量来自主力的对倒而股价又处于高位，则投资者就应注意风险了。

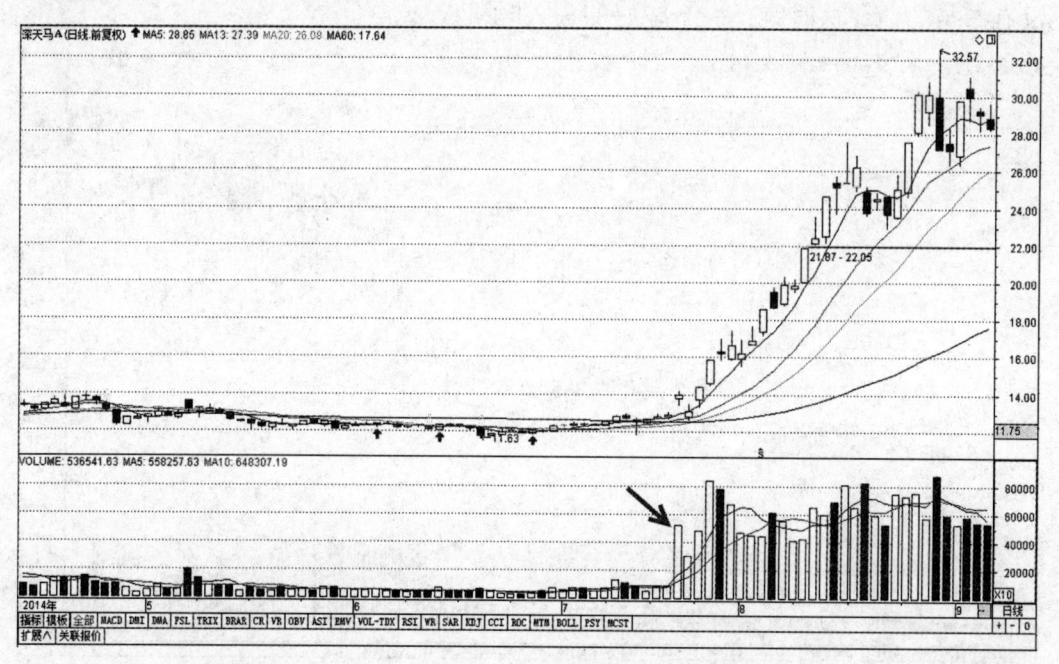

图 5-21　深天马 A 的连续大幅放量

五、后量超前量

这里说的后量超前量是指股价处于相对较低的位置,放量反转向上,然后股价回调,回调到位后再度放量上涨,这时的成交量比前一波上涨的成交量还要大,这是良好的上升趋势,也是较好的介入时机。

我们来分析这种现象背后的深层意义:如果说第一次放量上涨是先知先觉者的行为,那么后一次放量则获得了更多的市场认同,介入的力量明显增强。因此,第一次放量上涨不太可能有巨大的量能表现,一般是温和放量,体现的是勇敢者的行为,而第二次的放量上涨则体现的是主力和散户共同进场的行为,自然成交量比第一次要放大许多。既然如此,也说明市场开始一致看多,由于此时股价还不是很高,后市当然还有较大的涨升空间,此时进场也就比较安全,成功的可能性很大。

如图 5-22 所示的大众公用,经过长期的底部整理之后开始震荡上行,成交量开始温和放大。当股价经过短暂的拉升之后,主力又进行了一次较长的洗盘,随后再次拉升,而这次的拉升成交量明显大于前次的成交量,说明这时场外资金参与热情较高。后市将看涨。对于稳健型的投资者来讲,如果前面的放量上涨时没有参与的话,这时就是一个较好的买入时机。

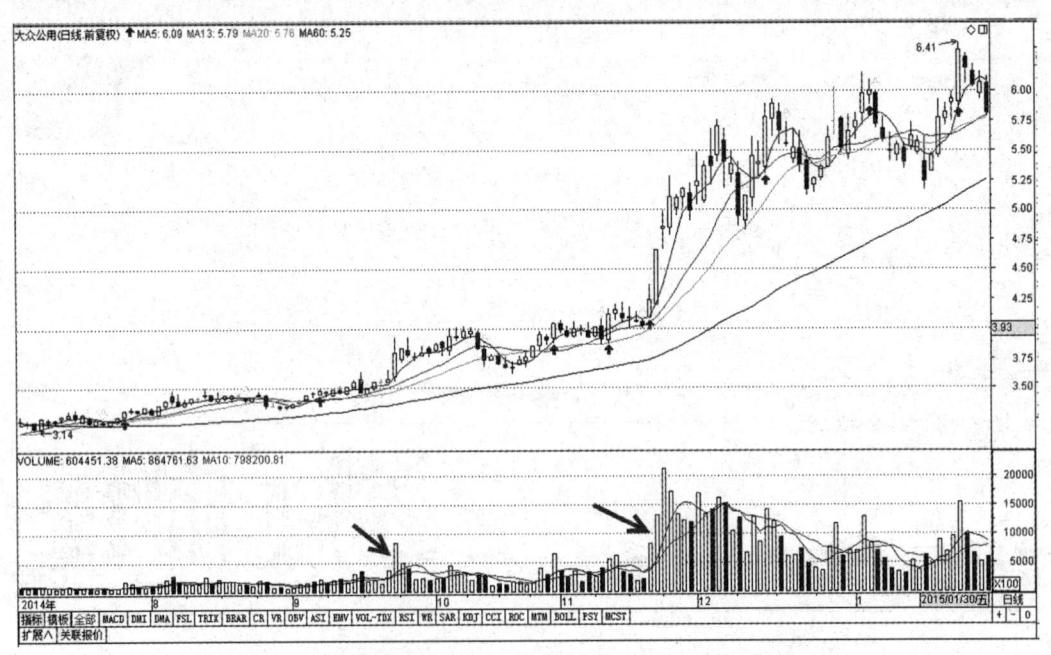

图 5-22 后量超前量

六、底部放量涨停

当股价下跌到一定幅度以后,就会吸引庄家入驻建仓,这时,股价的下跌趋势就会逐步减缓。当庄家基本完成建仓任务时,股价会逐步进入筑底阶段,在这个阶段,股价下跌的幅度会明显放缓,有些甚至会出现横盘整理的走势。在筑底阶段时,成交量会呈现出萎缩的状态,因为大量的筹码已经被庄家锁定了,而能够坚持下来的投资者,他们的持股信心大都是很坚定的,不会在这个阶段往外抛售筹码,因此成交量就不可能出现放大。筑底成功后,庄家就会向上发动攻击,甚至通过涨停的方式试图快速把股价拉离建仓成本区域。

如图 5-23 所示的德赛电池,经过一轮下跌行情之后,成交量也呈现出萎缩的现象。短暂的筑底之后,庄家就开始向上拉升股价,通过涨停的方式快速脱离底部。此时成交量出现明显的放大,这就标志着庄家极有可能要正式启动行情。投资者遇到此类情况,稳健型的投资者不要在第一天急于入场买进,激进型的投资者可以在出现这走势的当天轻仓介入,在出现放量阳线的第二天,如果股价能够继续走强,并且收出一个阳线,投资者就可以放心地入场参与操作。

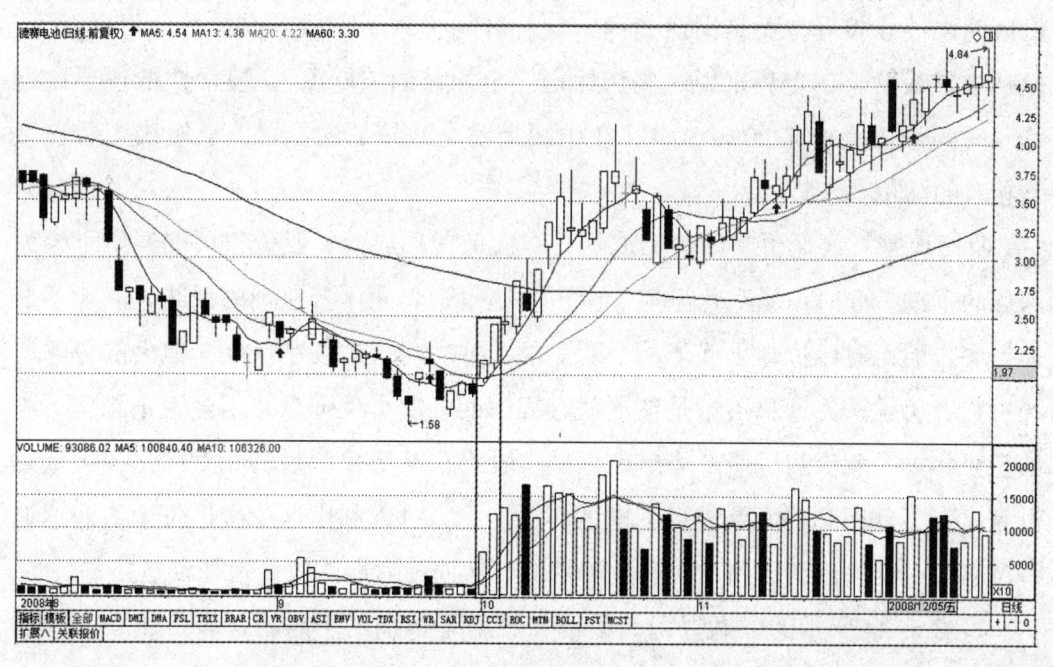

图 5-23 底部放量涨停

第四节　从缩量状态发现短线交易机会

缩量意味着交投不活跃，这种情况往往可能是因为该股目前没有题材，资金关注度少，或者主力高度控盘，也可能是多空双方意见一致，出现惜售等情况。而缩量很多时间也蕴藏着重大的机会。下面给大家介绍几种缩量情况下的短线交易机会。

一、次低位缩量横盘

次低位是相对于低位来说的。又分为下跌途中的次低位和上涨途中的次低位，这里我们主要研究上涨途中的次低位，股价从底部开始震荡上升，到一个价格区间内停止拉升，而是横盘整理，这一区间相对于底部来说是一个"高点"，但从中长线的长期走势来说，则仍然是一个相对的"低点"，通常次低位要比近一段时间最低股价高20%~30%，在中线上看是比较低的位置，从短线上看它又是相对的高位。

我们再来看次低位是如何形成的，在次低位形成前，股价很可能经历了较为深幅的下跌，此时市场一片恐慌情绪，中小投资者充斥着悲观的情绪，一般不敢去抄底，但此时股价却出现了一个明显的反弹。对于这波小反弹，但大部分的市场投资者仍然认为这只不过是在下跌过程中的一次小反弹，并不会阻止总体下跌的趋势。可是股价的后期走势出人意料，股价在V形反弹后的相对高位的区域并没有出现下跌回调，而是进行了横盘震荡。主力可以利用这个次低位来消磨掉那些没有耐心的散户而达到一次洗盘的目的，从而为后期的股价上涨创造条件。

如图5-24所示的中润资源。股价在经历了长期的下跌后，股价止跌并开始反弹，在反弹过程中，成交量明显放大，意味着主力开始参与此股。在主力的大力度建仓作用下，出现了明显的上涨。但随后股价出现了横盘震荡的走势，并且随着震荡的延续，成交量相比前期的反弹而言明显缩小，这意味着，主力在此并没有大量吸筹也没有大量出货，主力采取了较为积极的锁仓策略，主力既然已经在前期的反弹中采用了推高股价建仓的方法，并且在这个离建仓价位接近的平台处积极锁仓，可想而知，这应该是股价上升的一个中继平台，也是一次很好的短线介入机会。从图5-24中也可以看出，该股后期涨势可观。

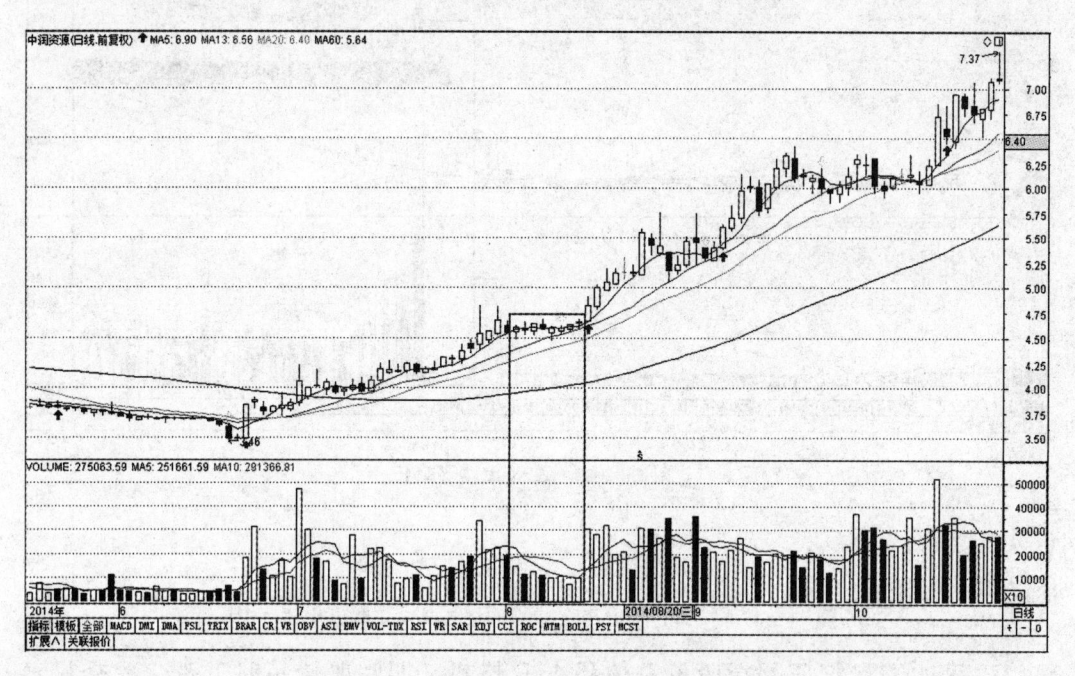

图 5-24 中润资源的次低位缩量横盘图

二、底部无量涨停

股价在上升趋势中，涨幅相对不是很大。由于某种利好导致以无量的方式涨停，甚至有的以一字线方式连续涨停。此类情况下，投资者可排队买进。即使在开板当天买入，后市再创新高的可能性还是非常大的。

如图5-25所示的合肥城建，就是在国企改革的利好下连续缩量一字涨停，在涨停板打开后，后市仍不断创出新高。

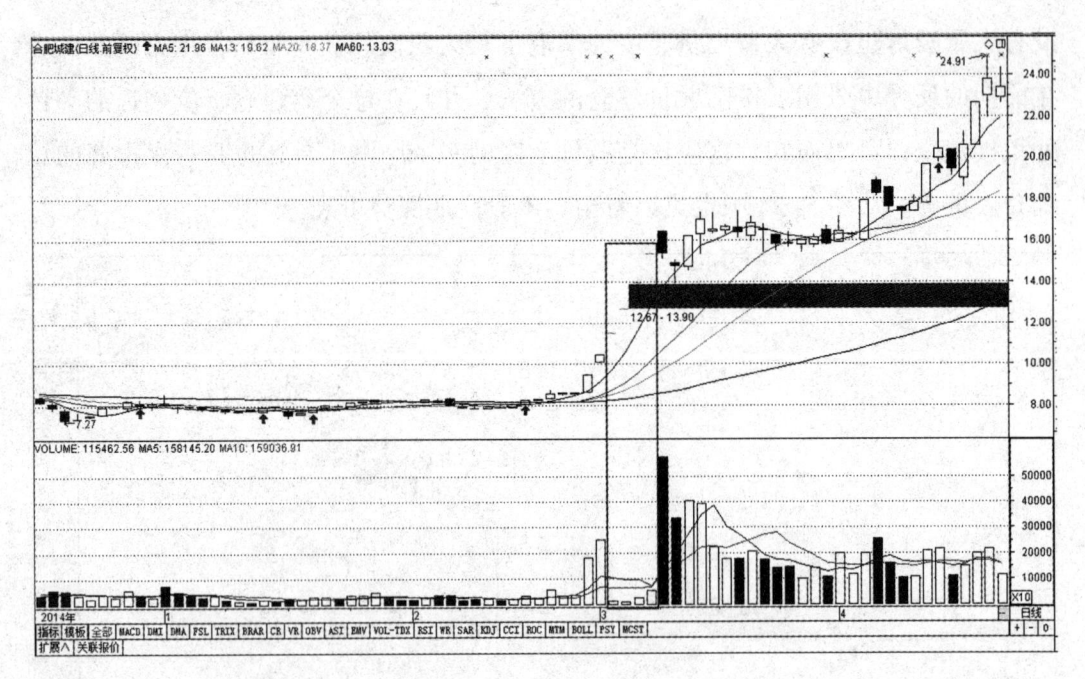

图 5-25　底部无量涨停

三、缩量打压

　　这里的缩量打压是指股价总体呈上升趋势。期间股价短时下跌，成交量萎缩。当成交量萎缩到近一段时间的低点时往往是回调的底部，可适当建仓。如图 5-26 所示的中原环保，股价前期缓慢震荡上行，突然连续收出 5 根阴线，成交量却非常的小，也未触及 60 日线即开始向上反弹，投资者可以在股价止跌企稳时适当买入。

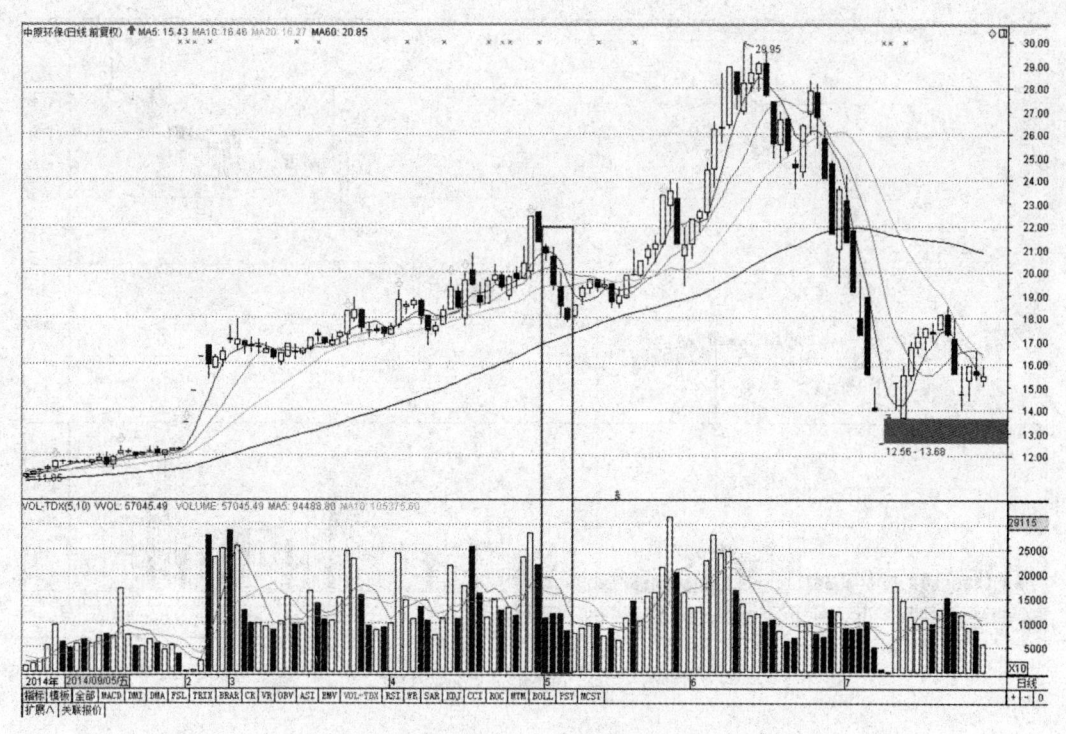

图 5-26　缩量打压

四、回调缩量小阴线

股价自底部向上运行，或者处在上升趋势中，但绝对价位不高。最近以小阴小阳线的形式回调，成交量极度萎缩。小 K 线回调本身说明下跌动能不足，投资者应该可密切关注此类股票，一旦重新拉出阳线，收复失地，可积极介入。

如图 5-27 所示的南洋股份，在刚刚突破 60 日线时进行了几天的洗盘，随后展开拉升的行情。稳健型的投资者可以在股价再次突破 60 日线，或再次突破前高时买入；激进型的投资者则可以在成交量再度放大时果断买入。

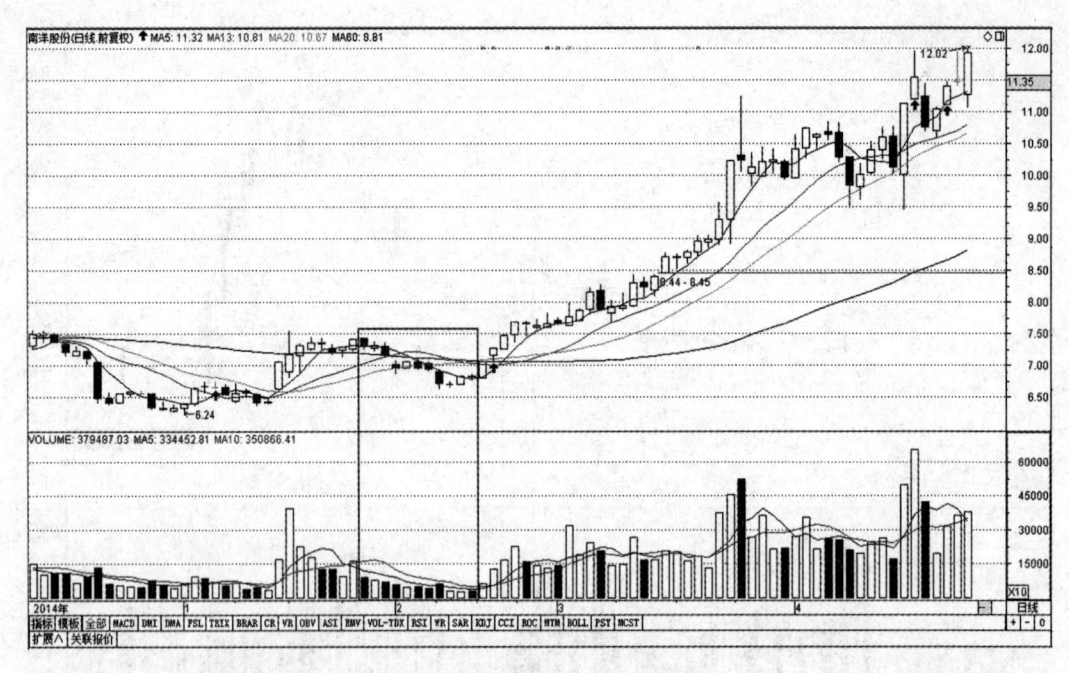

图 5-27　回调缩量小阴线

五、下跌末期缩量串阴

股价经过一段时间的下跌之后，下跌的动能减弱，连续走出几根小阴线，成交量明显地缩小，通常为底部信号，投资者可密切关注，一旦后面出现放量阳线，可逐步买入。

如图 5-28 所示的科陆电子，在一段下跌之后，成交量缩至地量标准，连续收出几根小阴线，说明底部已经不远，被套牢的投资者也不愿意割肉卖出，浮动筹码减少，一旦后市有放量上涨现象，就可积极介入。

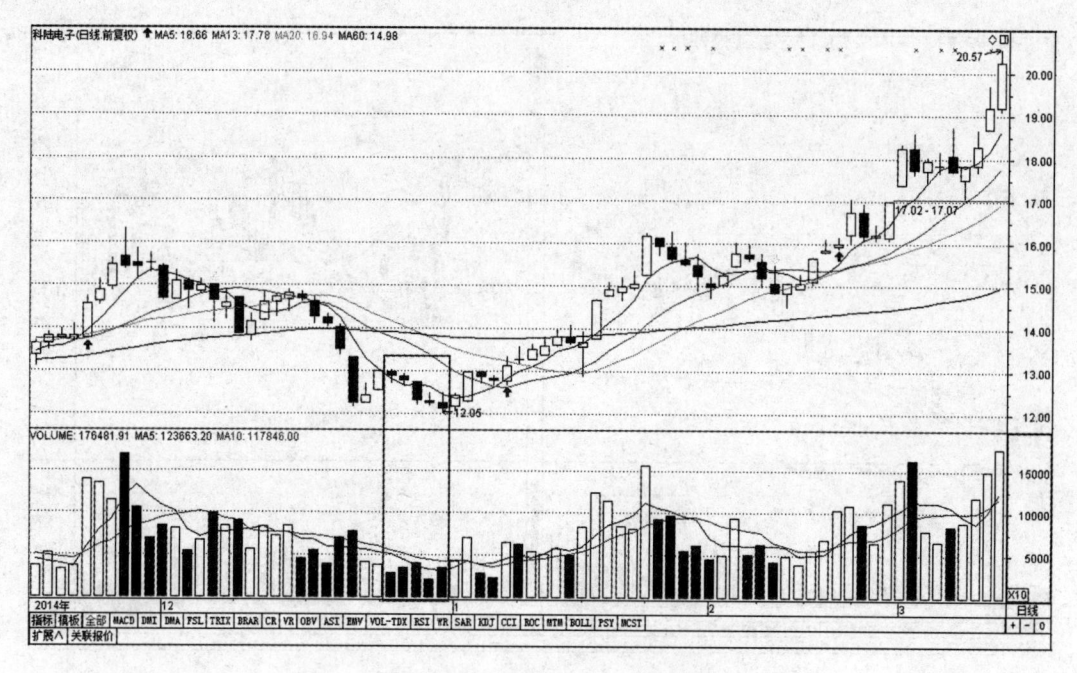

图 5-28　下跌末期缩量串阴

第五节　根据成交量及时止赢止损

当判断失误，或出现不可预测的利空出现的情况下。就要及时止赢止损。下面从量价关系的角度来介绍几种需要及时止赢止损的情况。

一、高位放量大阴线

股价前期涨幅较大。运行到相对较高的位置时，突然收出一根放量的大阴线，通常当天的量要超过最近一段时间的最大量，如果确认涨幅已经很高，说明主力在不计成本出逃，投资者应及时出局。

如图 5-29 所示的珠海港，经过前期的震荡向上，突然连续拉升，在收出一根放量的大阴线之后开始走弱。由于前期的涨幅已经累积较高，因此在遇到此类情形时，投资者应以清仓为主。

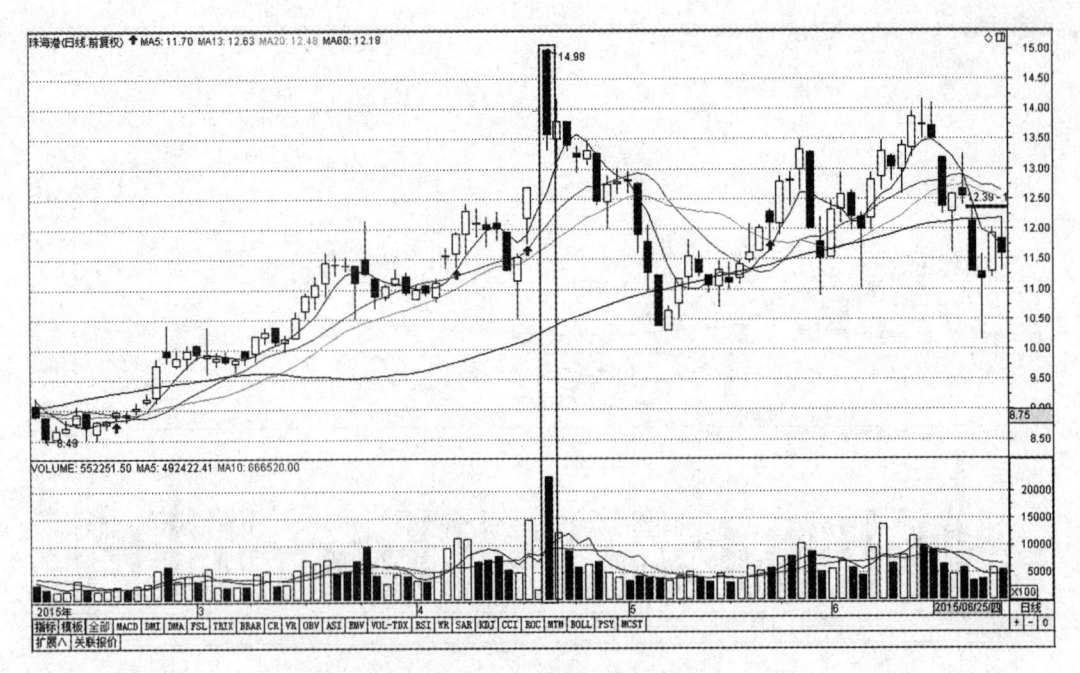

图 5-29 高位放量大阴线

二、高位放量跳空大阳线

该形态出现的前提是，前期股价涨幅已大，获利盘积累很多。但却能在高位放量收出大阳线，一方面说明市场分歧加大，另一方面获利盘可能出现了过多的兑现，遇到此类情况，投资者可考虑逐步减仓。如果次日股价反转，可清仓出局。

如图 5-30 所示的胜利股份，在股价涨幅过高的情况下出现这种放量的跳空阳线，从图 5-30 中可以看出随后股价在顶部短暂整理几日之后，便开始了下跌行情。

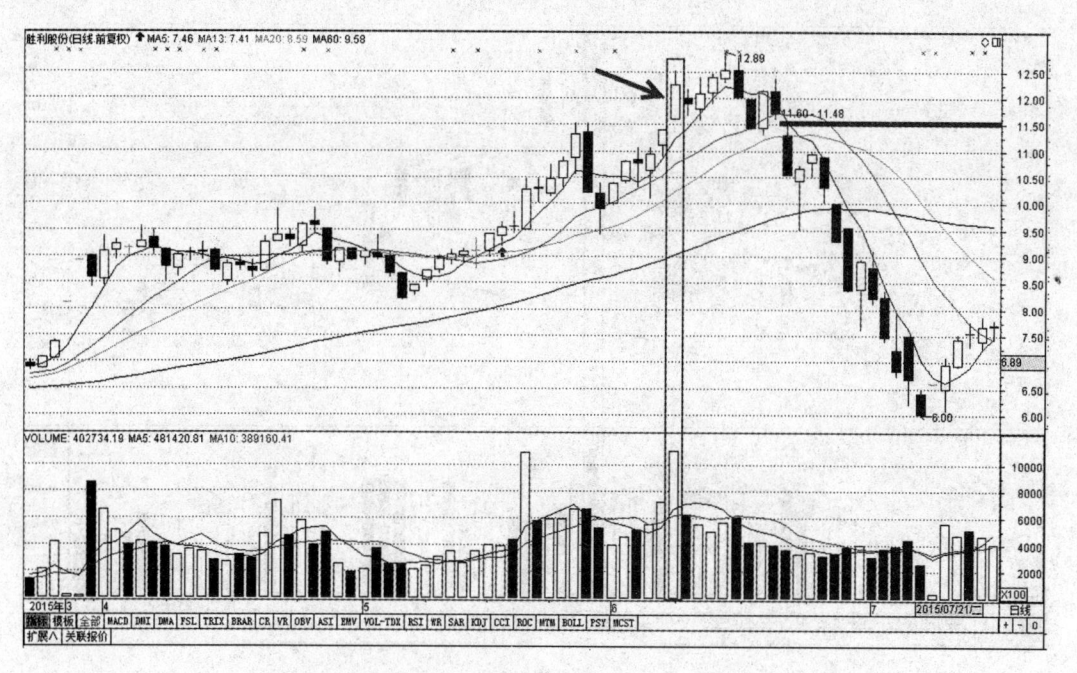

图 5-30　高位放量跳空大阳线

三、高位放量"十字星"

股价在连续的上涨之后，由于多空分歧加剧，某日多空双方激战，造成盘中大幅波动，但最终以开盘价左右的价位收盘，这种情况的出现，虽然当天多空打成平手，但却意味着空方在后期可能继续发起攻势，后市大多看跌。投资者应谨慎持股，逐步减仓为宜。

如图 5-31 所示的万家乐，在股价连续上涨之后出现了一个放量的十字星，从图 5-31 中可以看出，该股后市没有再继续上攻，整理两日之后便开始了反转下跌的走势。

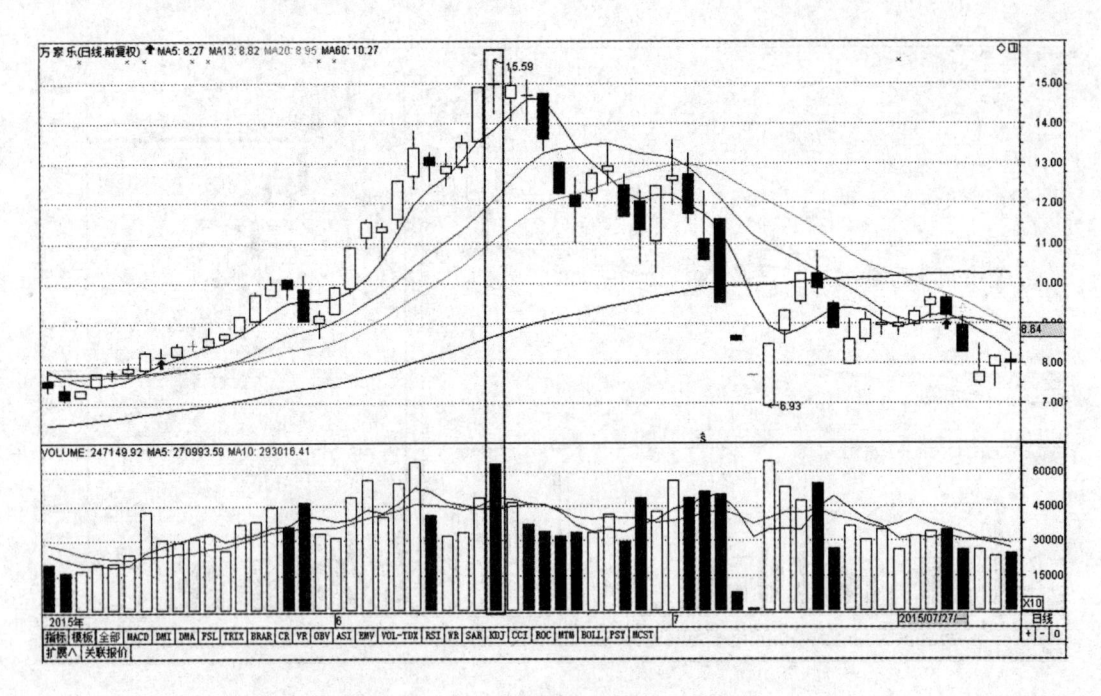

图 5-31　高位放量十字星

四、高位放量打开涨停板

股价短期连续涨幅较大,某日封上涨停后,盘中出现放量打开涨停板的情况,有的则是尾盘快速跳水,这时应该考虑主力借涨停板出货的可能性,特别是打开幅度过大,持续时间较长。遇到此类情况,投资者应逐步减仓。如果次日股价反转,应果断清仓出局。

如图 5-32 所示的太平洋,午后开盘一度封住涨停,但在半小时后开始有大单将涨停板打开,最终以绿盘报收。遇到此类情况,如果当时股价涨幅过高,则应在当天果断离场。

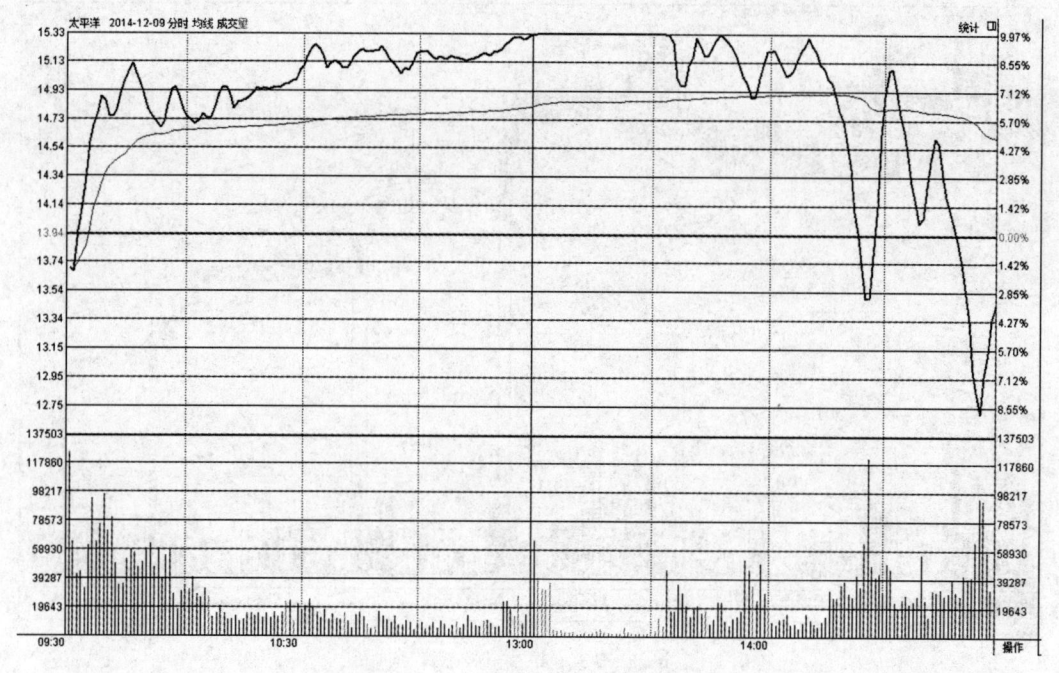

图 5-32　高位放量打开涨停板

五、放量跌破前低

放量跌破前低形态是指，股价处于下跌的趋势中，中途整理或小幅反弹后再度向下运行，当股价出现放量跌破前期低点时，说明空方力量相对较强，后市极有可能继续下跌，投资者可迅速清仓出局。当然这里所说的下跌趋势，是指从较高位置反转向下运行的趋势。如果是处于上升趋势中，且自底部上涨以来并没有太大的涨幅，则另当别论，投资者应注意区分。

如图 5-33 所示的同洲电子，在下跌的趋势中连续出现了放量跌破前低的形态。

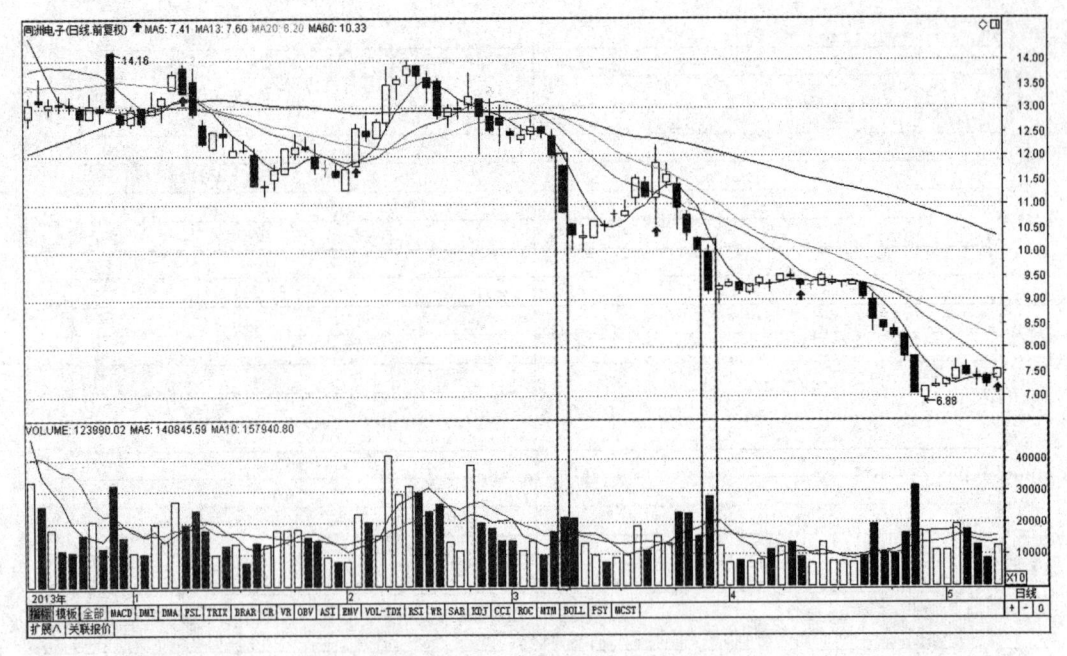

图 5-33 放量跌破前低

六、放量跌破上升趋势线

股价沿着一条趋势线向上运行，形成了良好的上升通道，但是当股价上涨到一定的幅度，由于获利盘的增多，必然会有获利盘涌出，同时主力在达到赢利目标之后也会逐步出货，随着大量卖盘的涌出，股价往往会应声下跌。一旦股价放量跌破趋势线，投资者应出局观望。而如果股价前期涨幅不大，当股价重回趋势线之上时可再考虑买入，短线操作。

如图 5-34 所示的北部湾港，在放量跌破趋势线之后，股价一路下跌。实战中，遇到此类情况，一定要果断清仓，特别是跌破了长期的上涨趋势线。

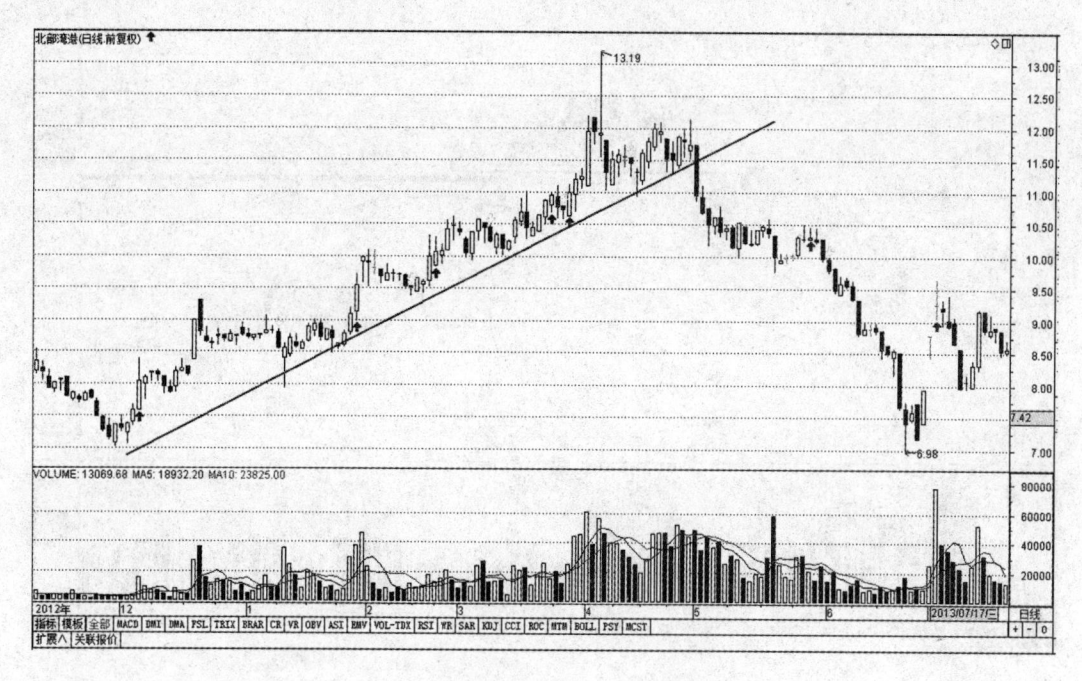

图 5-34　放量跌破上升趋势线

七、高位放量跌破形态颈线

这里的形态颈线，指的是"双顶""三重顶""头肩顶"等形态的颈线位置，一旦股价在这样的位置上出现了放量的大阴线，后市走弱的可能性极大。特别是在前期股价涨幅巨大的情况下，投资者应出局观望。如果没有来得及清仓，那么，很多情况下，会有一个回探颈线的动作，这时就是最后的逃命机会。

如图 5-35 所示的联络互动，在跌破双重顶的颈线位置后连续暴跌。甚至连回探颈线的动作都没有，投资者如果不及时止损，后果不堪设想。

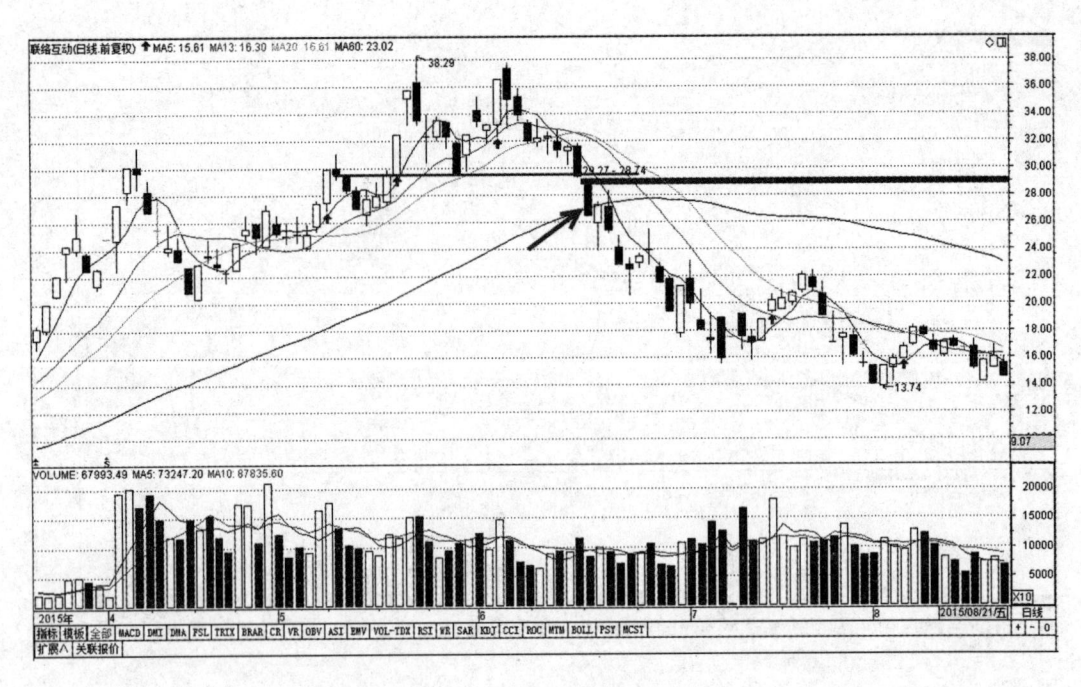

图 5-35 高位放量跌破形态颈线

八、高位缩量上涨

股价前期涨幅较大。小幅回调后创新高，但量能明显比前高萎缩。这说明上涨缺乏量能支撑，之前的放量上涨很可能就是主力在拉高出货，遇到此类情况，投资者应该逐步减仓，一旦后市出现反转，则应立刻清仓。

如图 5-36 所示的南华生物，该股前期连续向上放量拉升，随后短暂回调，接着再次向上拉升，但这次的拉升虽然创出了新高，成交量却出现了明显的萎缩。从图 5-36 中可以看出，该股后面经过几天的震荡之后便开始了下跌的行情。

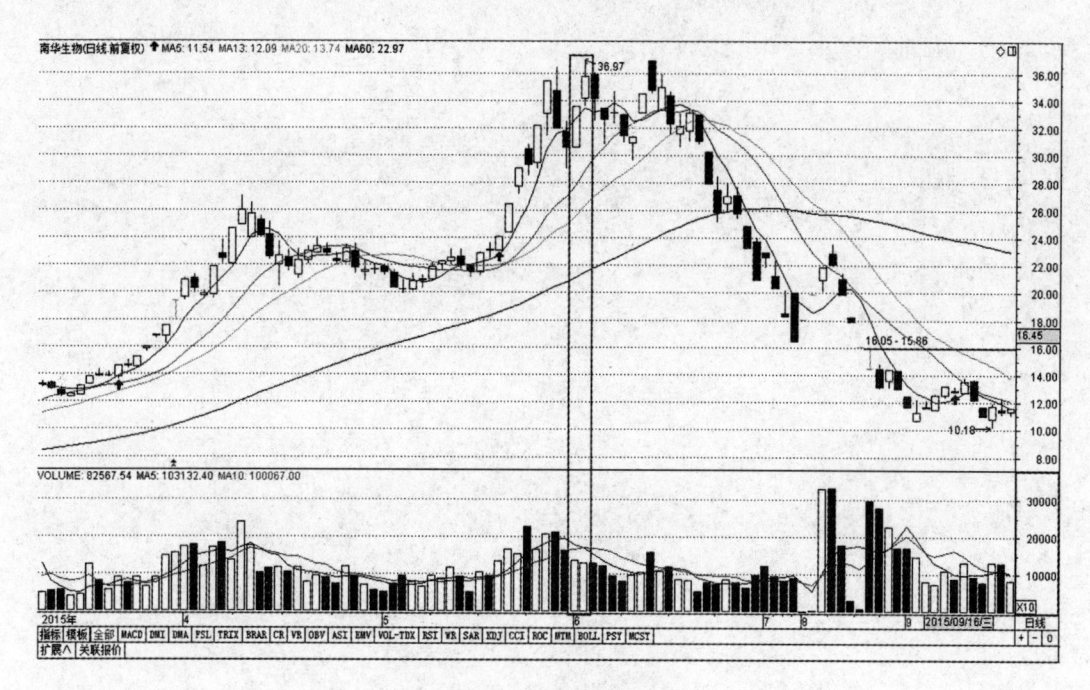

图 5-36 高位缩量上涨

第 6 章 根据技术指标进行短线操作

技术指标一直是投资者进行交易的参考依据，灵活运用好技术指标可以在很大程度上帮助我们做出正确的投资决策。目前各类指标已达百余种，而且仍有投资者在进行新指标的开发，实际上，很多指标的用法也比较类似。本章我们节选了一些有代表性的指标进行介绍。不讲其计算方式和生成的方法，而只讲其应用方法。希望能消除新朋友对技术指标的恐惧心理，以积累更多的实战经验。

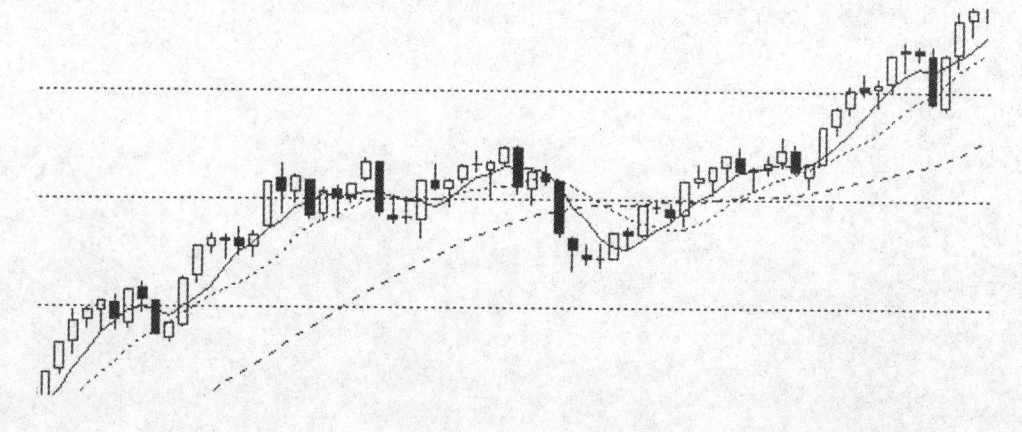

第一节 能量指标

一、带状能量线——CR 指标

CR 指标又叫中间意愿指标,是分析股市多空双方力量对比、把握买卖股票时机的一种技术分析工具。CR 既能够测量价格动量的潜能,又能够测量人气的热度,同时还能够显示压力带和支撑带。在行情软件中,输入 CR 按回车键,可以显示该指标。如图 6-1 所示。

CR 指标是由一条 CR 线和四条均线组成(也有的交易系统是三条),默认四条均线分别为:10 日均线、20 日均线、40 日均线和 60 日均线。

CR 的一般应用规则如下:

1. 当 CR>400 时,很容易形成顶部,若此时其 10 日平均线向下滑落,视为卖出信号;当 CR<400 时易形成底部,视为买入信号。

2. CR 由高点下滑至其四条平均线下方时,股价容易形成短期底部。

3. CR 由下往上连续突破其四条平均线时,为强势买进点。

4. CR 高于 300~400 时,股价很容易向下反转,可波段卖出。

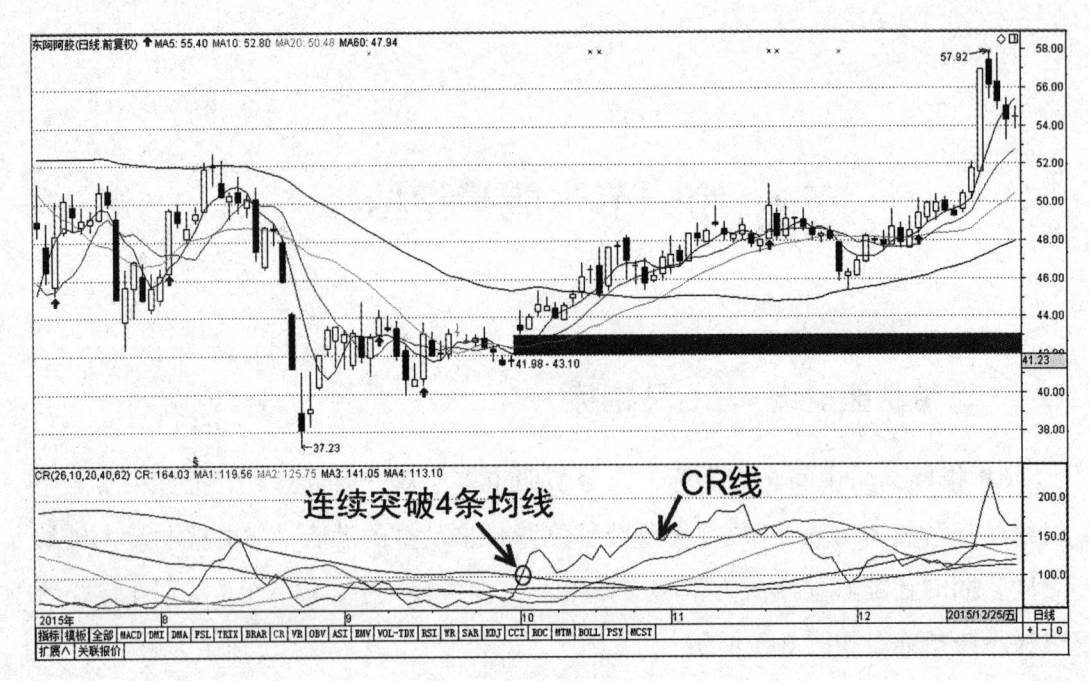

图 6-1 CR 指标

二、正成交量指标——PVI

正成交量指标又称为正量指标，该指标是辨别目前市场行情是处于多头行情还是空头行情，并追踪市场资金流向。识别主力资金是否在不动声色地购进股票或抛出，从而得出市场的操作策略。在行情软件中输入 PVI，可以显示该指标。如图 6-2 所示。

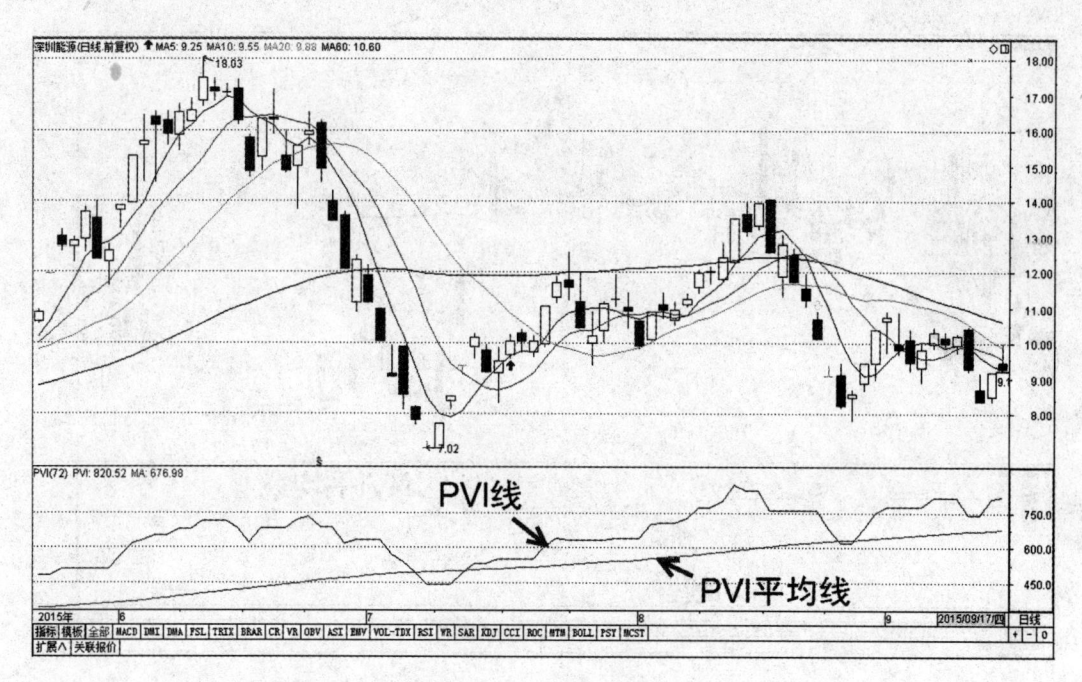

图 6-2 PVI 指标

PVI 指标的使用规则如下：

1. PVI 指标位于其 N 天移动平均线之上时，表示目前处于多头市场，PVI 指标位于其 N 天移动平均线之下时，表示目前处于空头市场。

2. PVI 指标由下往上穿越其 N 天移动平均线，是中期买入信号；PVI 指标由上往下穿越其 N 天移动平均线时，是中期卖出信号。

三、负成交量指标——NVI

NVI 指标的作用与正量指标相类似，通常是配合 PVI 同时使用。主要用途除了用于寻找买卖点之外，更是侦测大多头市场的分析工具。NVI 指标与 PVI 指标，实际上是同样的作用，只是观察的目标不同而已。如果两种指标的信号同时发生，NVI 指标结果更为可靠。不过 NVI 指标对买卖点的反应比较迟钝。在软件中输入 NVI 可显示 NVI 指标。如图 6-3 所示。

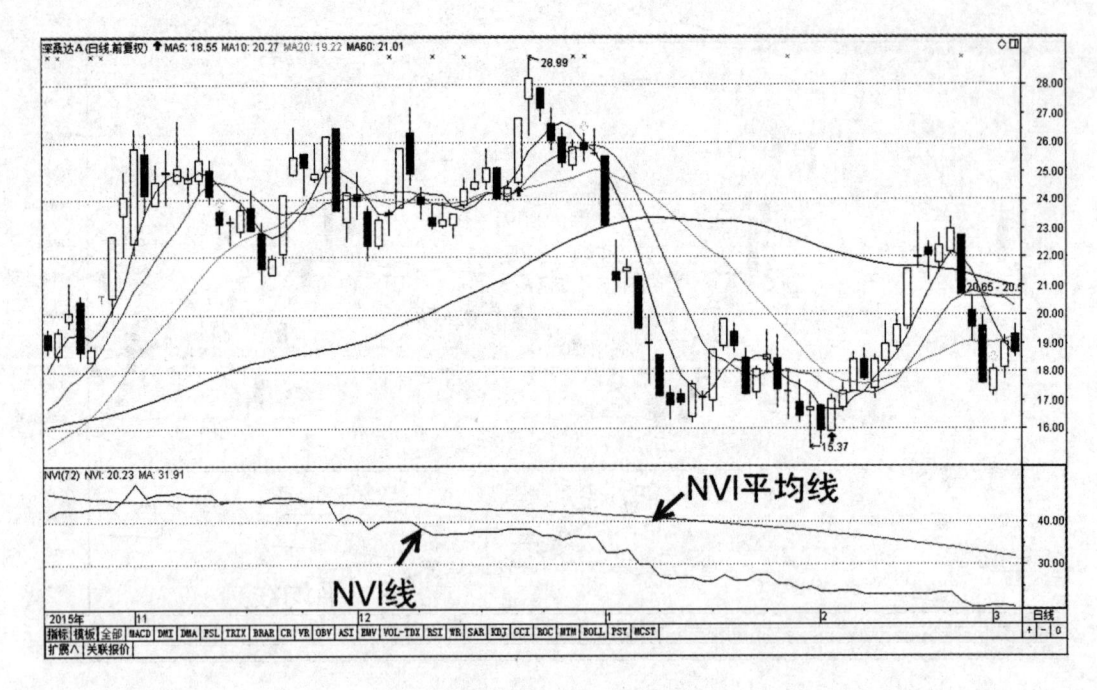

图 6-3　NVI 指标

NVI 的一般用法如下：

1. NVI 指标位于其 N 天移动平均线之上时，表示目前处于多头市场；NVI 指标位于其 N 天移动平均线之下时，表示目前处于空头市场。

2. NVI 指标由下往上穿越其 N 天移动平均线，可视为买入信号；NVI 指标由上往下穿越其 N 天移动平均线时，可视为卖出信号。

3. 当 NVI 指标与 PVI 指标分别向上穿越其 N 天移动平均线时，可视为大多头信号。

四、梅斯线——MASS

MASS 梅斯线最主要的作用是寻找飙涨股或极度弱势股的重要趋势反转点。它是所有区间震荡指标中风险系数最小的一个。在行情软件中输入 MASS 可显示 MASS 指标。如图 6-4 所示。

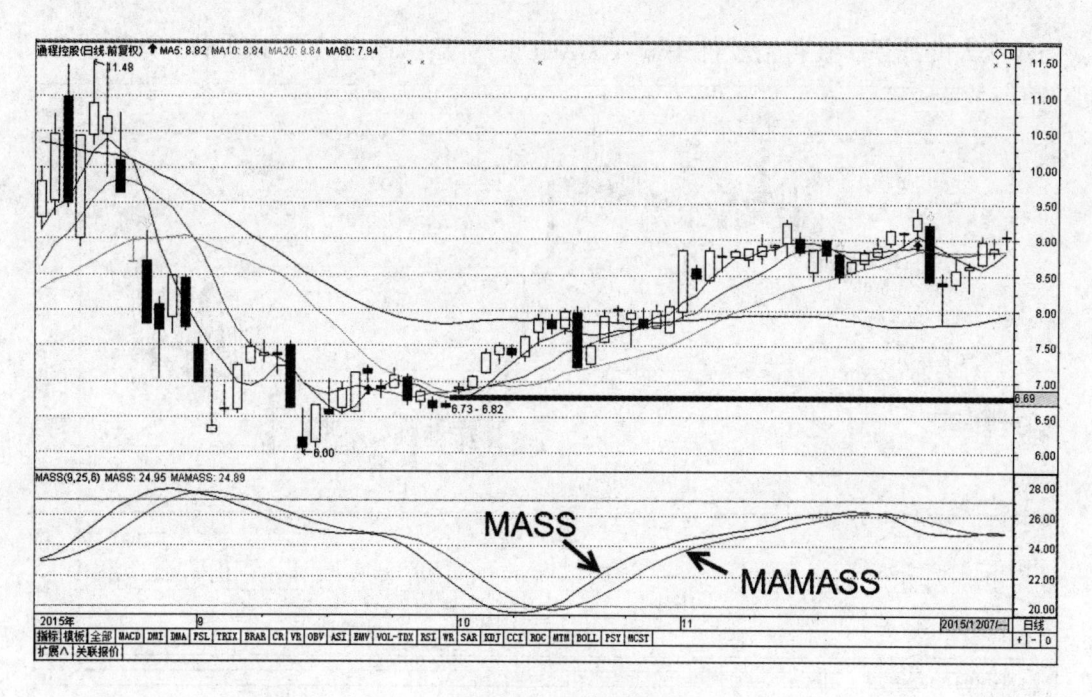

图 6-4 梅斯线

MASS 线是由 MASS 和其均线组成，其使用规则如下：

1. MASS>27 后，随后又跌破 26.5，此时股价若呈上涨状态，则卖出。
2. MASS<27 后，随后又跌破 26.5，此时股价若呈下跌状态，则买进。
3. MASS<20 的行情，不宜进行投资。

第二节 趋势指标

一、平滑异动平均指标——MACD

MACD 指标一直深受股市投资者的欢迎。它由两部分组成，即正负差（DIF）和异同平均数（DEA）。其中，正负差是核心，DEA 是辅助。DIF 是快速平滑移动平均线（EMA1）和慢速平滑移动平均线（EMA2）的差。根据移动平均线原理所发展出来的 MACD：一是克服了移动平均线假信号频繁的缺陷；二是能确保移动平均线最大的战果。在行情软件中输入 MACD 时可显示该指标，如图 6-5 所示。

图 6-5　MACD 指标

MACD 是一个中长期趋势的投资技术工具，DIF 与 DEA 形成了两条快慢移动线，买进卖出信号取决于这两条线的运行趋势和交叉点。DIF 与 DEA 均为正值时，即都在零轴线以上，大势属于多头市场；DIF 与 DEA 均为负值时，即都在零轴线以下，大势属于空头市场。

1. MACD 使用方法

（1）在 0 轴之上，当 DIF 值向下穿过 DEA 值时为卖出信号。

（2）在 0 轴之下，当 DIF 值向上穿过 DEA 值时为买入信号。

（3）柱状线的持续收缩表明趋势运行的强度正在逐渐减弱，当柱状线颜色发生改变时，趋势确定转折。但在一些时间周期不长的 MACD 指标使用过程中，这一观点并不能完全成立。

2. MACD 存在的缺点

（1）当股价处于盘整或指数波动不明显时，MACD 买卖信号较不明显。

（2）当股价在短时间内上下波动较大时，因 MACD 的移动相当缓慢，所以不会立即对股价的变动产生买卖信号。

（3）当大盘处于牛市，指标 DIF 线与 MACD 线的交叉将会十分频繁，同时柱状线的收放也将频频出现，颜色也会常常由绿转红或者由红转绿，此时 MACD

指标处于失真状态，使用价值相应降低。

二、平均差指标——DMA

DMA指标是属于趋向类指标，也是一种趋势分析指标。它是依据快慢两条移动平均线的差值情况来分析价格趋势的一种技术分析指标。它主要通过计算两条基准周期不同的移动平均线的差值，来判断当前买入卖出的能量的大小和未来价格走势的趋势。在行情软件中输入DMA可显示该指标。如图6-6所示。

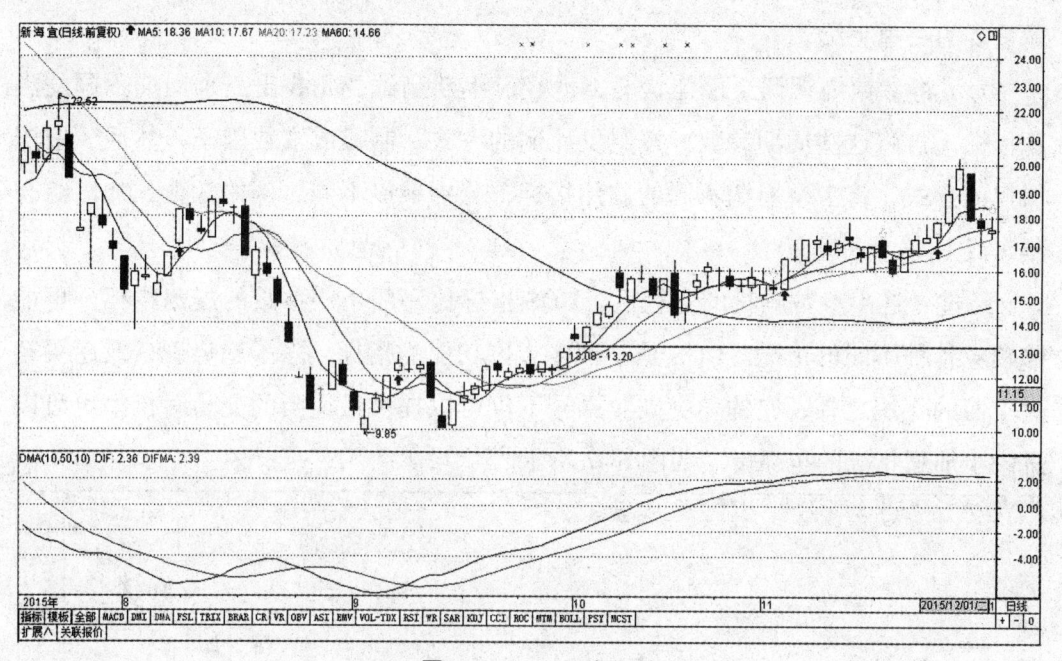

图6-6 DMA指标

DMA指标在波段操作中的应用法则：

1. 当DMA和AMA均大于0并向上移动时，表示为股市处于多头行情中，可以买入或持股。

2. 当DMA和AMA均小于0并向下移动时，一般表示为股市处于空头行情中，可以卖出股票或观望。

3. 当DMA和AMA均大于0，但在经过一段比较长时间的向上运动后，如果两者同时从高位向下移动时，一般表示为股票行情处于退潮阶段，股票将下跌，可以卖出股票和观望。

4. 当DMA和AMA均小于0时，但在经过一段比较长时间的向下运动后，如果两者同时从低位向上移动时，一般表示为短期行情即将启动，股票将上涨，可以短期买进股票或持股待涨。

5. DMA 上穿平均线时，为买入信号。DMA 下穿平均线时，为卖出信号。

三、终极指标——UOS

终极指标，由拉里·威廉姆斯（Larry Williams）所创。他认为现行使用的各种震荡指标，对于周期参数的选择相当敏感。不同市况、不同参数设定的震荡指标，产生的结果截然不同。因此，选择最佳的参数组合，成为使用振荡指标之前最重要的一道手续。

为了将参数周期调至最佳状况，他经过不断测试，先找出三个周期不同的震荡指标，再将这些周期参数，按照反比例的方式，制作成常数因子。然后，依照加权的方式，将三个周期不同的震荡指标，分别乘以不同比例的常数，加以综合制作成 UOS 指标。

经过一连串参数顺化的过程后，UOS 指标比一般单一参数的震荡指标，更能够顺应各种不同的市况。UOS 是一种多方位功能的指标，除了趋势确认及超买超卖方面的作用之外，它的"突破"讯号不仅可以提供最适当的交易时机，更可以进一步加强指标的可靠度。如图 6-7 所示。

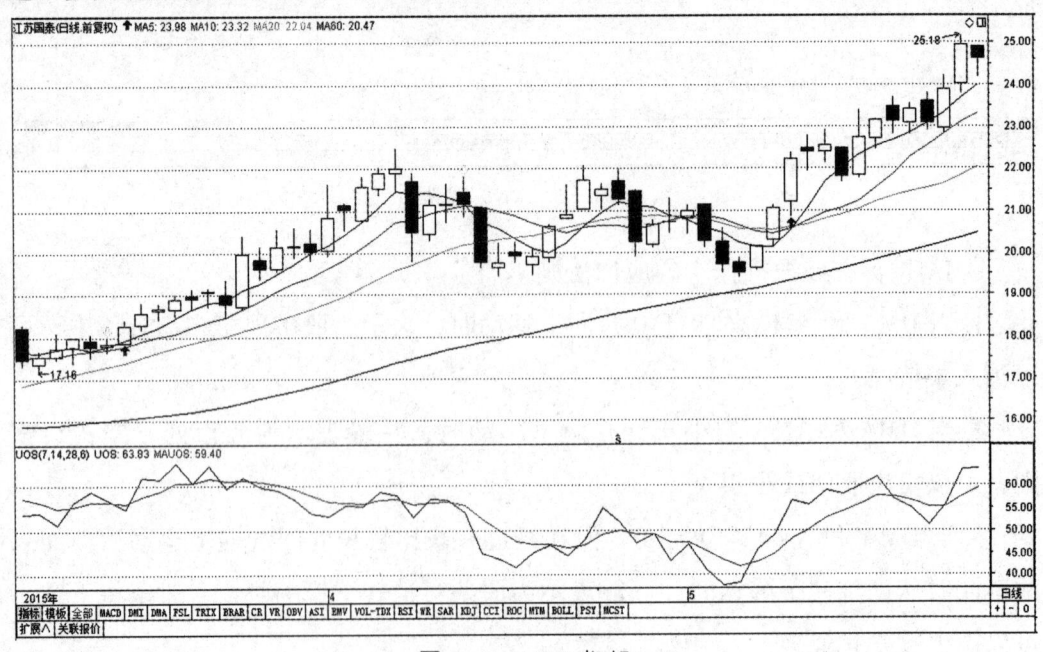

图 6-7　UOS 指标

UOS 指标由 UOS 线和其均线组成，均线默认为 6 日线。

其使用方法如下：

1. UOS 指标上升至 50～70，随后又向下跌破 50 时，是短线卖出信号；当 UOS 向上突破 65 时，可作为短线的投机性买进讯号。

2. UOS 指标上升至 70 以上，随后又向下跌破 70 时，是中线卖出信号；UOS 指标下跌至 35 以下，随后向上回升突破 35 时，可作为中线买进信号。

3. 股价创新高点，UOS 指标并未伴随创新高，两者产生背离时，是多头趋势即将结束的警告信号。注意必须位于 50 之上，其多头背离信号才可信任。

4. 股价创新低点，UOS 指标并未伴随创新低，两者产生背离时，是空头趋势即将结束的警告信号。注意必须最低下跌至 35 以下，其空头背离信号才可信任。

5. 多头背离现象发生后，UOS 指标向下跌破其背离区的 N 字波低点时，是中线卖出的确认信号。空头"背离"现象发生后，UOS 指标向上突破其背离区的 N 字形高点时，是中线买进的确认信号。

四、区间震荡指标——DPO

区间震荡指标 DPO 是一个排除价格趋势的震荡指标，通过扣除前期移动平均价来消除长期趋势对价格波动的干扰，从而便于发现价格短期的波动和超买超卖水平。DPO>0，表示目前处于多头市场；DPO<0，表示目前处于空头市场。如图 6-8 所示。

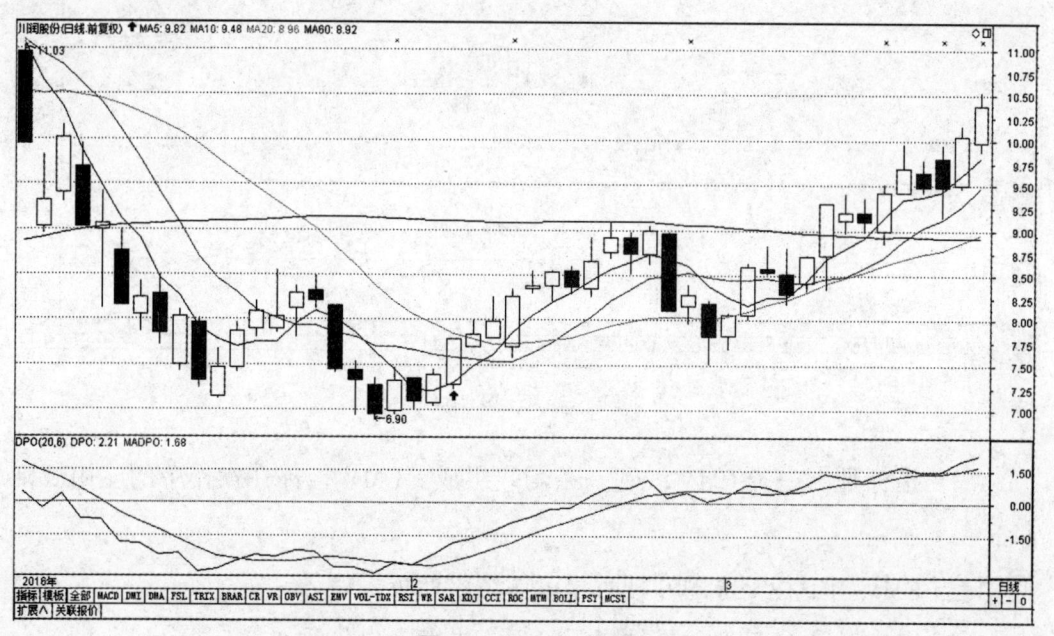

图 6-8　DPO 指标

DPO 指标是由一条区间震荡线和一条均线组成，均线通常取 6 日作为参考。在操作中的应用法则如下：

1. 在 0 轴上方设定一条超买线，当 DPO 波动至超买线时，股价会形成短期高点，应择机卖出。

2. 在 0 轴下方设定一条超卖线，当 DPO 波动至超卖线时，股价会形成短期低点，可择机买入。

五、简易波动指标——EMV

EMV 简易波动指标是指用相对成交量除以相对振幅，作为衡量股价中间价波动百分比的基数，来得到股价中间价的相对波动范围。EMV 值上升代表放量上涨，在价格的上升阶段是正常的信号；EMV 值下降，代表缩量下跌，在价格的下跌阶段，也是一个正常的信号。在行情软件中输入 EMV 可显示该指标，如图 6-9 所示。

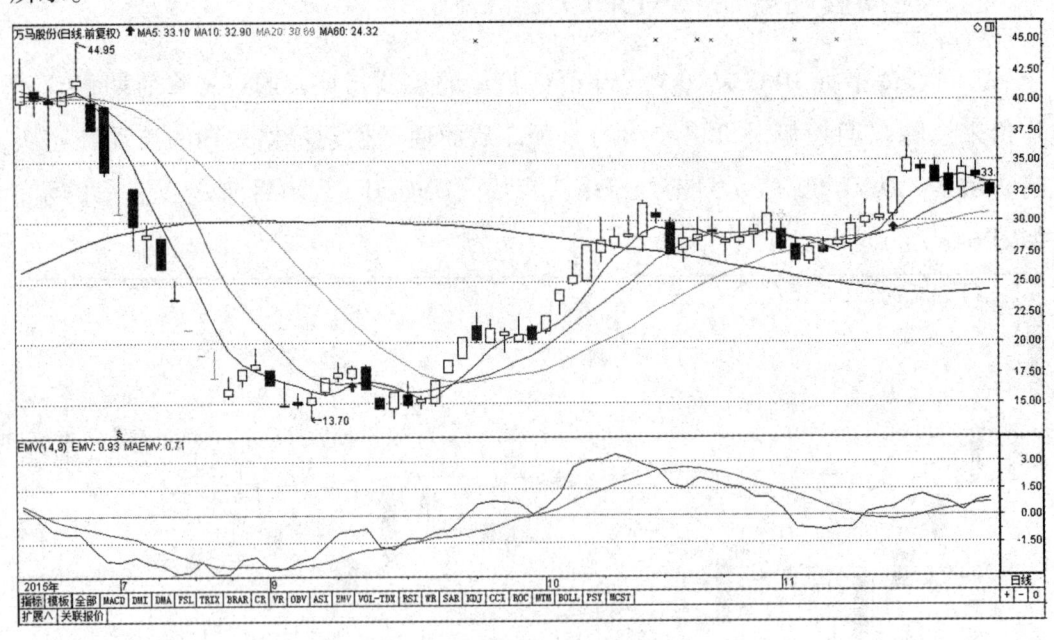

图 6-9　EMV 指标

EMV 指标是由一条 EMV 线和一条均线组成。EMV 指标在操作中的应用规则如下：

1. 当 EMV 由下往上穿越 0 轴时，可作为中期买入信号。

2. 当 EMV 由上往下穿越 0 轴时，可作为中期卖出信号。

3. EMV 的平均线穿越 0 轴，产生假信号的机会较少。

六、布林线指标——BOLL

布林线由约翰·布林先生创造，它是利用统计原理，求出股价的标准差及其信赖区间，从而确定股价的波动范围及未来走势，利用波带显示股价的安全高低价位，因而也被称为布林带。其上下限范围不固定，随股价的滚动而变化。股价波动在上限和下限的区间之内，这条带状区的宽窄，随着股价波动幅度的大小而变化，股价涨跌幅度加大时，带状区变宽，涨跌幅度狭小盘整时，带状区则变窄。从严格意义上讲，布林指标是一种路径指标。这里我们暂且归类为趋势指标。

在 K 线界面中输入 BOLL，就可以将 K 线与 BOLL 线叠加。如图 6-10 所示。

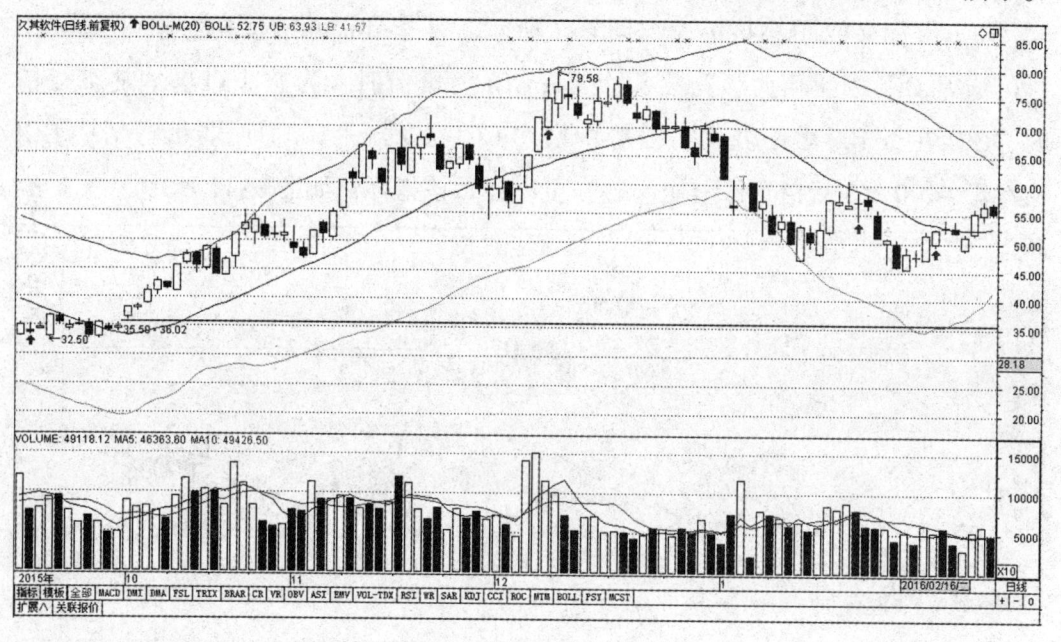

图 6-10 布林线指标

其使用规则如下：

1. 当布林线的上、中、下轨线同时向上运行时，说明股价强势特征非常明显，股价短期内将继续上涨，投资者应坚决持股待涨或逢低买入。

2. 当布林线的上、中、下轨线同时向下运行时，说明股价的弱势特征非常明显，股价短期内将继续下跌，投资者应坚决持币观望或逢高卖出。

3. 当布林线的上轨线向下运行，而中轨线和下轨线却还在向上运行时，说明股价处于整理态势之中。如果股价是处于长期上升趋势时，则说明股价是上涨途中的强势整理,投资者可以持股观望或逢低买入;如果股价是处于长期下跌趋势时,则表明股价是下跌途中的弱势整理,投资者应以持币观望或逢高减仓为主。

第三节 超买超卖指标

一、商品路径指标——CCI

CCI 指标又叫顺势指标,如图 6-1 所示。是指导股市投资的一种中短线指标。通常 CCI 为正值时,为多头市场;CCI 为负值时,为空头市场;常态行情时,CCI 在 ±100 之间波动;强势行情中 CCI 会大于 +100;而弱市行情中 CCI 会小于 -100。在行情软件中输入 CCI 可以显示该指标,如图 6-11 所示。

图 6-11 CCI 指标

CCI 指标在波段操作中的应用法则:

1. 当 CCI 指标从下向上突破 +100 线而进入非常态区间时,表明股价脱离常态而进入异常波动阶段,中短线投资者可适当买入,如果有较大的成交量配合,买入信号则更为可靠。

2. 当 CCI 指标从上向下跌破 -100 线而进入另一个非常态区间时，预示着股价的盘整阶段已经结束，将进入一个比较长的探底过程，操作上应以持币观望为主。

3. 当 CCI 指标从上向下突破 +100 线而重新进入常态区间时，表明股价的上涨阶段可能结束，将进入一个比较长时间的盘整阶段，投资者应及时逢高卖出股票。

4. 当 CCI 指标从下向上突破 -100 线而重新进入常态区间时，表明股价的探底阶段可能结束，又将进入一个盘整阶段，投资者可以逢低少量买入股票。

二、资金流量指标——MFI

资金流量指标是指相对强弱指标 RSI 和人气指标 OBV 两者的结合。可用于测度交易量的动量和投资兴趣，而交易量的变化为股价未来的变化提供了线索，所以 MFI 指标可以帮助判断股票价格变化的趋势。在行情软件中输入 MFI 可以显示该指标，如图 6-12 所示。

图 6-12　MFI 指标

MFI 最基本的功能是显示超买超卖。其应用法则如下：

1. 当 MFI > 80 时为超买，在其回头向下跌破 80 时，为短线卖出时机。

2. 当 MFI < 20 时为超卖，当其回头向上突破 20 时，为短线买进时机。

3. 当 MFI > 80，而产生背离现象时，视为卖出信号。当 MFI < 20，而产生背离现象时，视为买进信号。

三、动量线指标——MTM

MTM 指标又叫动量指标，是指一种专门研究股价波动的中短期技术分析工具。它是从股票市场的恒速原理出发，考察股价的涨跌速度，以股价涨跌速度的变化（匀速、加速或减速）分析股价趋势的指标。如图 6-13 所示。

图 6-13 MTM 指标

其中的两条线分别为 MTM 线和 MTMMA 线。MTM 线表示当日收盘价与 N 日前的收盘价的差，MTMMA 线是对上面的差值求 N 日移动平均。N 为间隔天数，也是求移动平均的天数，一般取 6 天。

MTM 指标使用规则如下：

1. MTM 从下向上突破 MTMMA，为买入信号。
2. MTM 从上向下跌破 MTMMA，为卖出信号。
3. 股价续创新高，而 MTM 未配合上升，意味上涨动力减弱，应择机卖出。
4. 股价续创新低，而 MTM 未配合下降，意味下跌动力减弱，可逢低买入。
5. 股价与 MTM 在低位同步上升，将有反弹行情；反之，从高位同步下降，将有回落走势。

四、变动速率线指标——OSC

OSC 也叫震荡指标,从移动平均线原理派生出来的一种分析指标,反映当前价格与一段时间内平均价格的差离值。按照移动平均线的原理,根据 OSC 的值可推断价格的趋势。如果远离平均线,就很可能向平均线回归。

变动速率线指标比较类似于动量指标 MTM,因此在使用方法上两者有相似之处和互补作用。OSC 以 100 为中轴线,OSC>100 为多头市场;OSC<100 为空头市场。

OSC 有两根曲线,一个是 OSC 线,一个是其移动平均线,周期一般为 6 日。如图 6-14 所示。

图 6-14 OSC 指标

OSC 的使用规则如下:

1. OSC 线上穿其平均线时,为买进信号。
2. OSC 线下穿其平均线时,为卖出信号。
3. OSC 指标的底背离预示股价将上涨,OSC 指标的顶背离预示股价将下跌。

五、变动率指标——ROC

变动率指标 ROC,是以当日的收盘价和 N 天前的收盘价比较,通过计算股价某一段时间内收盘价变动的比例,应用价格的移动比较来测量价位动量,达到事先探测股价买卖供需力量的强弱,进而分析股价的趋势及其是否有转势的意愿。

ROC 有两根曲线,一个是 ROC 线,一个是其移动平均线,周期一般为 6 日。在行情软件中输入 ROC 可以显示该指标,如图 6-15 所示。

图 6-15 ROC 指标

ROC 的使用规则如下:

1. 当 ROC 由下往上穿破 0 时为波段买进信号。

2. 当 ROC 由下往上穿破 MAROC 时为买进信号;当 ROC 由上往下跌破 MAROC 时为卖出时机。

3. 当股价创出新低,而 ROC 未配合下降,表明下跌动力减弱,此背离现象,可买入,而当股价创新高点,ROC 未配合上升,表明上涨动力减弱,出现此背离现象,股价有可能反转向下,应卖出。

六、相对强弱指标——RSI

相对强弱指标最早被应用于期货买卖,后来投资者发现它也适合于股票市场的短线投资,于是被用于股票升跌的测量和分析中。

RSI 指标是通过比较一段时期内的平均收盘涨数和平均收盘跌数来分析市场

买卖盘的意向和实力,从而分析未来市场的走势。在行情软件中输入 RSI 可以显示该指标,如图 6-16 所示。

RSI 有三个指数,其中 RSI1 表示 6 日相对强弱,RSI2 表示 12 日相对强弱,RSI3 表示 24 日相对强弱。

图 6-16 RSI 指标

RSI 以 50 为中界线,大于 50 视为多头行情,小于 50 视为空头行情;其使用规则如下:

1. RSI>80 时为超买,要密切关注,注意风险;RSI<20 时为超卖,股价可能不久会反转,可择机买入。

2. RSI 在 80 以上形成 M 头或头肩顶形态时,视为向下反转信号;RSI 在 20 以下形成 W 底或头肩底形态时,视为向上反转信号。

实战中,当发生单边行情时,该指标在高档或低档时会有钝化的现象,因此会发生过早卖出或买进,容易发出错误的操作信号。

七、随机指标——KDJ

KDJ 主要用于推算行情涨跌的强弱势头,从而找出买点或卖点。KDJ 是一个颇具实战意义的技术指标,因此,深受广大投资者的喜爱。

随机指标在图表上共有三根线，即 K 线、D 线和 J 线。其中，K 线为快速指标，D 线为慢速指标，随机指数的最大值为 100，最小值为 0。如图 6-17 所示。

图 6-17　KDJ 指标

KDJ 指标的应用原则如下：

1. K 线由下转上为买入信号，由上转下为卖出信号。

2. K 线在低位上穿 D 线为买入信号，K 线在高位下穿 D 线为卖出信号。

3. 指标 >80 时，回档概率较大；指标 <20 时，反弹概率较大。

4. J>100 时，股价易反转下跌；J<0 时，股价易反转上涨。

八、乖离率指标——BIAS

乖离率 BIAS 指标是指股价与平均移动线之间的偏离程度，通过百分比的形式来表示股价与平均移动线之间的差距。乖离率是由移动平均原理派生出来的一种技术分析指标，它是通过一定的数学公式，来计算和总结出价格偏离移动平均线的程度，并指出买卖时机。同样，在行情软件中输入 BIAS 可以显示该指标。如图 6-18 所示。

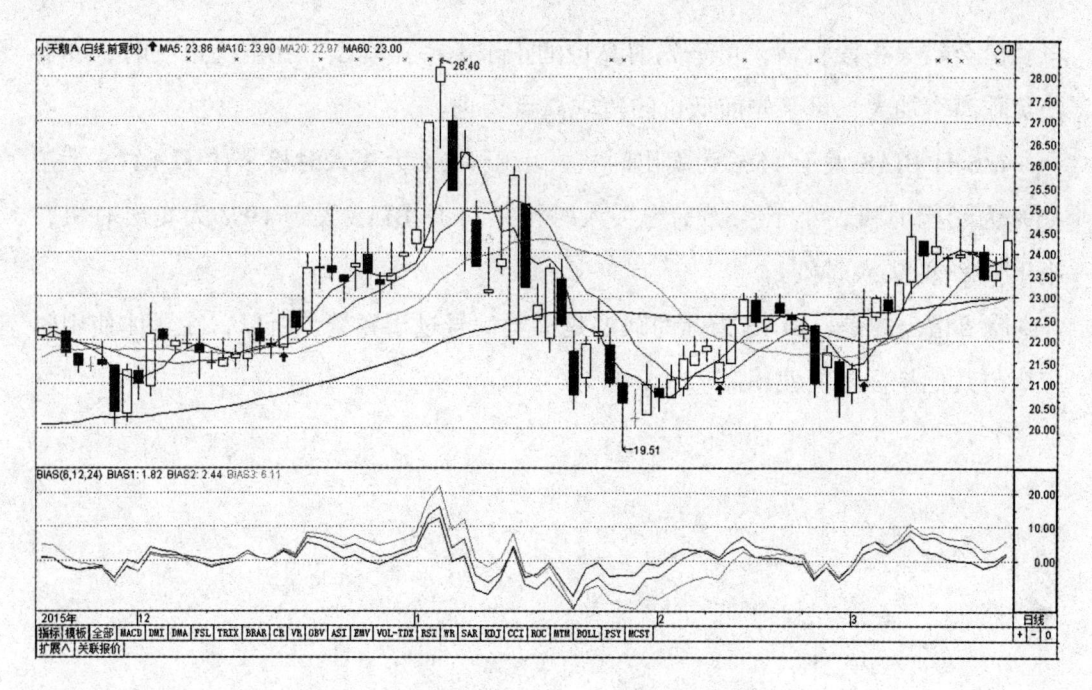

图 6-18　BIAS 指标

BIAS 指标共有三条指标线，参数 N 的取值有很多种，常见的有两大种。一种是 6 日、12 日、18 日、24 日等，以 6 的倍数为参数；一种是以 5 日、10 日、30 日和 60 日等，以 5 的倍数为参数。不过尽管它们数值不同，但分析方法和研判功能相差无几。

乖离率是测量股价偏离均线大小程度的指标，当股价偏离市场平均成本太大，都有一个回归的过程，即所谓的"物极必反"。

其使用方法如下：

1. BIAS 指标表示收盘价与移动平均线之间的差距。当股价的正乖离扩大到一定极限时，表示短期获利越大，则获利回吐的可能性越高，是卖出信号；当股价的负乖离扩大到一定极限时，则空头回补的可能性越高，是买入信号。

2. 乖离率可分为正乖离率与负乖离率。若股价大于平均线，则为正乖离；股价小于平均线，则为负乖离。当股价与平均线相等时，则乖离率为零。正乖离率越大，表示短期超买越大，则越有可能见顶；负乖离率越大，表示短期超卖越大，则越有可能见底。

3. 股价与 BIAS 指标的关系。在不同市场、不同时期、不同周期，即不同移动平均线算法所得出的 BIAS 值是不同的。在多头行情中，会出现许多高价，太早卖出会错失一段行情，可于先前高价的正乖离率点卖出；在空头市场时，亦会使负乖离率加大，可于先前低价的负乖离点买进。

4. 6日BIAS大于+5%为卖出时机，小于-5%为买入时机；12日BIAS大于+6%为卖出时机，小于-5.5%为买入时机；24日BIAS大于+9%为卖出时机，小于-8%为买入时机。

需要指出的是，BIAS指标的缺陷是买卖信号过于频繁。所以，在具体使用时应该与其他指标搭配使用。

第 7 章 分时图买点与卖点

很多人会在同一天交易同一只股票，但是有人可以赚几个点，而有的人却亏了几个点，其原因当然是没有把握好买点。尽管分时图的走势几乎没有完全一样的（除了一字涨跌停板），但是主力的操盘手法往往是有迹可寻的。对于短线投资者来讲，就要学会从这些曲折变幻的曲线中找到投资的买卖点。本章介绍如何利用分时图把握买点和卖点。

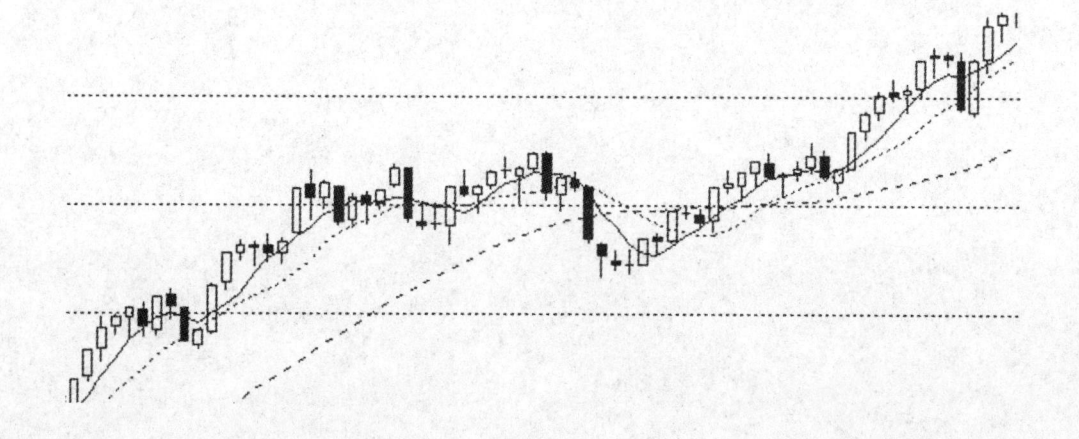

第一节　把握分时图中的买点技巧

因为股价在一天当中的波动最大甚至可以达到20%，所以当我们根据K线图寻找到目标股之后，要进行交易，还应该在分时图中找到一个合适的买点和卖点。这样就可以在更大的程度上获利，下面介绍如何根据分时走势图把握一些买点。

一、放量突破整理平台时的买点技巧

股价在一个平台长时间整理，不管大盘如何震荡，其波动幅度都不受其影响，突然某一时刻出现放量，向上快速拉升脱离该平台，这时，投资者就可以挂高跟进。通常当天就可以获利。

实战的过程中，遇到这种走势，还要注意其出现的位置。如果是股价处于较低的水平或者是上涨的初期，在买入后就可以持有一段时间，如果是在上涨的途中，买入后千万不要恋点。短线获利即出。而如果是出现在大幅上涨的高位，建议投资者不要去追买，因为这极有可能是主力为了吸引买盘进行出货的一种手法。

如图7-1所示的华联股份，早盘就一直在一个平台上小幅波动，午后1点半左右开始快速拉升，从其K线图7-2可以看到，当时股价从底部反弹的幅度并不大，且正处于60日线上方的关键位置，主力很可能快速脱离60日线，因此，投资者可以快速跟进。

图 7-1 放量突破平台

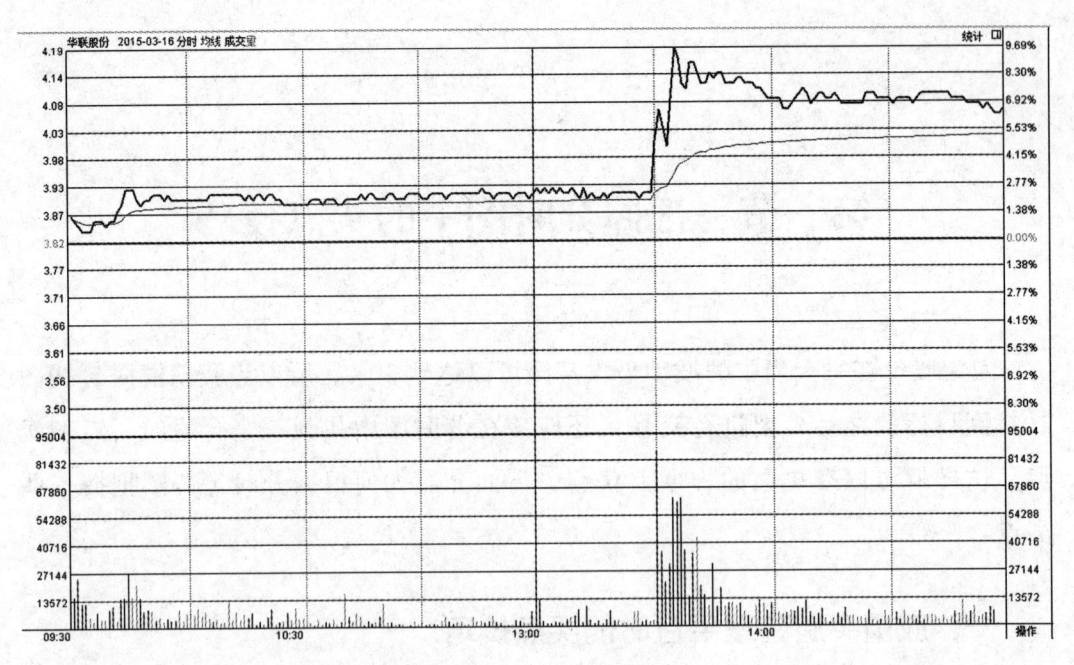

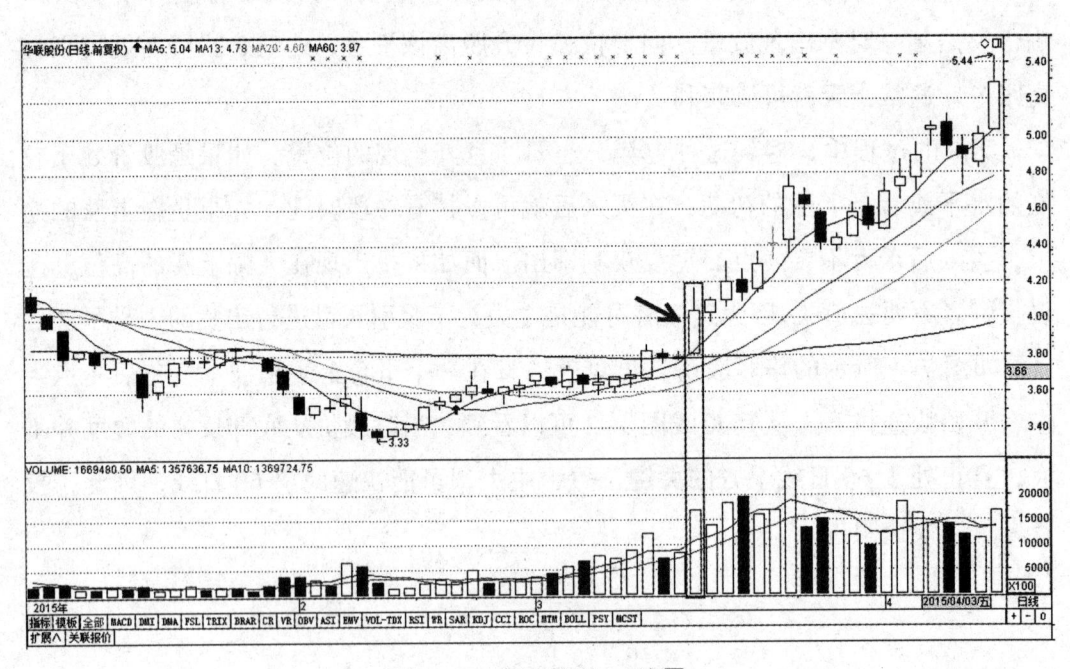

图 7-2 华联股份 K 线图

二、上穿前日收盘线时的买点技巧

上穿收盘线是指股价由下向上运行，向上突破前日的收盘线。在股价突破前日收盘线之前，一直在该收盘线之下运行。从成交量上来看，在突破之前一定是成交量较小，而突破时的成交量要有明显的放大。如果突破时没有成交量的配合，很可能会再次反转向下，而前日收盘线则会成为一个阻力线。

在实际操作时，当股价由下向上放量突破前日收盘线时，就是一个不错的买点。通常当天就可获利，短线操作者可以在次日寻找一个高点落袋为安。

如图7-3所示的国农科技，开盘后半小时，一直运行在前日收盘价之下。成交量也较小，随后突然放量向上突破前日收盘线，在确认成交量有效放大之后，就可以果断介入。

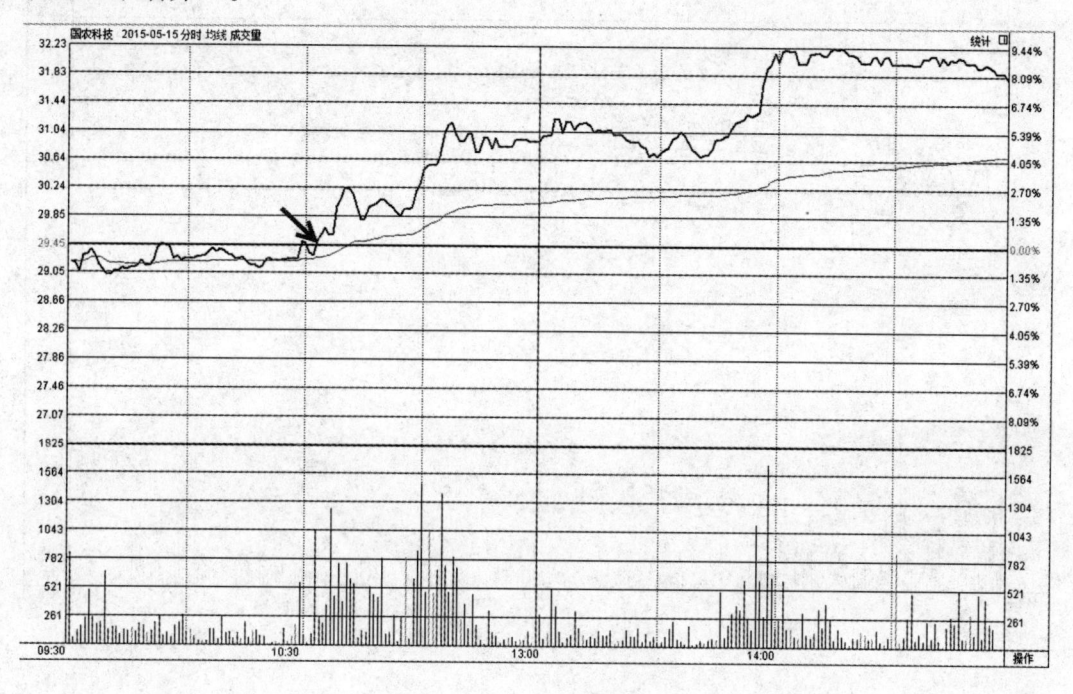

图 7-3　上穿前日收盘线

三、均线支撑时的买点技巧

均线支撑是指股价每次下跌到均线附近或者短暂穿越均线就会受到均线的支撑而发生反弹。出现这种走势，表明盘中的买盘比较活跃，多方占据主动，封住了下跌空间。后市继续看涨。对于持股者来讲，均线附近无疑是一次波段的好机会。通常股价在运行至均线附近时都会有一波反弹，因此，在均线附近买入，然后择机卖出，则可以在当天实现T+0，从而降低持股成本。如果是想建仓某只股票，那么，均线附近也是一个不错的买点。当然，要注意观察成交量的变化，通常，回调的过程是缩量的，而反弹的过程往往是伴随着成交量的放大，这样的走势比较可靠。

实际操作中，如果出现这种走势时股价不是处于市场的高位区域。股价在波动过程中回落到分时均线附近时，由于受到买盘的支撑而反弹，就可以放心参与。而如果这种走势出现在大幅度上涨的高位区域，则不建议介入，因为这很可能是主力为了达到出货目的故意设置的陷阱。如图 7-4 所示的济民制药，在每一次触及均线时，都可以适当买入，完成一次 T+0 操作。

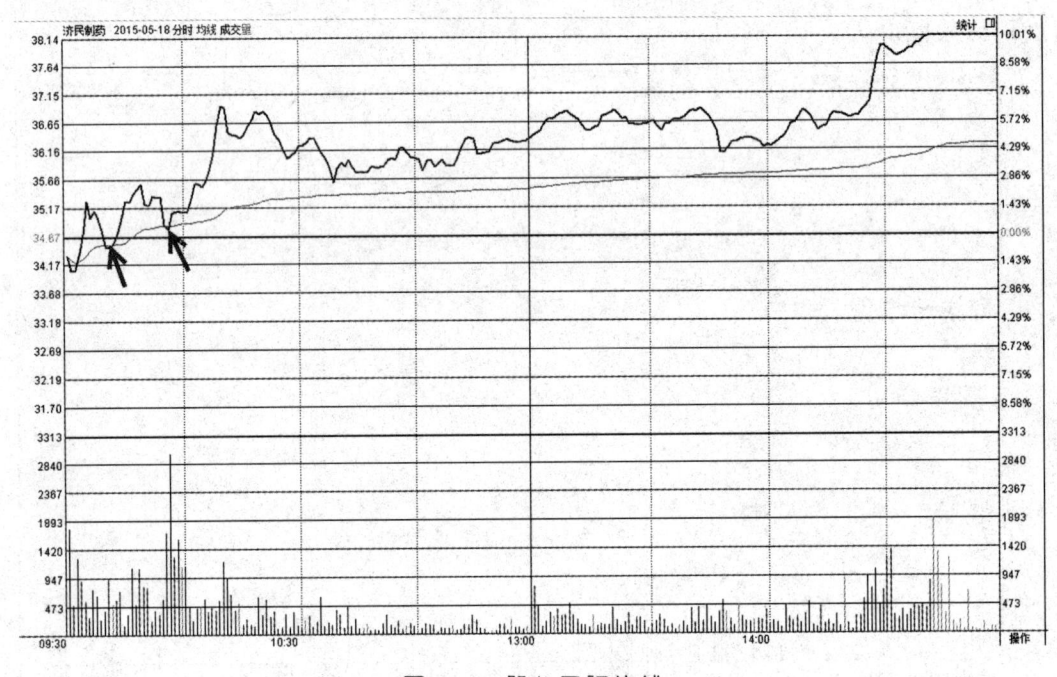

图 7-4　股价回调均线

四、V 字尖底时的买点技巧

V 字尖底是股价急跌后又被快速拉起所形成的一个"V"形 K 线走势。一般是股价开盘后出现急跌后反弹的走势。也有的是在盘中出现急跌反弹形成的走势。该形态最低点的跌幅要大于或者等于 2%，股价在低点停留的时间不能超过 3 分钟，并且股价线应该一直在均价线之下运行，最后形成 V 字尖底。

这种走势往往是主力通过利空和大盘下跌打压股价，以便清除浮动的筹码。通常出现在一波下跌行情之后的探底过程中。也有的是出现在上升的途中。不管是哪个阶段，对于短线投资者来讲，都是一个不错的买入机会，通常次日卖出，都会有一定的获利空间。

如图 7-5 所示的鄂武商 A，就是在开盘不久后形成了一个明显的 V 字尖底。股价随后展开反弹。从图 7-6K 线中，也可以观察到，出现该走势之前，股价已经经过一波下跌的行情，此时的急跌，很有可能就是一种探底的过程。

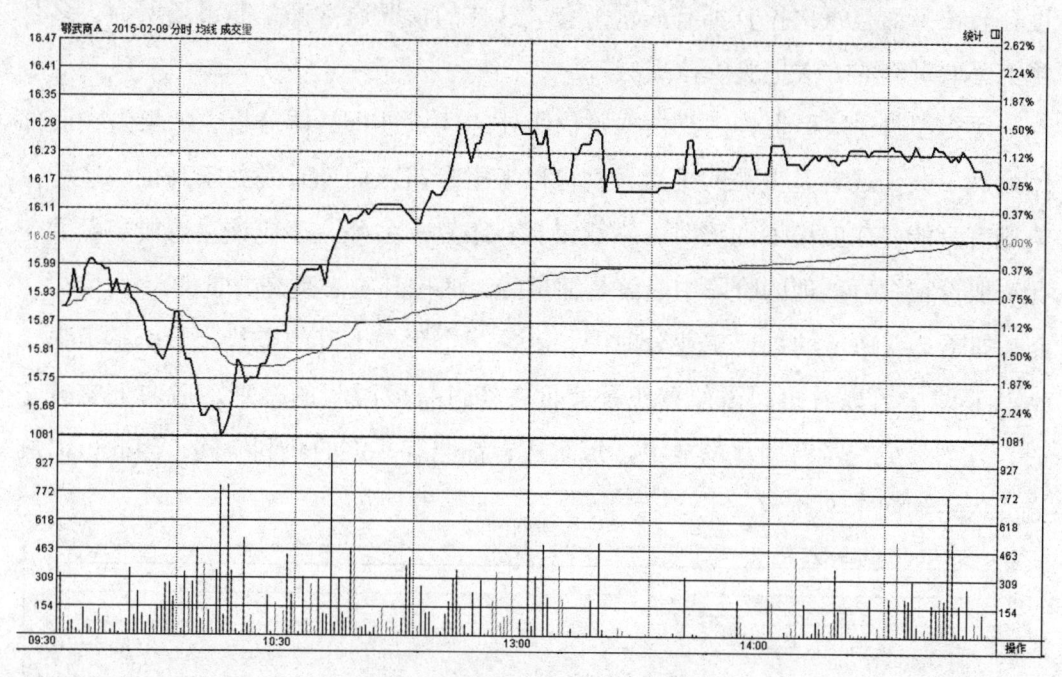

图 7-5 鄂武商 A 某日分时图

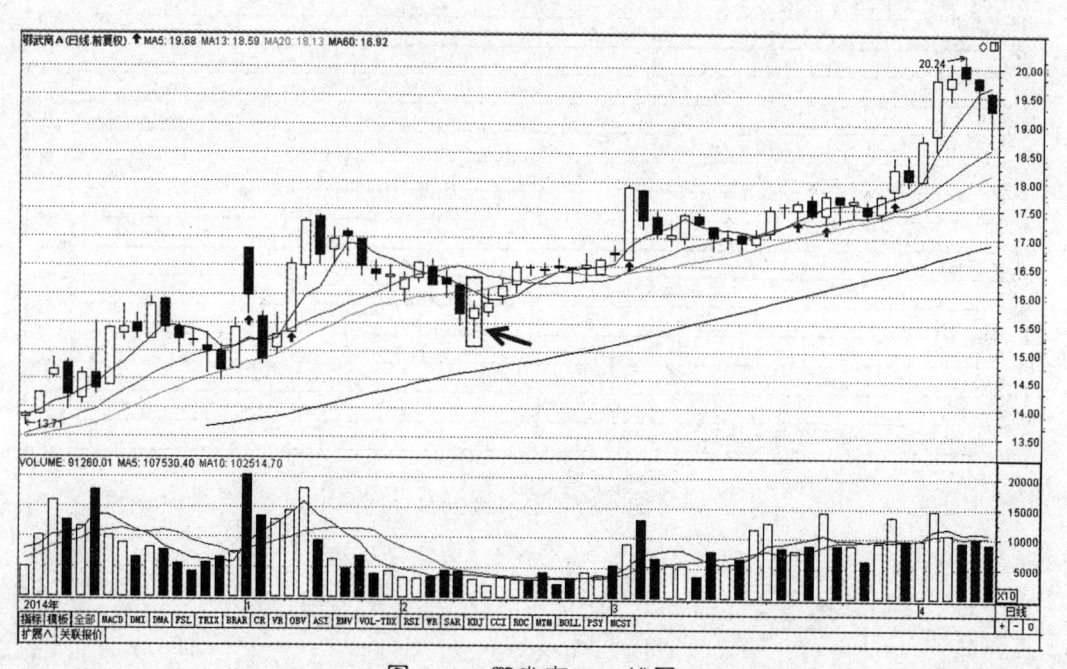

图 7-6 鄂武商 A K 线图

五、台阶式上涨时的买点技巧

台阶式上涨是指股价上升到一个价位之后就开始进入短暂整理阶段，之后再次上升，之后又一次进入整理阶段，如此反复。其主要特征就是每次被拉高的速度比较快，而且每次拉升都有放量配合。这样的情况通常都是非市场所为，多是主力采取对倒的方法把股价拉高。

投资者遇到这种走势，要根据股价所处的区域进行具体分析，如果是在底部刚启动不久，或者是上涨的中途，则可以考虑参与。而如果是处于高位，这种拉升则有可能是庄家设下的陷阱，不建议盲目跟盘。另外，还应该注意成交量的变化，股价在短暂整理的阶段中应该是缩量的，而拉升时必须是放量的。

如图 7-7 所示的兴业矿业分时图，就是一个阶梯上升的走势，节奏感很强。从其 K 线中可以看出，该位置正是股价在经过一段时间的整理之后向上突破之时，且当天成交量有明显的放大，短线通常都会有一定的获利空间，因此可以放心介入。如图 7-8 所示。

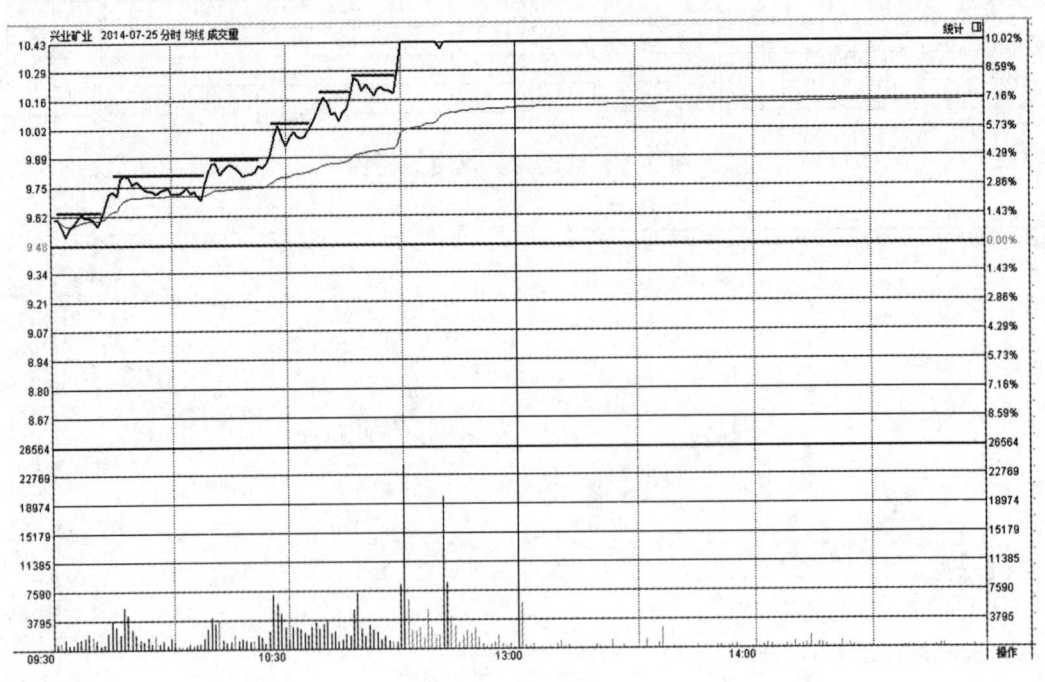

图 7-7 台阶式上涨

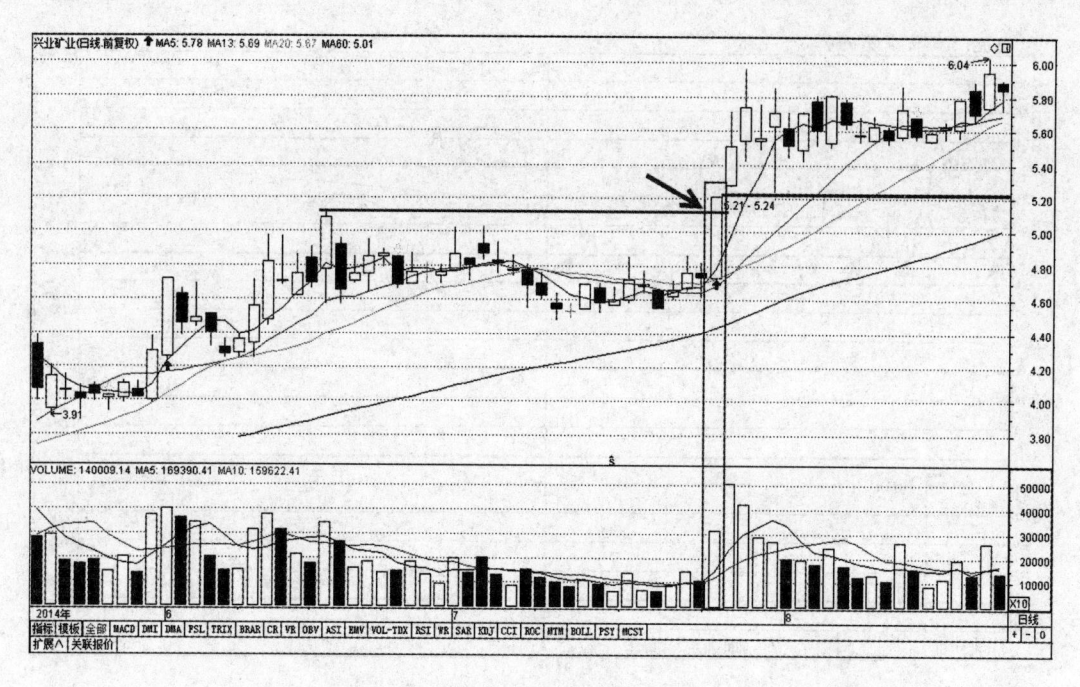

图 7-8 兴业矿业 K 线图

六、收盘线支撑时的买点技巧

收盘支撑与均线支撑的含义相似，股价全天都运行在前日收盘线之上，偶尔有触及收盘线时，又会很快反弹。同样也说明多方力量占据主动，投资者可以适当关注。但如果这种走势出现在大幅上涨后的高位区域，则有可能是庄家利用这种护盘的方式进行出货。实际操作时，投资者要结合其所处的区域以及成交量等多方因素综合判断。

如图 7-9 所示的华光股份，盘中每次遇到昨日收盘线，都会有所反弹，说明主力在这一位置有一定的护盘动作，如果此时股价没有太大的涨幅，则可以适当买入。若股价前期已经有了较大幅度的上涨，则不宜重仓参与。当然具体的情况还要结合大盘环境等因素综合考虑。

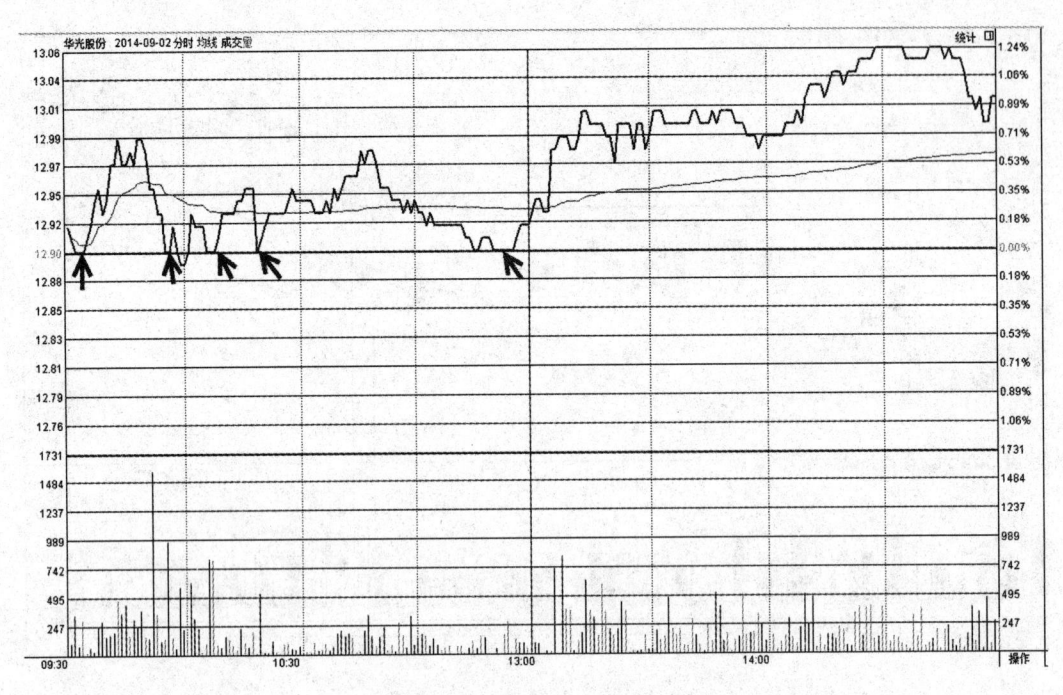

图 7-9 华光股份某日分时图

从图 7-10K 线图中可以看到，当时股价所处的位置正好是股价在洗盘之后的反弹初期，此时主力出现明显的护盘，再加上之前的涨幅并不大，因此后市继续上涨的可能性非常大，投资者可以放心参与，积极做多。

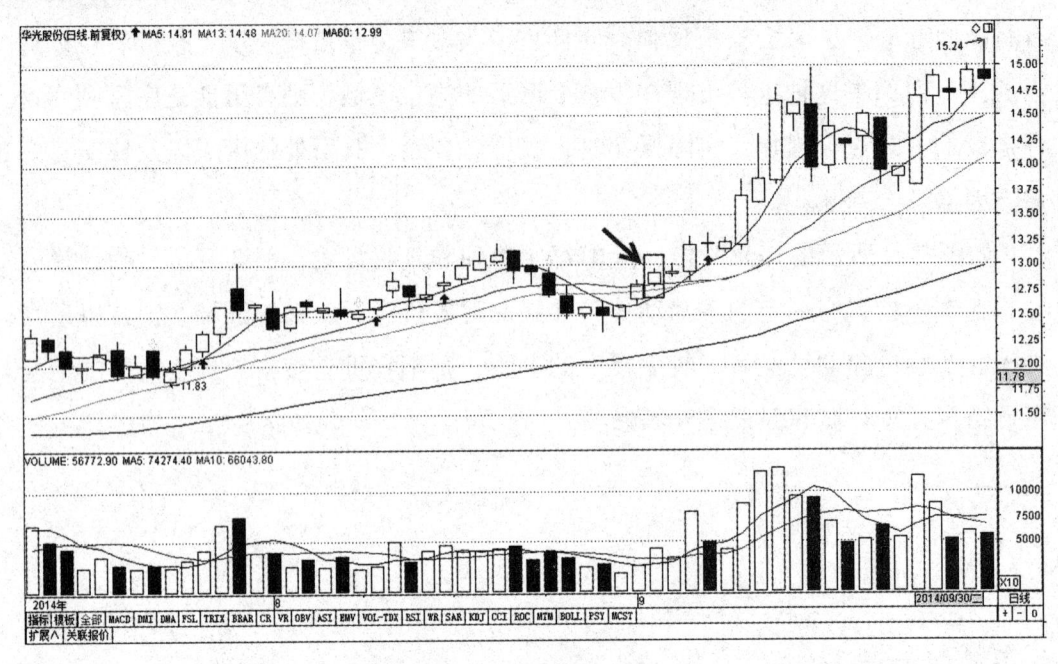

图 7-10 华光股份 K 线图

七、盘中放量突破均线时的买点技巧

该走势表现为上穿均线之前的大部分时间在均线以下运行，成交量也较小，当股价下探到一定位置之后开始反弹向上，遇到均线时突破放量向上突破。这种走势可以理解为，之前沉闷的走势为盘中的洗盘过程，洗盘结束后，主力开始放量上攻。

如图 7-11 所示的深中华 A，当天股价小幅高开后便开始向下打压，随后较长时间在均线之下运行，但跌幅并不大，成交量也较小，直至 10:30 左右开始出现明显的放量，一举突破了均线，此时，投资者可以打开其 K 线图，观察其所处位置，若股价处于上升通道中，或者底部初升阶段，就可以适当买入。

从图 7-12 所示的 K 线中可以看到，股价当天的位置恰逢一波整理行情的尾声，且之前的涨幅较小，前期整理充分，因此，这个时候介入，获利空间较大，而风险则相对较小。投资者可以大胆买入，持股待涨。

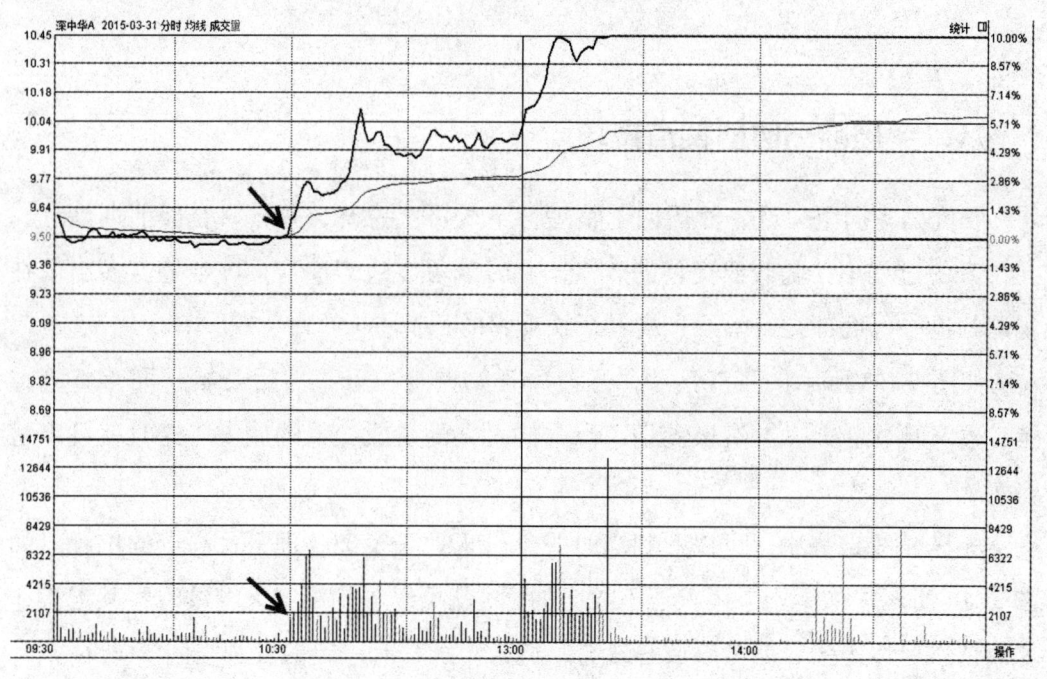

图 7-11 深中华 A 某日分时图

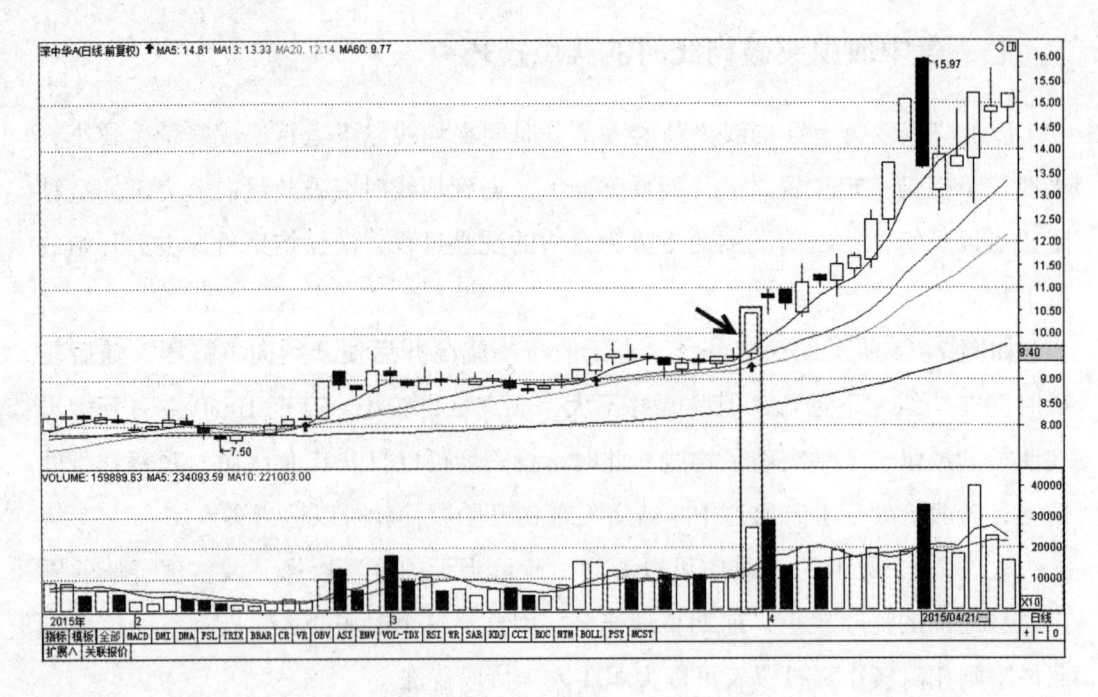

图 7-12 深中华 A K 线图

八、突破前高时的买点技巧

股价早盘向上拉升，然后回落整理，不久再次拉升，并一举突破前期高点。在拉升的过程中伴随着成交量的放大。此时就可以适当参与。该走势大多出现在上涨的途中、底部初升阶段、或者下跌反弹的行情中。

如图 7-13 所示的飞亚达 A，开盘后开始向上拉升，然后开始了回落整理，紧接着又再次拉升，并突破前期高点，同时伴随着成交量的放大。这时就可以适当买入。

从其 K 线走势中，可以看到当时股价也正处于突破整理平台高点的位置。如图 7-14 所示。如果当天买入还不放心的话，就可以等到第二天继续观察其走势，如果依然可以走强，就可以放心参与，通常短线都有一定的获利空间。

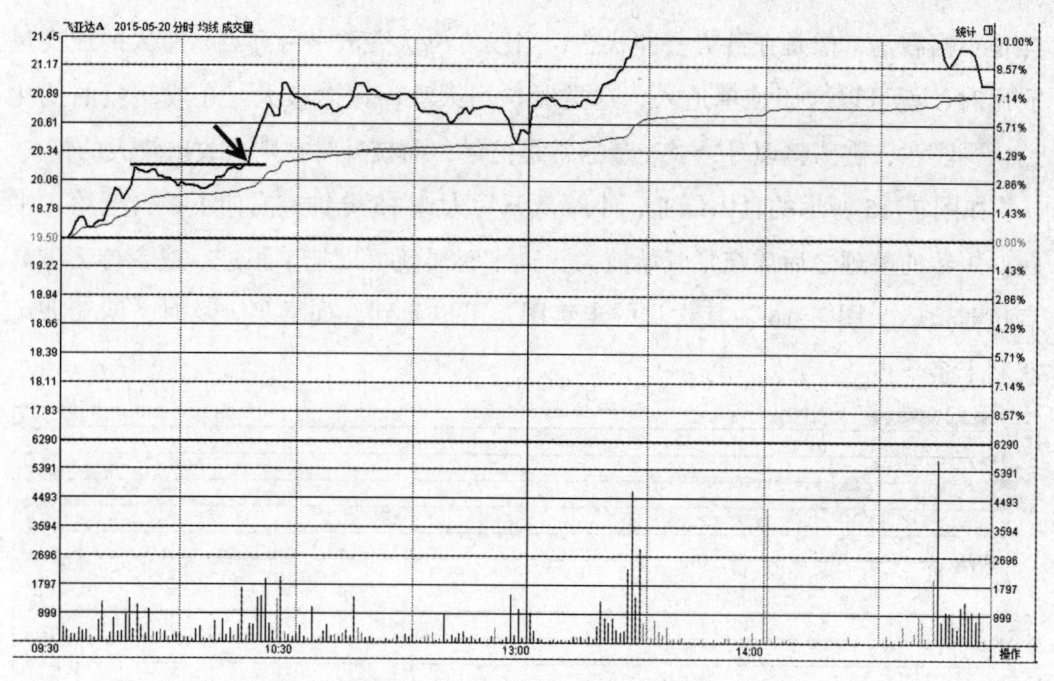

图 7-13 飞亚达A某日分时图

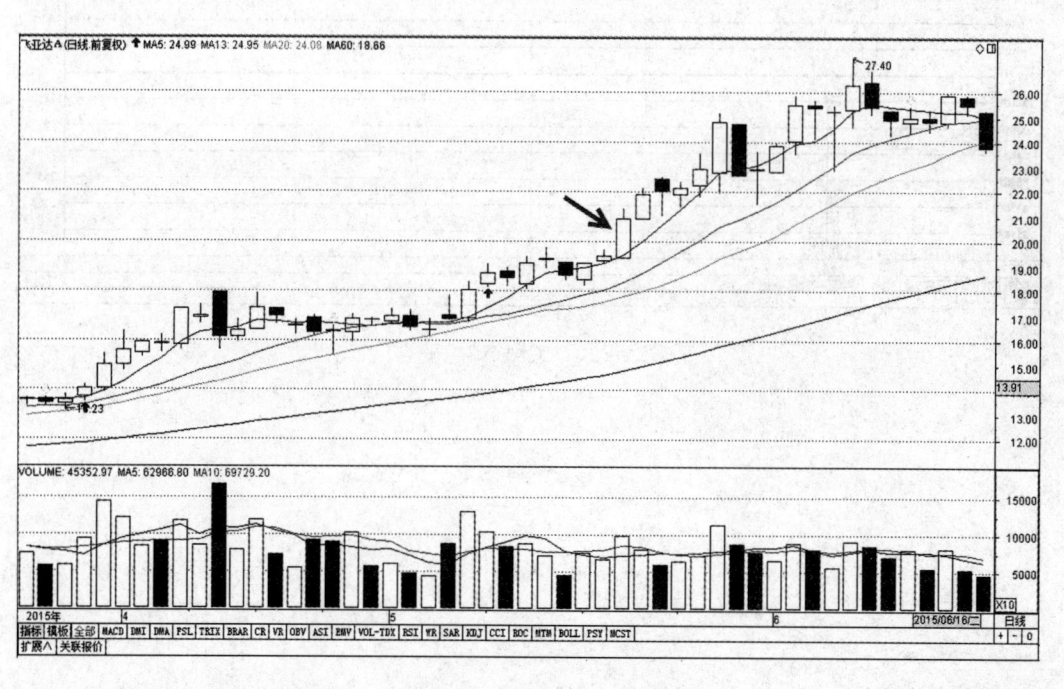

图 7-14 飞亚达A K线图

九、突破第二平台时的买点技巧

股价小幅高开后在一个小平台来回震荡，随后快速拉升至另一个小平台，同样是小幅震荡，像是在蓄势上冲状态，当股价再次突破平台高点，有大的成交量放出时，就可以大胆挂单追入，这类股票当天涨停概念极大。在成交量的变化上，要注意，震荡整理时，成交量通常是缩量，而拉升时，则会放出较大的量。

如图 7-15 所示的青山纸业，小幅低开后大概 15 分钟左右向上拉升至第二平台，短暂的整理之后成交量开始放大，这个时候就可以挂单跟进。或者待突破高点位时追入。图 7-16 为其次日的走势图，可以看到，如果买入及时，两天即可获利十多个点。

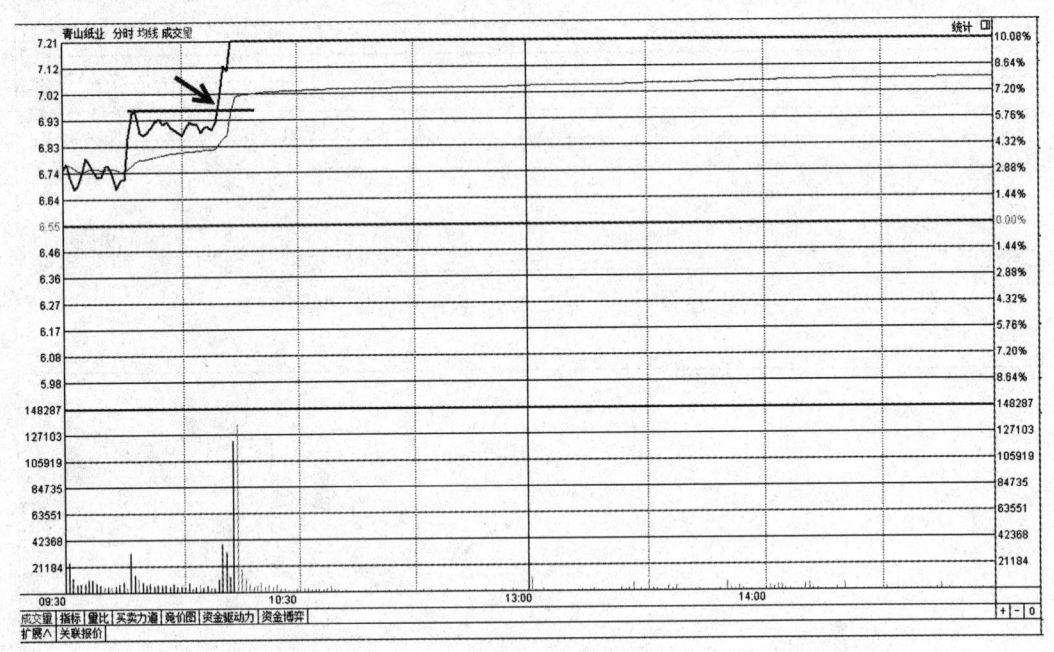

图 7-15　突破第二平台

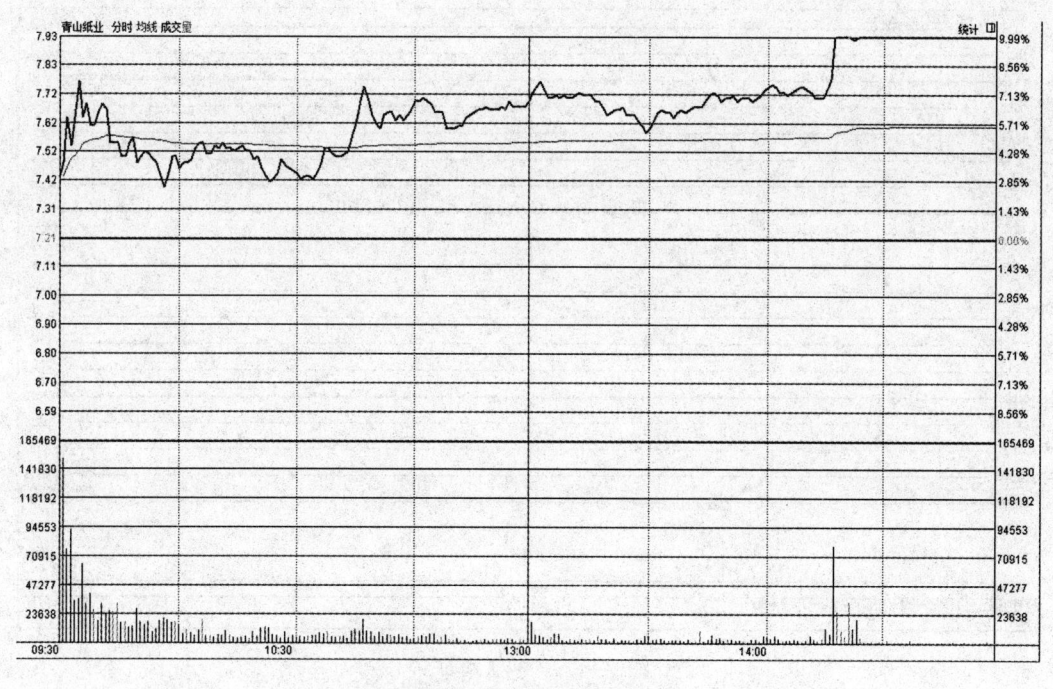

图 7-16　次日股价走势

十、单笔冲击涨停时的买点技巧

股价开盘后震荡上行，在经过短暂的整理之后，如果突破一个大单将股价封在涨停板，投资者可以快速追涨停买入，特别是在股价启动的初期。而如果是在股价大幅上涨的高位区域，且之前的震荡向上过程中成交量很大，则不建议追买。如图 7-17 所示的石化油服，就类似这种走势。而图 7-18 是其次日的走势。可以看出，次日最高涨幅达到了 9%，若卖出时机得当，同样可以获得不少的盈利。

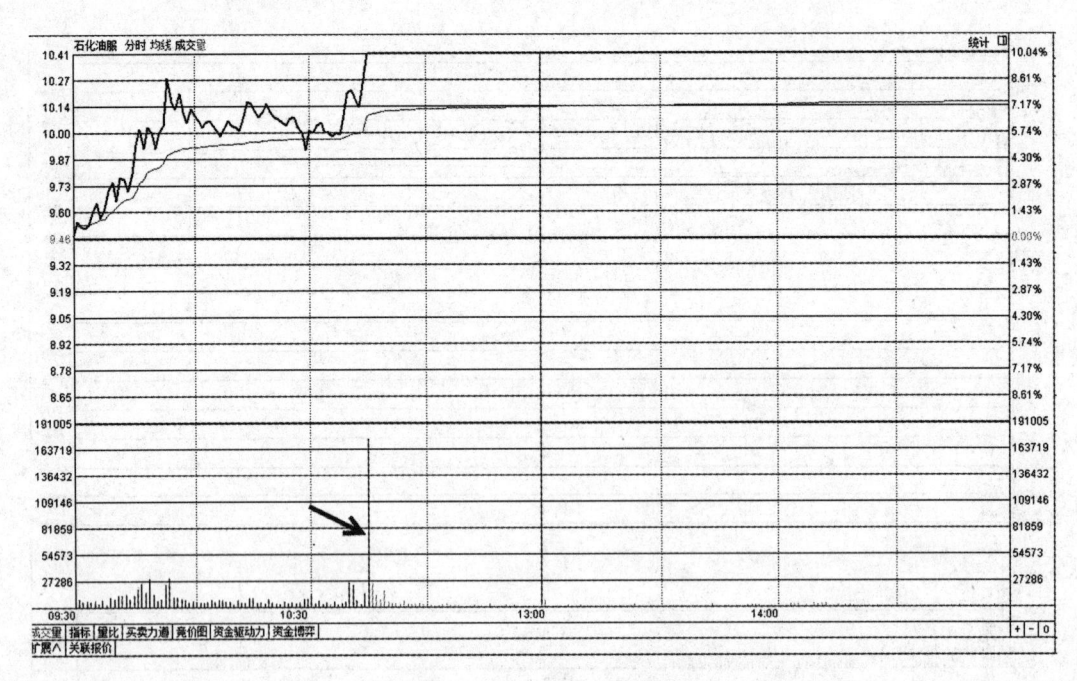

图 7-17 单笔冲涨停

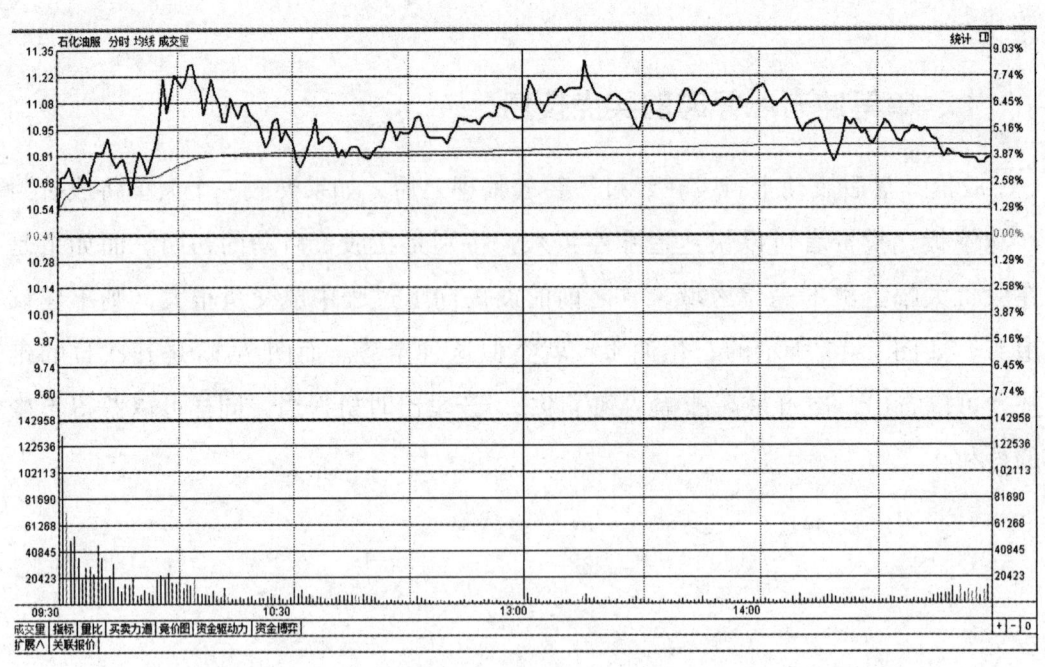

图 7-18 次日分时图

十一、开盘急跌时的买点技巧

这是一种非常狠的打压洗盘手法，特别是股价经历了一波的上涨之后，开盘出现快速打压（通常会在 -3% 以上），会让很多投资者认为，股价已经到了阶段性顶部，从而会卖出手中的筹码。但是，有经验的投资者却可以把握住这样的低吸机会，轻松实现盘中的 T+0 操作，从而进一步降低成本。以如图 7-19 所示的国统股份为例，遇到此类情况，建议操作手法如下：

1. 如果是有底仓，那么第一次快速打压后，股价稍有反弹，立刻高价抢入，随后在股价上涨乏力时卖出，当天完成 T+0 操作。从而可以进一步降低成本。

2. 如果是想建仓，那么可以在打压后的第一次反弹开始快速挂高价适当买入，通常这样的打压往往会有二次的下探，如果再次下探不超过第一次的低点，则可以再次适当加仓，盘中不要再做操作，直到尾盘再决定是否加仓。如果尾盘股价仍没有起色，甚至创了新低，那么当天不要再买入股票。如果尾盘有所回升，则当天即可实现获利，待次日红盘卖出，完成一次超级短线。

图 7-20 为其 K 线图，图中标示了当天的 K 线位置，从图中可以看出随后的两天，股价有了 10 多个点的升幅。

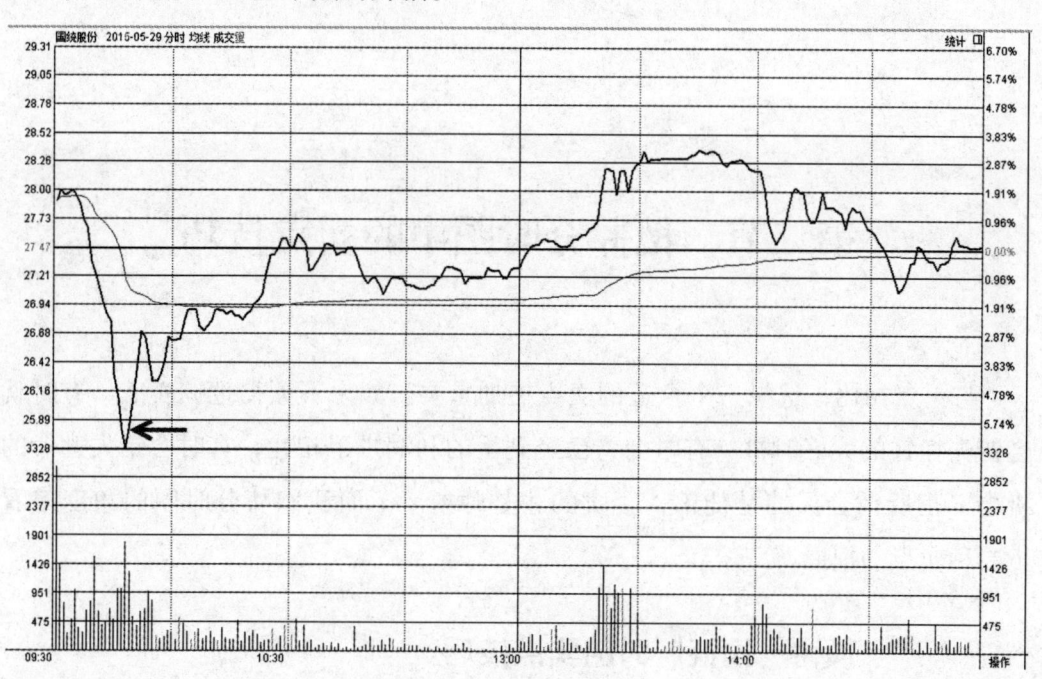

图 7-19　开盘快速打压

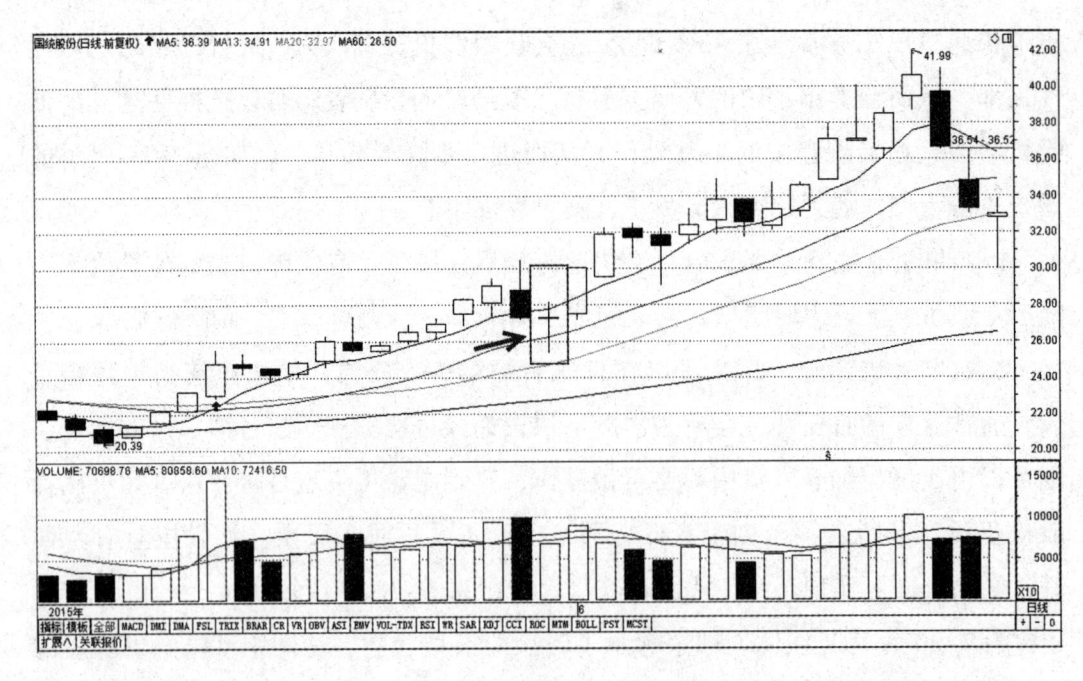

图 7-20　国统股份 K 线图

第二节　把握分时图中的卖点技巧

  与买点相比，选择一个合适的卖点更加重要。如果不懂得把握卖点，有时就会错失挣钱的大好时机，有时会将已经到手的利润拱手相让，有时会错失逃命的机会。正所谓会买的是徒弟，会卖的才是师傅。下面我们从分时图的角度来看十二种卖点的把握。

一、"一顶比一顶低"时的卖点技巧

  该形态是指股价线在上升到一定高位后，开始震荡下跌，先后出现了三个以上的顶峰，并且顶峰一个比一个低，其特征是，股价线和均价线都要处在前一日收盘线的上方。最高的顶峰出现时，股价的上升幅度要不少于5%。形成的三个顶部峰顶和所夹的两个谷底的股价线，都要在均价线的上方。

如图 7-21 所示的沈阳机床某日分时图，开盘后不久便开始向上拉升，涨幅一度超过 9%，不过随后股价开始震荡下行，每次反弹的高点都比之前的要低，同时成交量也呈现逐渐缩小状态，说明上涨的动能在减弱，股价呈现出下跌趋势。而从图 7-22K 线中可以看出，当时股价正处于连续上涨后的高位区域，如果在随后的几日内无法完成有效的向上突破，股价就很可能转为下跌的走势。投资者应该在盘中逐渐减仓，逢高卖出。

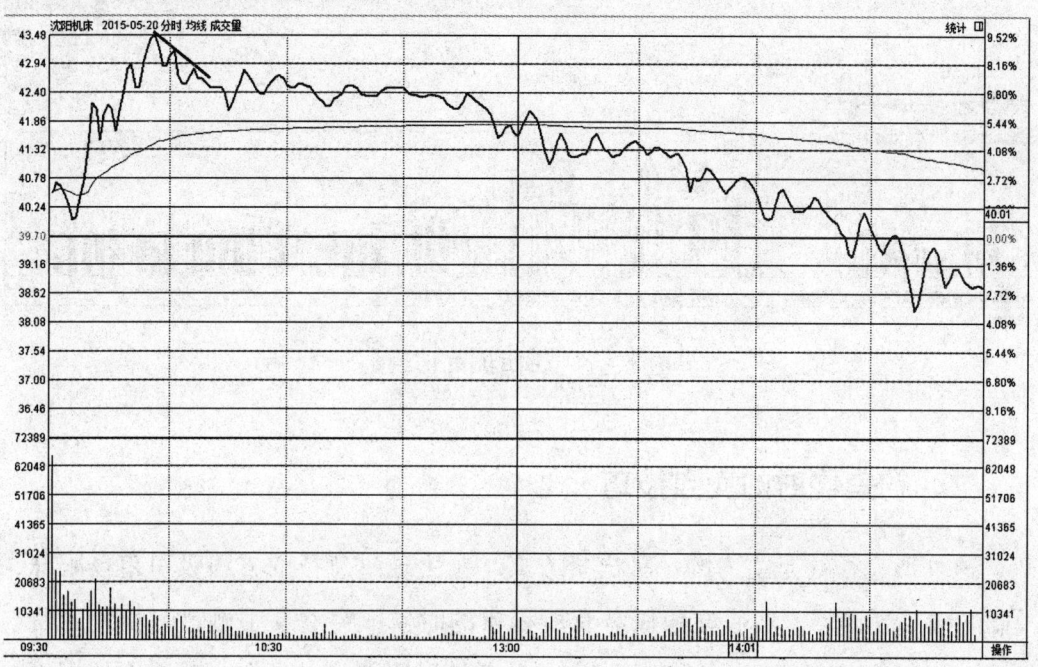

图 7-21 沈阳机床某日分时图

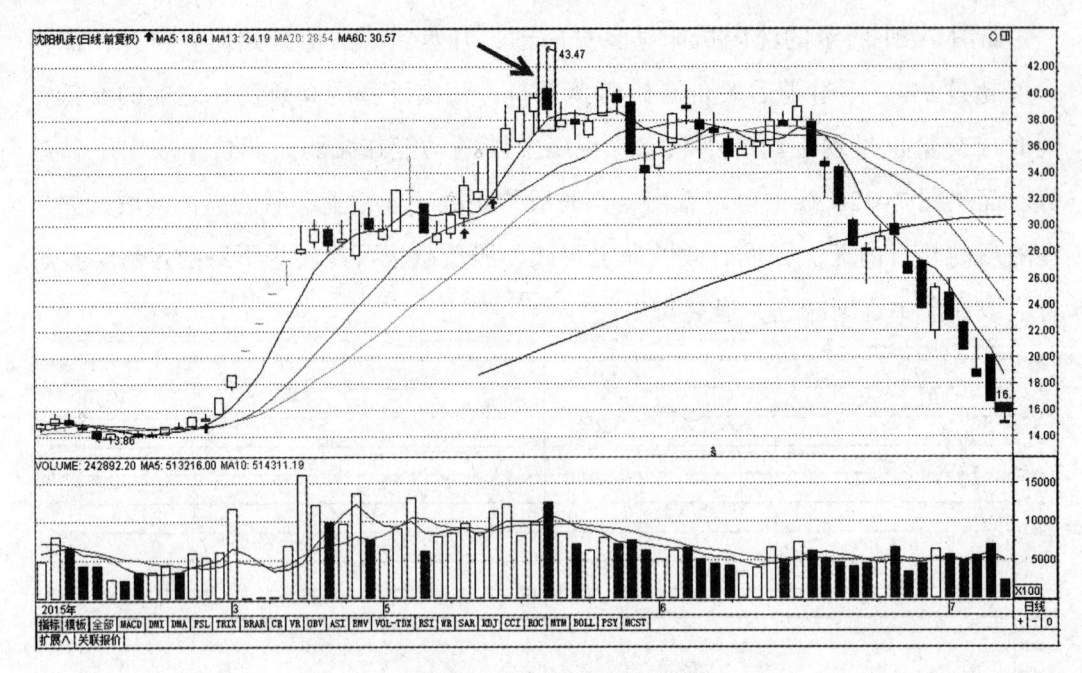

图 7-22　沈阳机床 K 线图

二、钓鱼线时的卖点技巧

这种形态往往是主力的一种出货方式,主力通过急拉的方法吸引市场眼球,亮出一根"鱼竿",然后在跟风盘有所积累的时候,突然反手砸盘,快速出货,致使"鱼钩"沉没水里不见踪影。有的"鱼竿"则要经过半个小时以上的缓推才能形成,后面的结果也不至于这么凶悍。但不管是哪一种,如果主力采用这样的方法也出不了多少货,那么往往又会拉起股价,再往复几次。也有的是在盘中快速急拉,亮出一根鱼竿,接着再慢慢出货。

如图 7-23 所示的厦门港务某日分时图,就是这种出货方式,开盘小幅下探后股价放量向上拉升,最高拉升接近 7 个点。但随后股价便开始震荡下行,表现出冲高无力的势头,显示出多方已经无力再向上拉升股价的意愿。从图 7-24K 线可以看到,该股在前两个交易日以及当天成交均有较大的放量。而实际上这个量很大程度上来自于主力通过对倒的方式制造的,意在引诱投资者入场接盘,以完成自己的出货计划。遇到这类走势的个股,首先要看其所处的价格区间,如果是在历史的高点位出现这种走势,就应该考虑减仓或者清仓。

图 7-23 厦门港务某日分时图

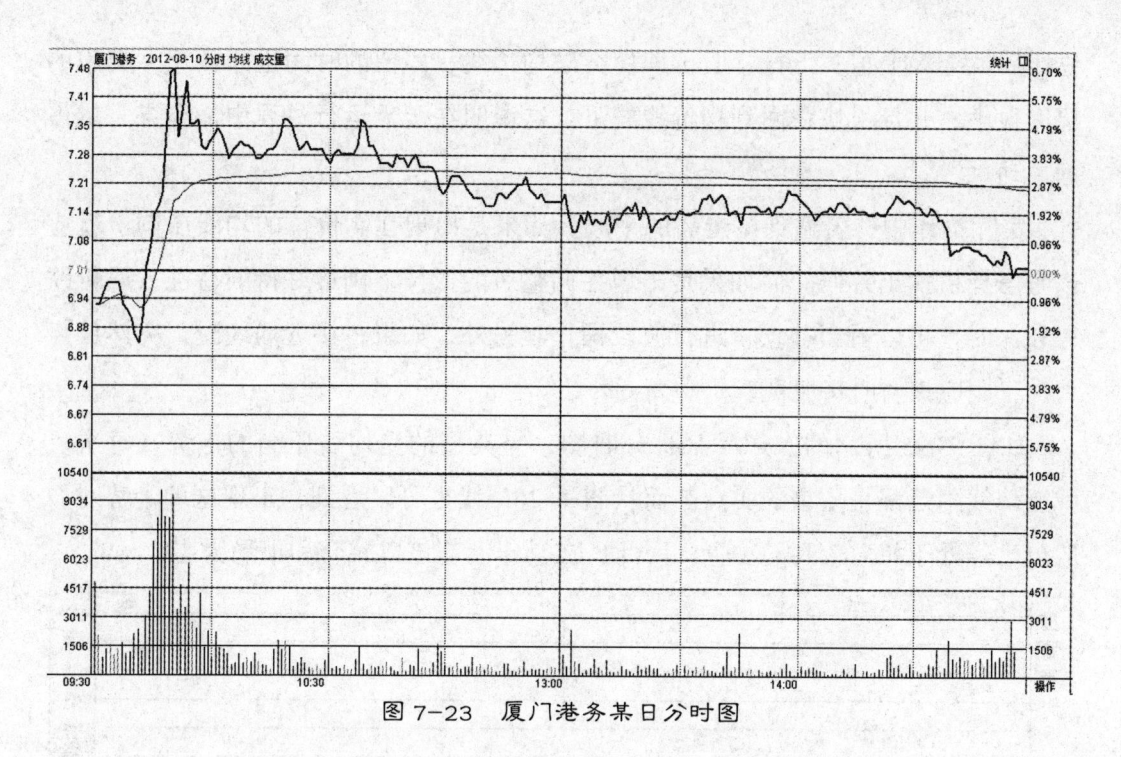

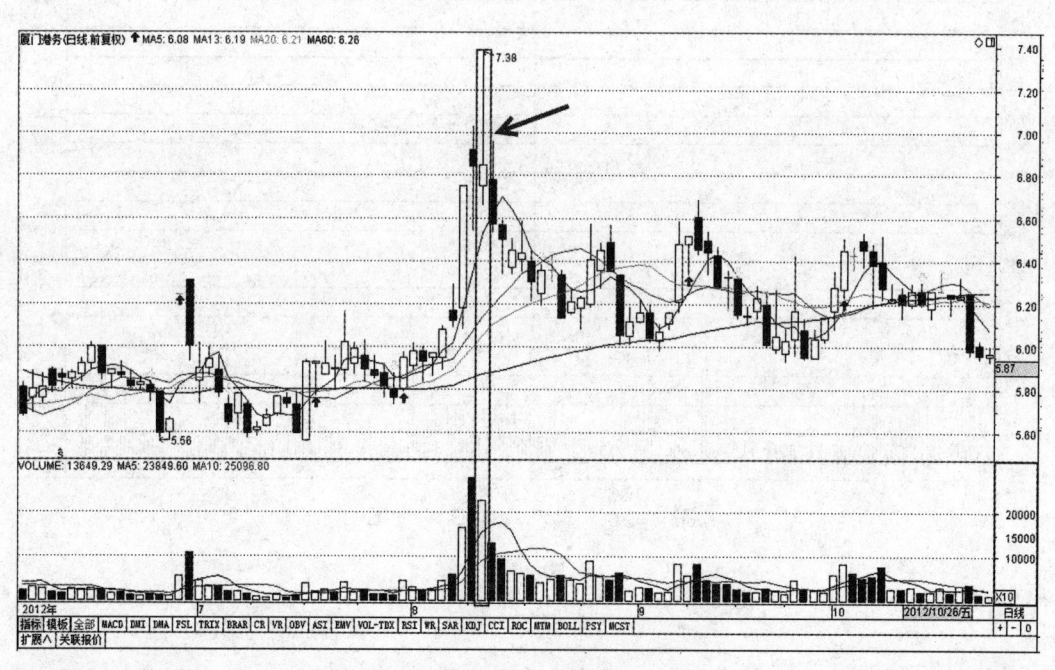

图 7-24 厦门港务K线图

三、受均线压制时的卖点技巧

股价大部分的时间在均价线以下运行,偶尔上升到均价线附近或短暂上穿均价线后就会马上掉头下行。股价即使突破均价线，停留的时间也非常短，突破的幅度很小，并且很快跌回到均价线之下。这说明在全天运行过程中，空方力量占据主动。

实际操作中，若遇到该走势的个股，如果是出现在高价位的均线压制，就应该考虑择机卖出筹码。而如果是出现在调整后的低位，则最好持股待涨。股价跌得较深时，可以适当补仓，进行波段操作。另外，如果在接近均线时，突然放量上冲，则应该暂时持股观望。

如图7-25所示的农产品某日分时图，是典型的受均线压制的走势。每次反弹至均线附近都是不错的卖点。而从图7-26K线也可以看到，出现这种走势时，股价已经处于相对较高的位置。因此，在操作上应该以减仓和出局为主。

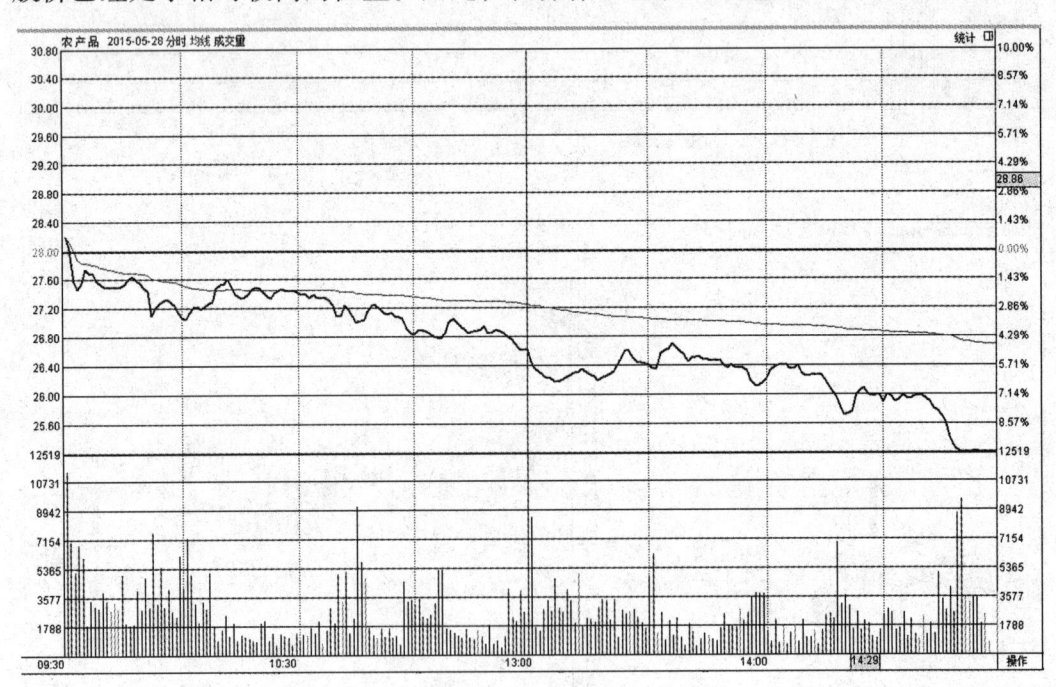

图7-25 农产品某日分时图

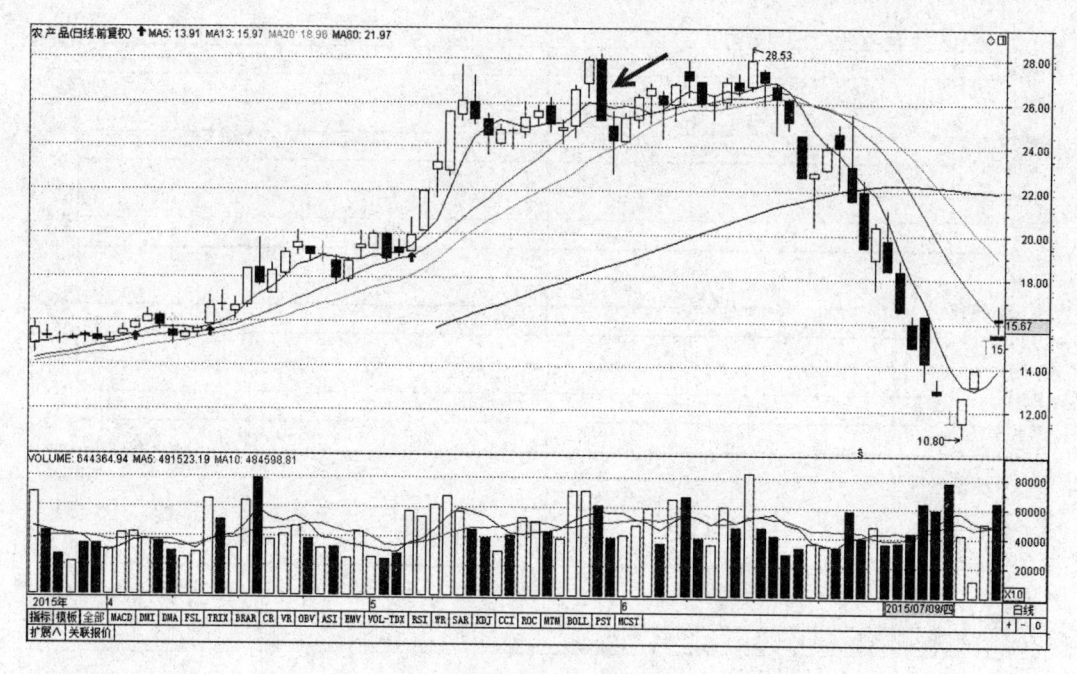

图 7-26　农产品 K 线图

四、受收盘线压制时的卖点技巧

与受均线压制类似，这也是一种空方力量占据优势的形态。主要表现在股价全天大部分时间，甚至是全天都运行在前日收盘线之下。每次反弹到前日收盘线附近时就会遇到阻力再次反转下行。

实际操作中，如果这种走势出现在股价处于相对高位的区域，可在反弹至前日收盘线附近时考虑卖出。如果出现在股价处于相对低位的区域，则可以持股等到第二天继续观察其走势，如果依然走低，也应该及早出手。

另外需要指出的是：该形态在第一次遇阻时不能假设形态成立，如果第二次再次遇阻，可暂时假设成立，但如果在收盘线附近出现放量上攻，则形态不成立。

如图 7-27 所示的广聚能源某日分时图，就是这种受收盘线压制的走势。从图中可以看到，股价每次反弹到前日收盘线时都会遇阻回调。而从图 7-28 K 线可以看到，当时股价刚刚经历了一次急跌过程，仍处于下跌的行情中，虽然多方仍在挣扎，但终因反弹无力而继续下跌。

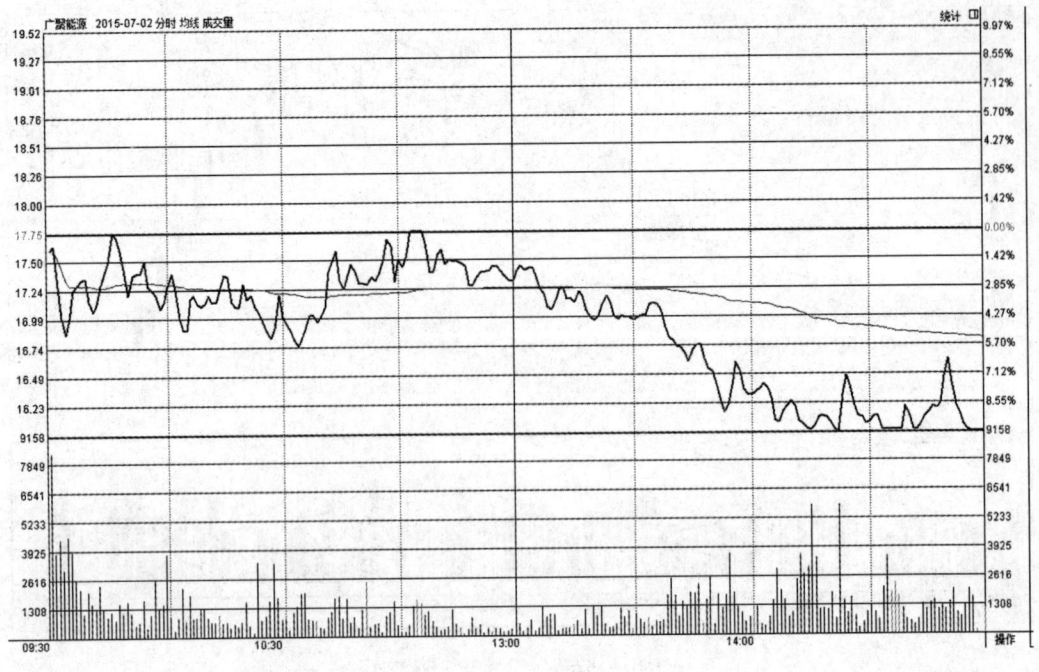

图 7-27 广聚能源某日分时图

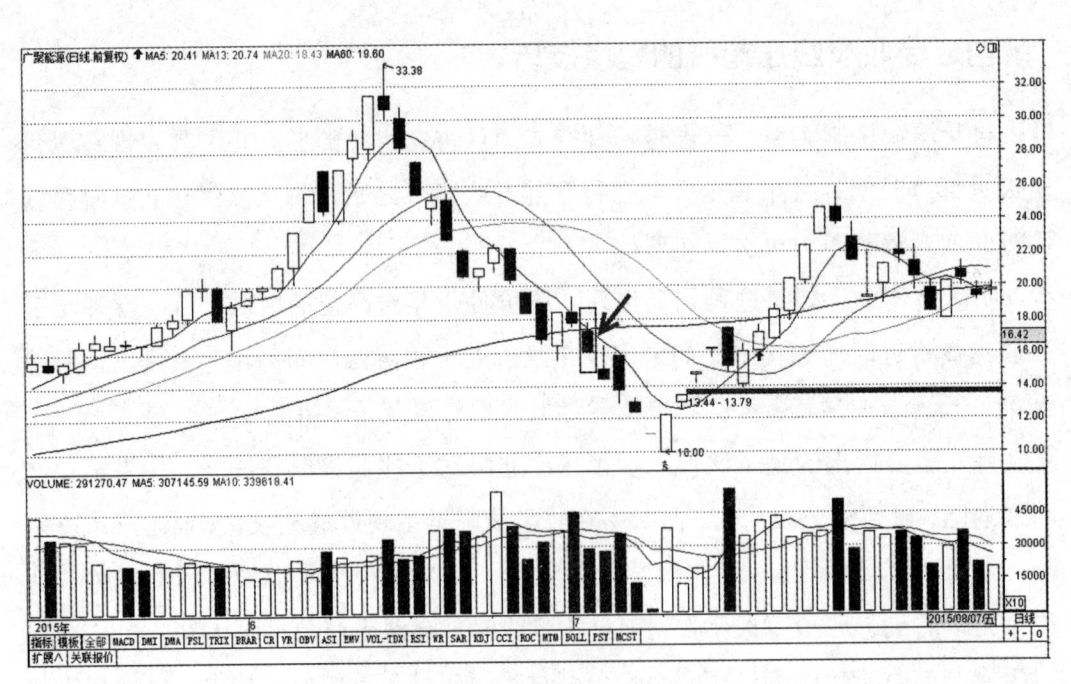

图 7-28 广聚能源 K 线图

五、放量冲不过前日收盘线时的卖点技巧

股价开盘后一直在前日收盘线之下运行，在上冲前日收盘线时放出大量，却无法有效突破，随后又再次反转向下，这是股价弱势的一种表现。投资者遇到此类情况，特别是在上涨的高位区域遇到该情况，建议先撤出观望。如图 7-29 所示的杭萧钢构，就是类似这种走势。在上冲无果之后，开始震荡下跌。

图 7-30 中标示了当天的 K 线位置，从其位置中可以看到，之前股价已经有了较大的涨幅，且之前的两三天，股价已经出现了上涨无力的态势，因此，投资者应该果断斩仓。

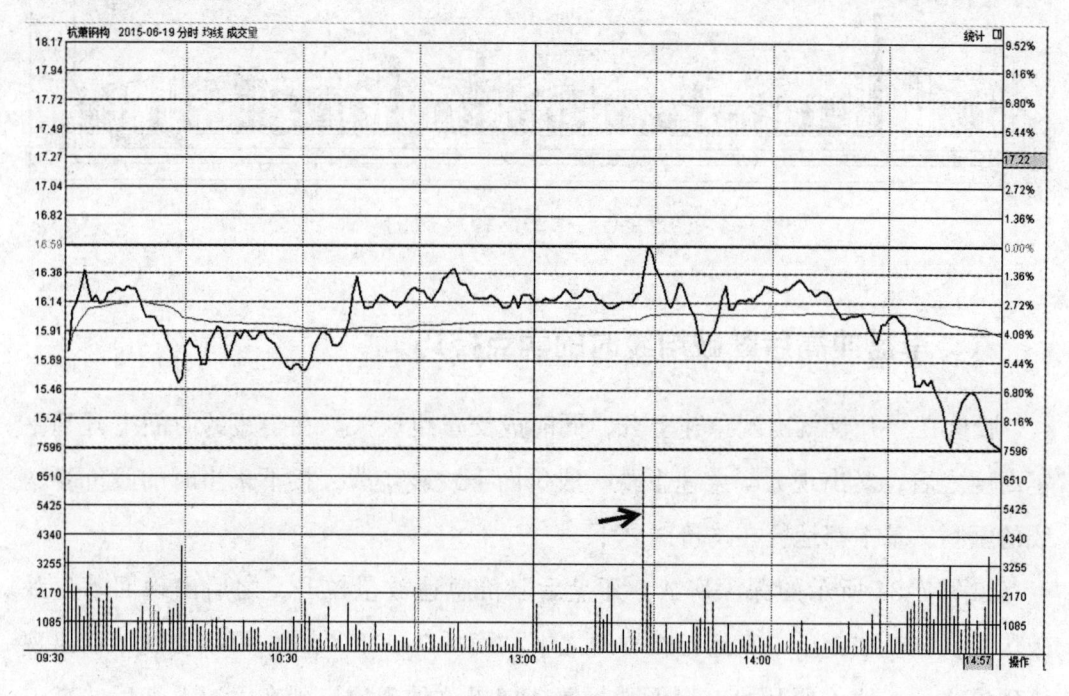

图 7-29 放量冲不过前日收盘线

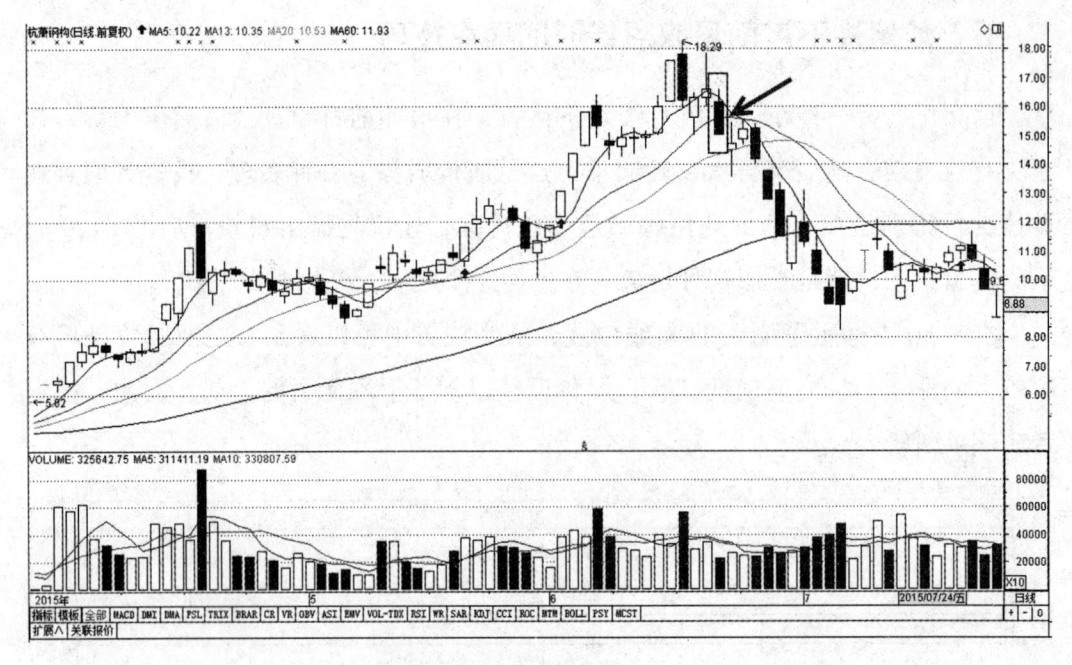

图 7-30　杭萧钢构 K 线图

六、早盘冲高后跌破均线时的卖点技巧

股价在一开盘就出现急速上升，同时成交量也放大。在很短的时间上升到一定高度之后，又出现大幅急速下跌。股价向下跌破均线，接下来当时的股价受均线的压制，基本都运行在均价线之下。

如图 7-31 所示的深深房 A，开盘后股价急速放量拉升，之后出现回落，跌破均线，并且在此后一直运行在均线之下。而从 7-32K 线图中可以看到，在出现该现象之后，股价便开始走出下跌行情。如果这种现象出现在大幅上涨后的高位区域，则应该毫不犹豫的卖出股票。而如果是在股价在底部启动的初期，则往往是主力试盘的手法，可以暂时持股观望。

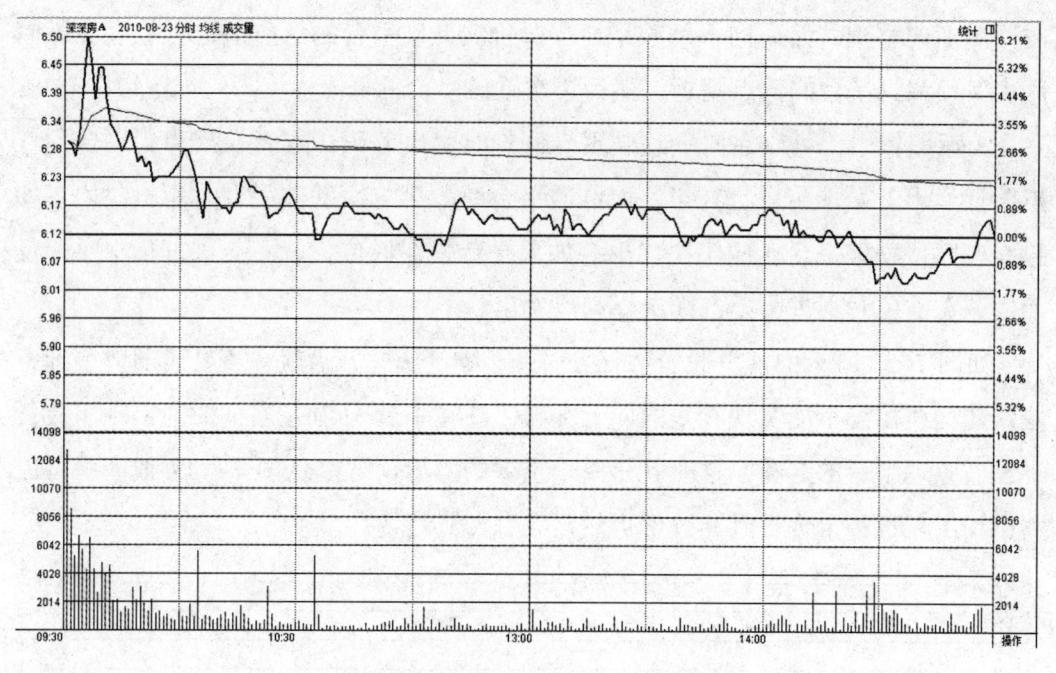

图 7-31 深深房 A 某日分时图

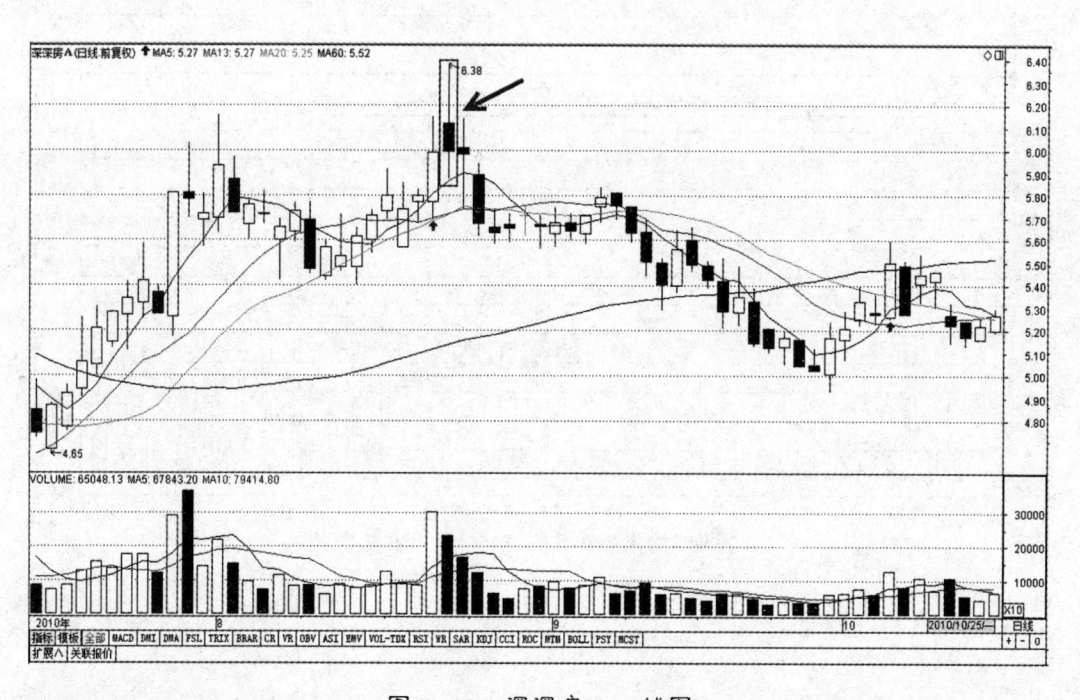

图 7-32 深深房 A K 线图

七、跌破平台时的卖点技巧

跌破平台是指日 K 线处于高位或下降过程中。股价线在离均价线附近进行长时间的横向整理，然后向下跌破平台。股价线跌破平台的低点后，可能会在短时间内又反弹到平台的低点附近，然后再次跌破平台的低点。

实际操作中，可以在向下跌破平台低点时卖出筹码，或者在反弹到平台的低点附近卖出。最佳买点是在第一次跌破平台时。第二次跌破平台时卖出次之。如果是在高位跌破平台，应坚决卖出。如果平台是在低位，就不应该过早出手，反而应该在破位时买进，第二天选择高点卖出。

如图 7-33 所示的富奥股份某日分时图，股价从一开盘就一直处于弱势整理，围绕着均线始终不能实现有效的向上突破，并在午后 1:40 左右的时间出现了放量下跌破整理平台的走势，这时就是一个重要的卖出信号。从图 7-34K 线图中可以看出，出现这种走势之后，股份仍然延续着弱势行情。

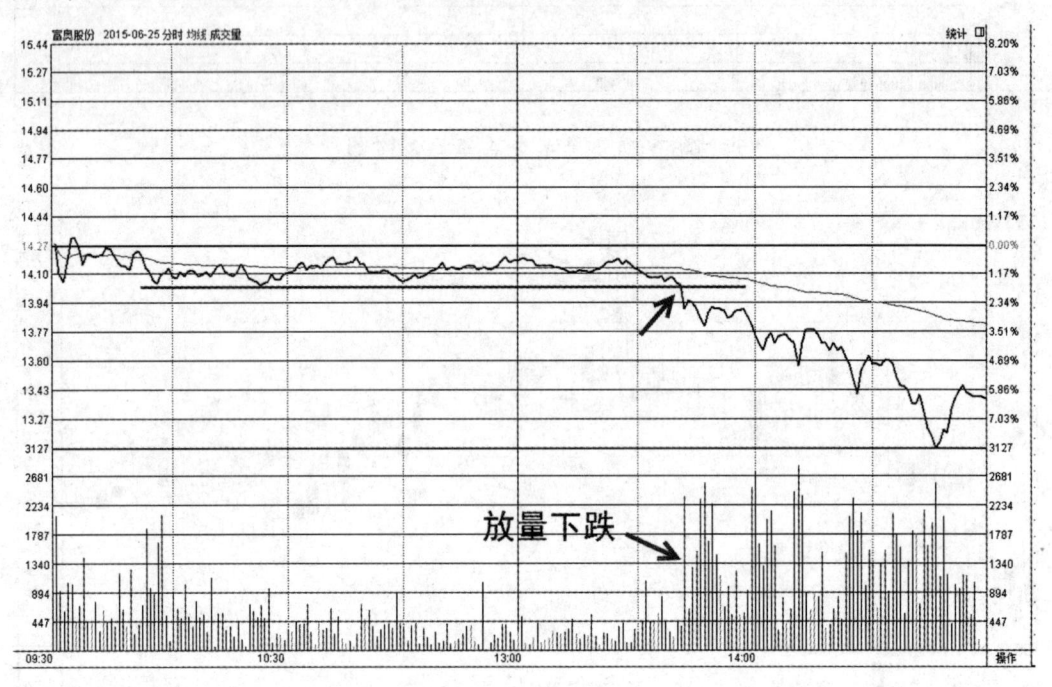

图 7-33 富奥股份某日分时图

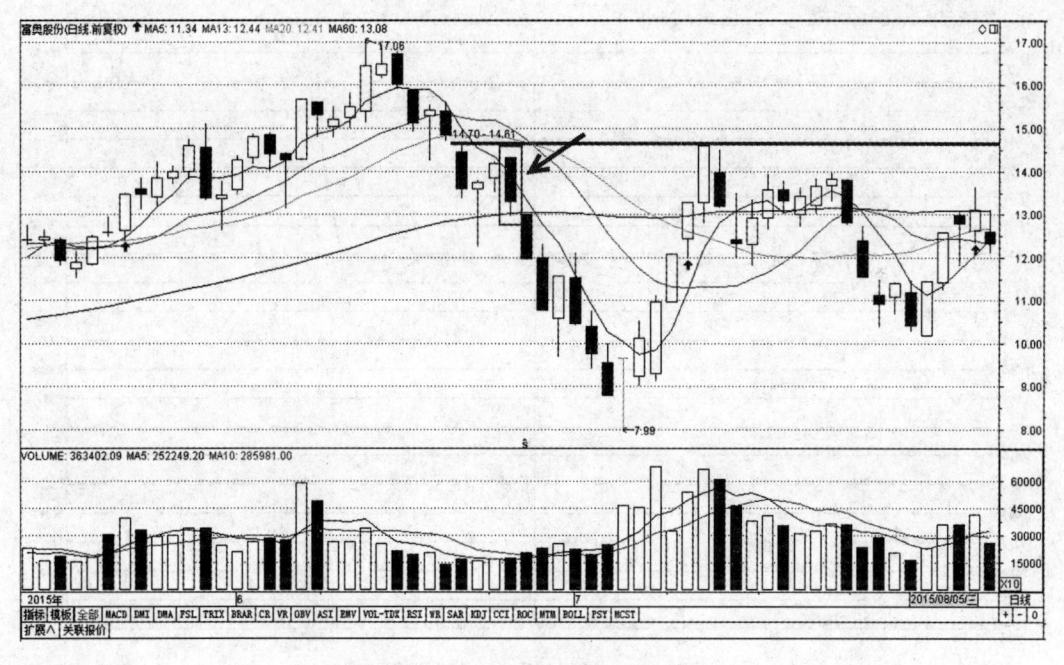

图 7-34 富奥股份 K 线图

八、涨停板多次被打开时的卖点技巧

涨停板被打开可以出现在任何阶段，不同的阶段所代表的含义也是不同的，有时打开涨停板是为了洗掉一些获利盘，有时则是因为主力故意拉涨停进行出货导致的。通常如果是主力要出货，往往打开的时间就比较长，或者打开的幅度较大。然后再次封住涨停。而如果是为了洗盘，往往打开的时间较短，幅度也不会很大。但具体还要我们结合当时股价的位置和走势等因素综合考虑。

如图 7-35 所示的形态，就是这种形态。图 7-36 所示的西藏天路 K 线图中标示了当天的位置，可以看到，当时股价已经处于下跌过程中，而且股价相对较高，出货的可能性很大，因此，在这种情况下，投资者应该清仓出局。

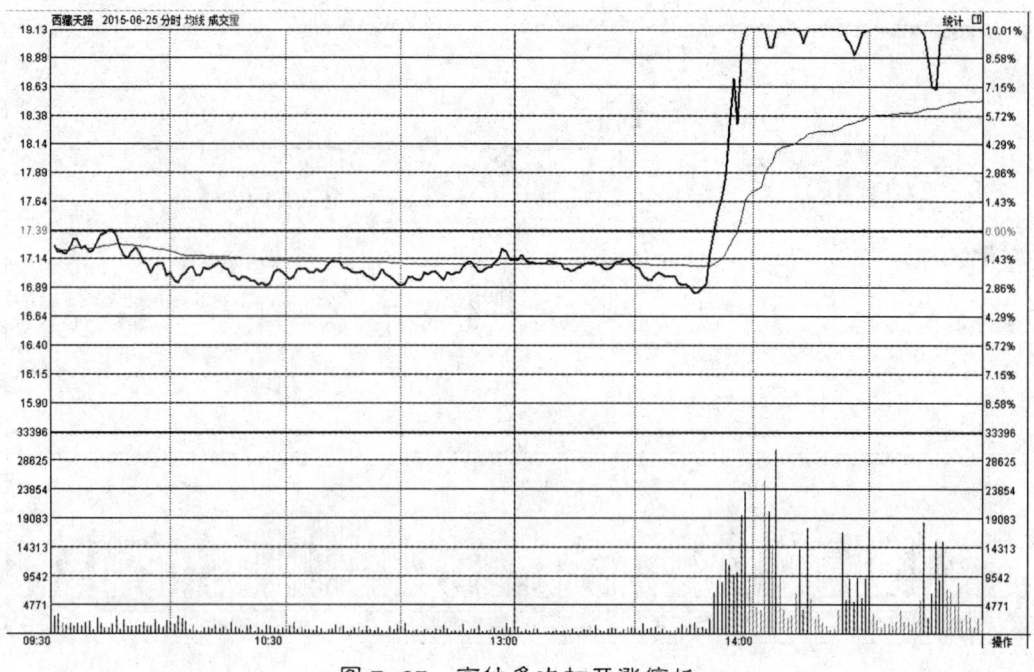

图 7-35 高位多次打开涨停板

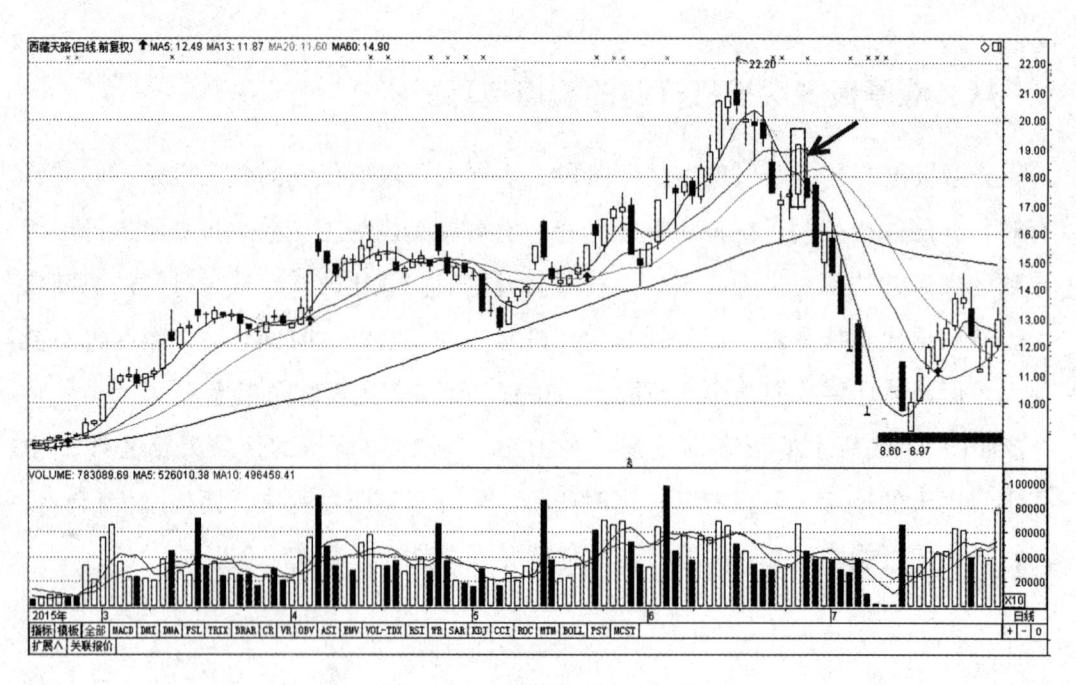

图 7-36 西藏天路 K 线图

九、高位涨停无力时的卖点技巧

高位涨停无力是指股价从底部开始经过长时间的拉升已经达到了较高的位

置，上涨动力出现衰竭，开始高位滞涨，但在某天却将股价拉至涨停。同时成交量也有明显的放大。但整个上涨的过程显得较为吃力，而且封住涨停的时间较短。在高位出现这种现象，就要引起投资者特别注意。如果当天没有卖出股票，次日一旦股价开始走弱，就要立即出局。

如图 7-37 所示的中信海直某日分时图，经过一天的震荡，尾盘一度触及涨停板，但收盘仍以一分之差没有收在涨停价。从当天成交量来看，如此大的成交量都是在全天的上下震荡中产生的，明显拉升出货的嫌疑。再结合图 7-38K 线来看，此时股价在经过连续的拉升之后，已经翻了两倍多，明显处于高位区域。且在出现该涨停之前，股价已经出现了明显的滞涨。因此，在这个时候出现这种走势，投资者就要特别小心。趁高出局是最好的选择。

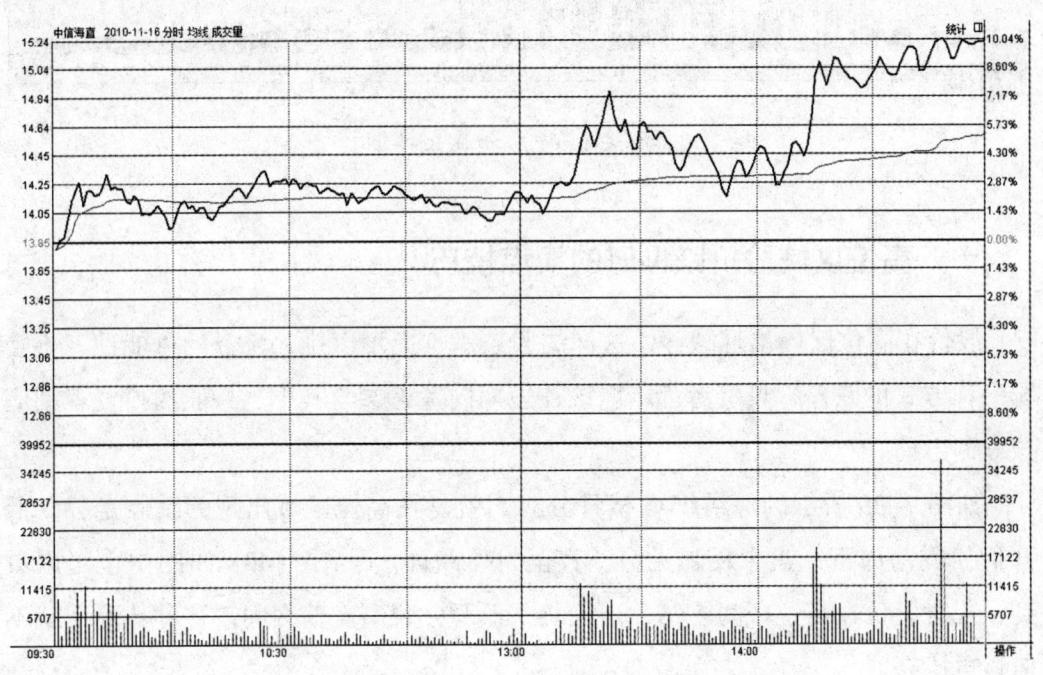

图 7-37 中信海直某日分时图

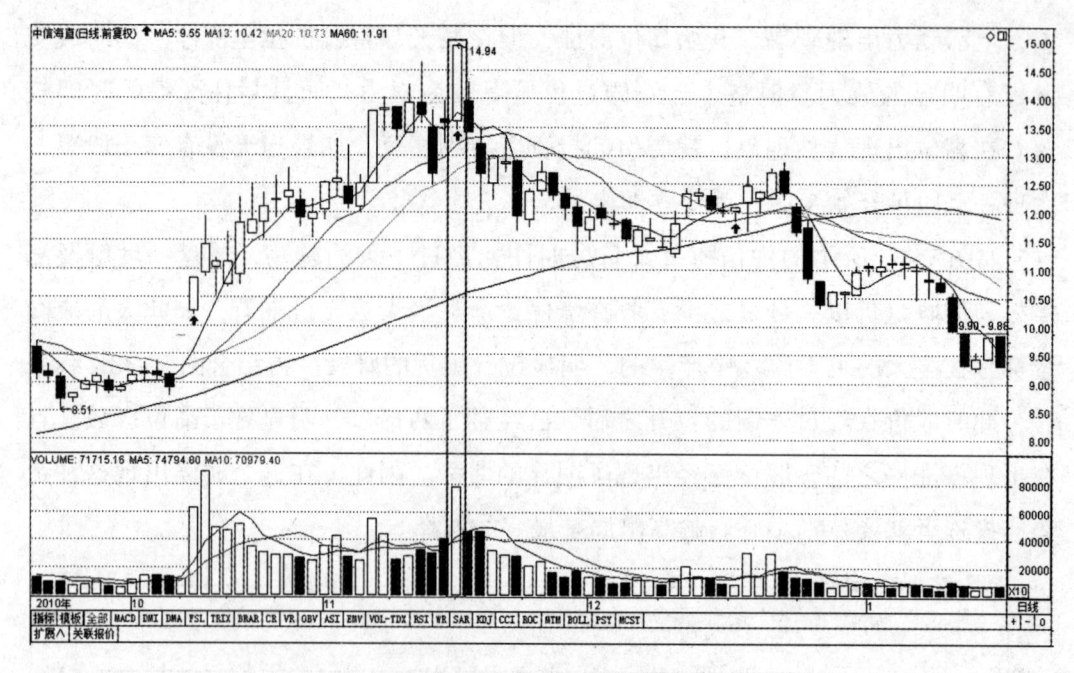

图 7-38 中信海直 K 线图

十、高位区域股价跌停时的卖点技巧

股价在高位区域出现跌停，这样的股票基本上可以排除洗盘的可能性，不管哪一种方式的跌停，投资者都不应该在短期内考虑参与其中，持股的投资者则应该立刻出局。

如图 7-39 所示的深纺织 A 某日分时图就是在高位区域出现的跌停走势，低开后便震荡向下，盘中反弹无力，直至封住跌停。从图 7-40K 线图中也可以看到，当时股价在高位区间震荡，当天跳空低开，脱离震荡区间。这种情况下就不应该再持有。

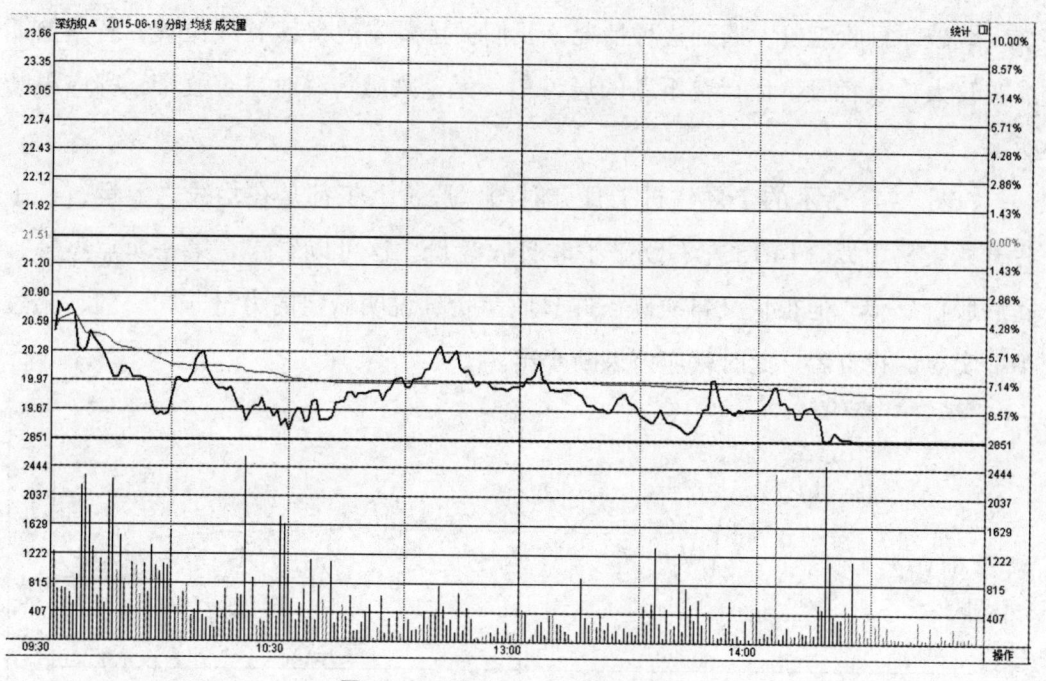

图 7-39　深纺织Ａ某日分时图

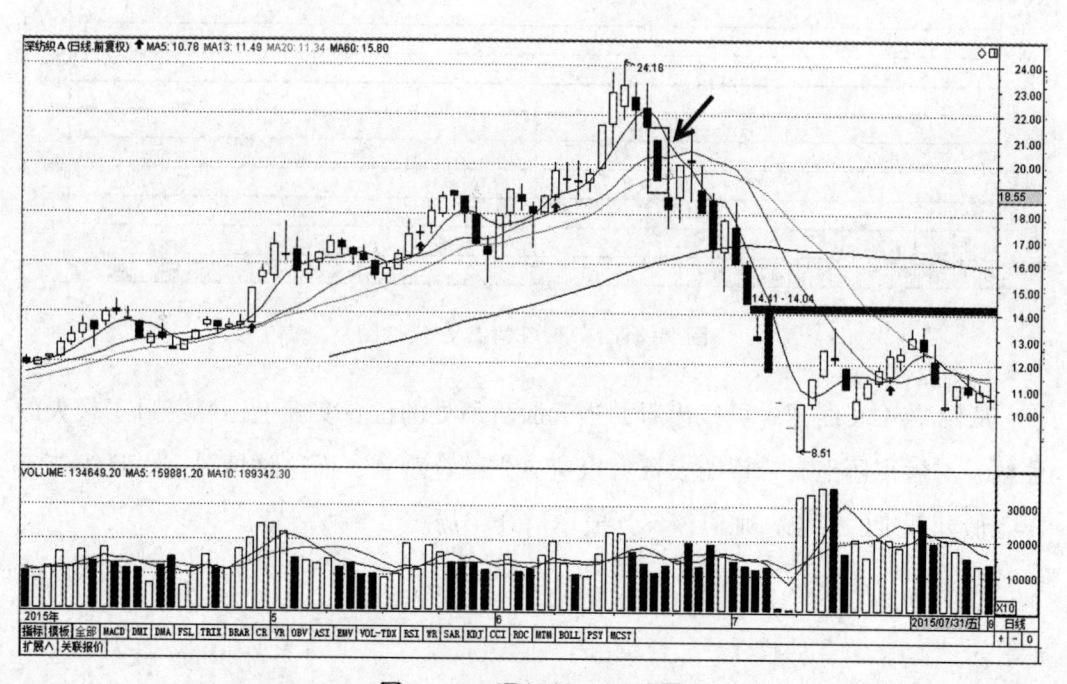

图 7-40　深纺织ＡＫ线图

十一、盘中下穿昨收盘价时的卖点技巧

在分时走势图中，股价全天大多数时间运行在昨日收盘价之上，午后震荡下

跌，跌破昨日收盘价。遇到这种情况，我们一定要先观察其K线位置，若是前期涨幅较大，或者股价运行在下跌的通道中，无论跌破均线时是否放量，都应果断卖出。

如图7-41所示的宁夏建材某日分时图，股价上午都是在均线之上运行，午后开始震荡下跌，14:15左右跌破了昨日收盘价，这可以看作是第一卖点位置，随后股价反弹，但很快又再次跌破昨日收盘价，说明做空的力量非同一般，错过第一卖点的投资者，此时就应该果断卖出。

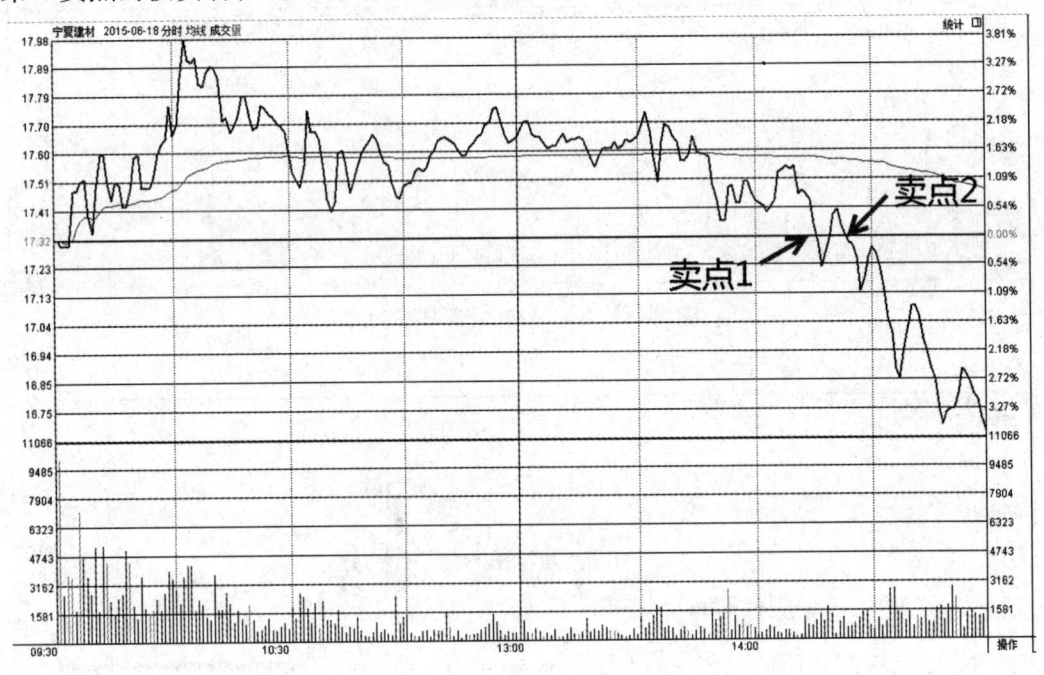

图7-41 宁夏建材某日分时图

从图7-42K线图中可以出看，当天股价所处的位置实际上已经经过了较大的涨幅，对后市还抱有希望的投资者也应该先减仓观望，而这种情况，一旦第二天出现低开低走的现象，则应该不计成本清仓出局。

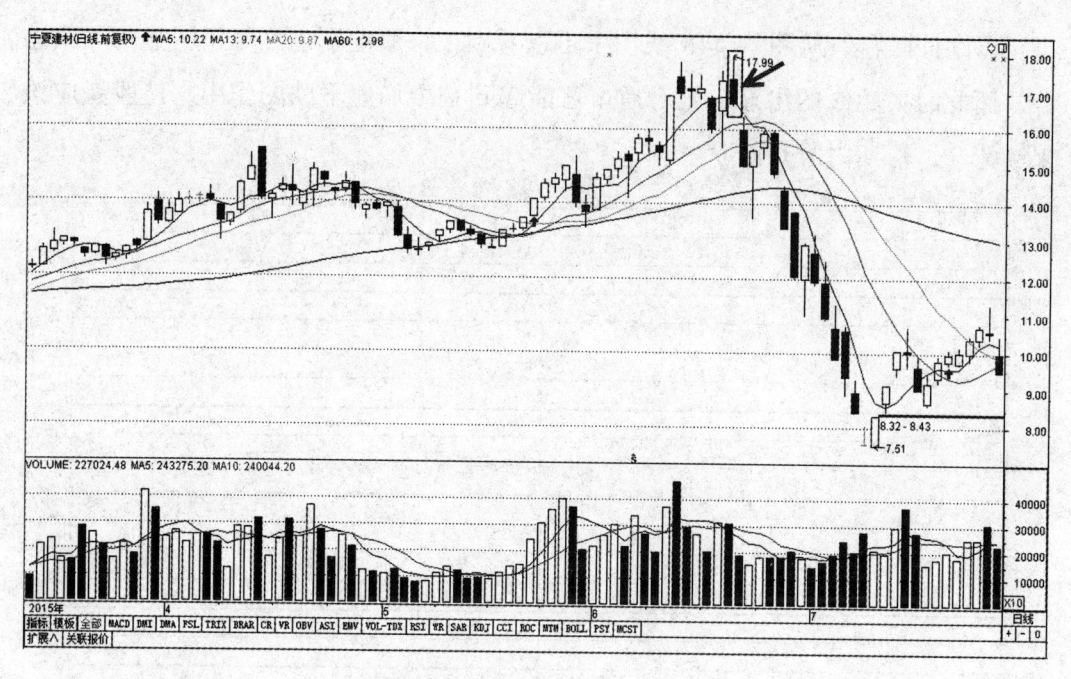

图 7-42 宁夏建材 K 线图

十二、尾盘打压时的卖点技巧

尾市打压是指股价全天走势基本正常，但是在接近收盘的半小时左右，甚至是收盘的前几分钟，突然出现大笔卖单，股价出现急跌。尾盘打压分两种情况。一是，股价线全天基本在均价线之上运行，收盘前向下突破均价线；二是，按当日的 K 线走势本应以阳线收盘，但是却在收盘前跌至阴线。

尾市下跌形态的出现，说明该股在尾盘突然出现了大量的主动卖盘，后市走势堪忧。若该形态出现时，说明临近收盘时刻，先前的投资者因为担心后市走低而杀跌出局；若该形态出现在高位顶部区域，并且日 K 线图种也呈现出明显的跌势，说明市场中有主力机构在尾盘杀跌出货。如果在下跌的趋势中，后市继续下跌的概率仍然较大。

在实际操作中，如果在高位出现尾盘打压，有两种可能。第一种可能是主力在出货。第二种可能是主力再次拉升股价前的洗盘行为。主力通过对尾盘的打压来误导投资者，以减轻获利盘的压力。从而加快股价后期的上升速度。如果在低位出现尾盘打压，则很有可能是庄家骗取筹码的手段。

如图 7-43 所示的中国石化某日分时图，就是在尾盘半小时内出现加速下跌，直至以跌停收盘。从图7-44K线图中可以看到，该股前期已经处于明显的下跌趋势，而此时大阴线的出现，则对后市可能起到一个加速下跌的作用，持股者应该果断清仓，短期内避开该股。

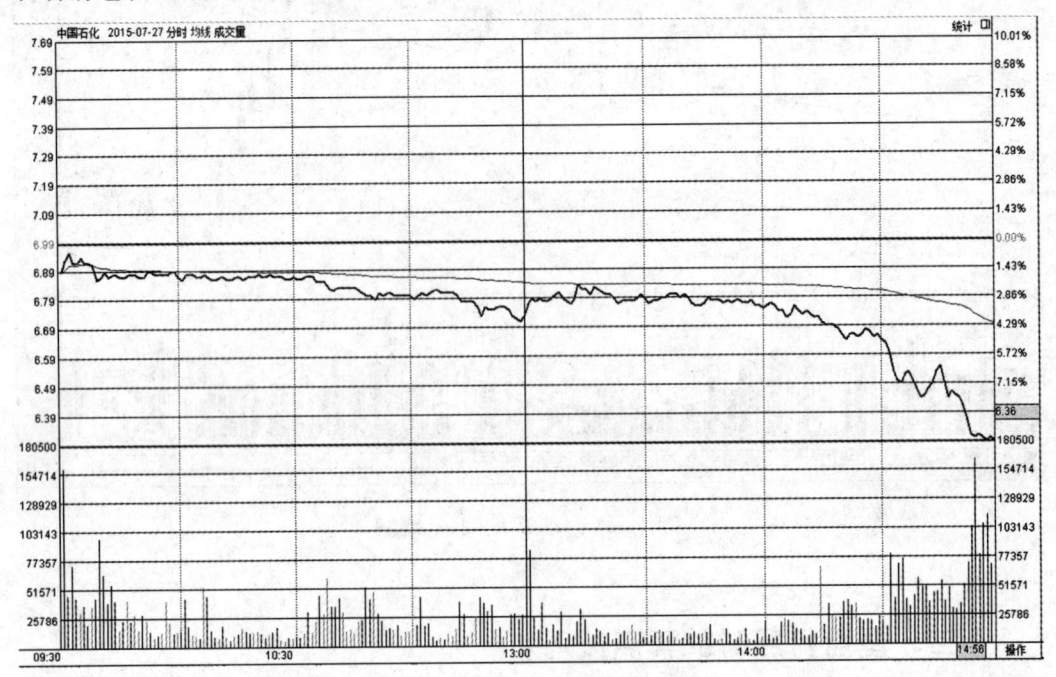

图 7-43 中国石化某日分时图

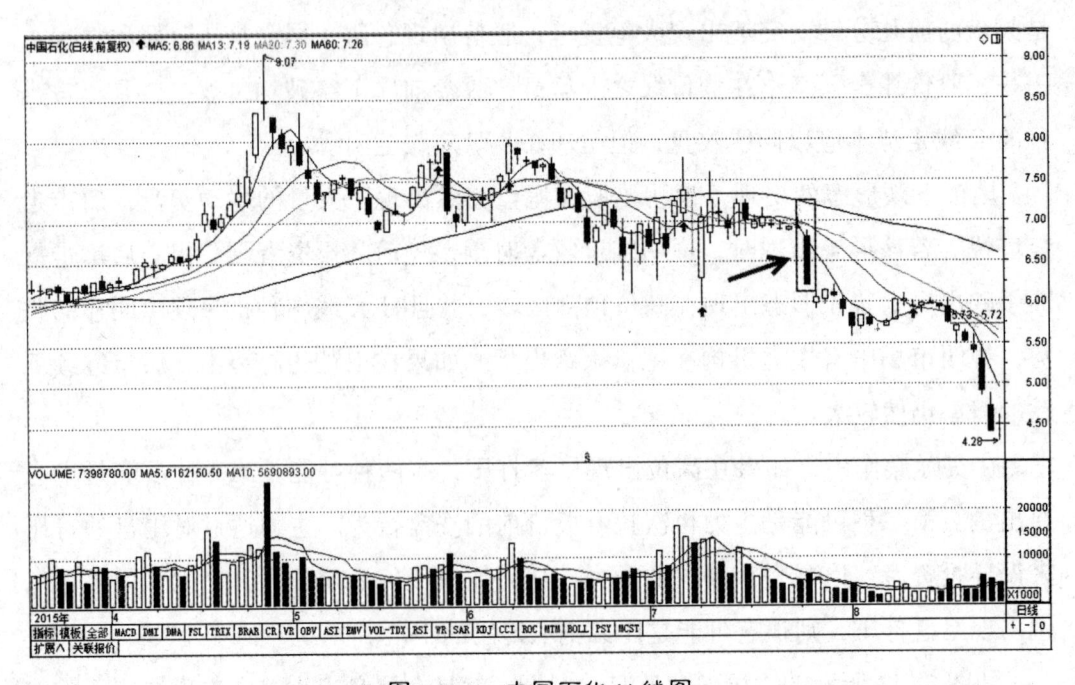

图 7-44 中国石化K线图

第 8 章 抄底与追涨战法

短线操作讲究的是在短期获得预定的收益，其中大胆抄底与大胆追涨都是不错的选择。如果能够正确判断出底部并且精准抄底，收获自然会不小；同样如果能够把握追涨技巧并且敢于追涨，同样可以在短期内获得不小的收益。本章介绍如何抄底与追涨战法。

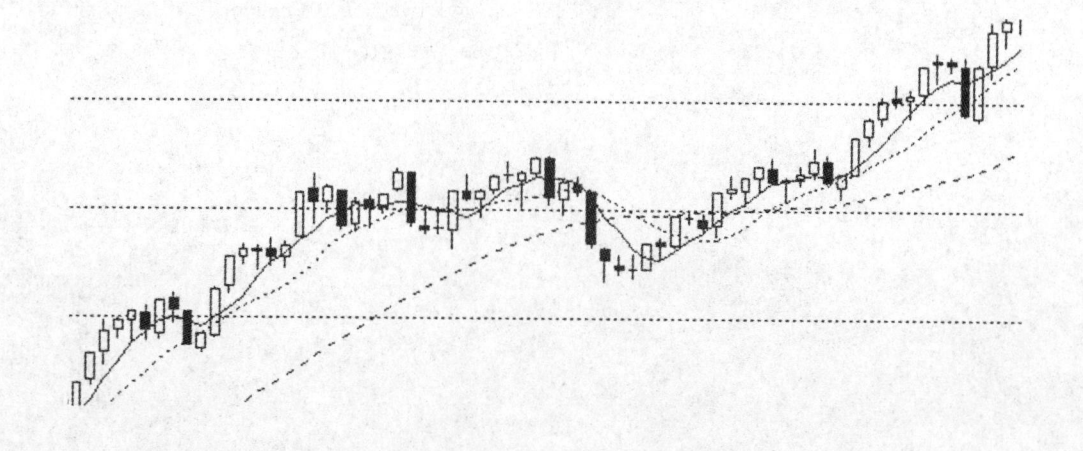

第一节　抄底的时机把握

几乎每个投资者都希望自己的买入位置是一个相对的底部。这样，不仅短期内风险极小，而且还可能获得较丰厚的利润。如果判断得当，甚至可以在几个交易日内实现资金翻倍。当然，抄底也是有一定的技巧，比如哪些股适合抄底，抄底有哪些原则等，下面我们从 4 个方面进行探讨。

一、哪些股适合抄底

实战中，投资者往往都希望买在一波行情的最低点，也就是能够抄到一个底。实际上，抄底也是有讲究的，并不是任何个股都可以进去抄底的。比如有的股票是因为主力彻底的离场或者基本面的恶化而导致下跌，还有一些跳水的老庄股都要格外小心。下面我们来看看什么样的个股适合抄底：

（1）基金重仓股。这是抄底的最佳的选择，因为基金公司在投资前都会进行比较充分的研究和论证，对公司的基本面了解较为深刻，有他把关的个股比较令人放心。加上基金的操盘手法具有明显的追涨杀跌的痕迹。只要对于他的手法有一定的了解就可以进场抄基金重仓股的底。

（2）有发展前景的股票。比如工业 4.0、虚拟现实、新能源汽车等行业的个股就是比较具备投资价值的。当然，如果能够有一定业绩保证则更可以大胆介入。

（3）热点的龙头股。当一个热点板块整体出现回调时，可以本着擒贼先擒王的原则买入其中的龙头个股或者业绩最好的个股。因为龙头股有着非常重要的带头作用，往往会率先反弹。

（4）价格已经远远低于其历史成交密集区和近期的套牢盘成交密集区的个股。

（5）经历过一段时间的深幅下调后，价格远离 20 日均线、乖离率偏差较大的个股。

另外，在抄底时，我们要注意以下 4 点：

（1）从成交量分析，股价见底之前，成交量往往持续低迷，当大势走稳之际，则要根据盘面的变化，选择成交量温和放大的活跃品种。

（2）从形态上分析，在底部区域要选择长期低迷、底部形态构筑时间长，形态明朗的个股。

（3）从个股动向分析，大盘处于底部区域时，要特别关注个股中的先行指标，对于先于大盘企稳，先于大盘启动，先于大盘放量的个股要密切跟踪观察，未来行情中的主流热点往往在这类股票中崛起。

（4）通过技术指标选股时，不能仅仅选择日线指标探底成功的股票，而要重点选择日线指标和周线指标、月线指标同步探底成功的股票，这类个股构筑的底部往往是历史性的底部。

二、如何把握底部

在正常行情下，对于底部的把握，我们可以通过以下 3 个方面进行判断。

（1）股票见底的位置把握，没有只涨不跌的股票，也没有只跌不涨的股票。一般情况下，当股票跌至一定的位置，就会出现触底反弹。而这些位置往往可能出现在前期低点、历史底部、重要均线位（如 20 日均线）或者成交密集区。

（2）从成交量来看，当成交量极度萎缩之后，于某一日出现了明显的增量情况，往往预示着反弹行情的到来。如图 8-1 所示。

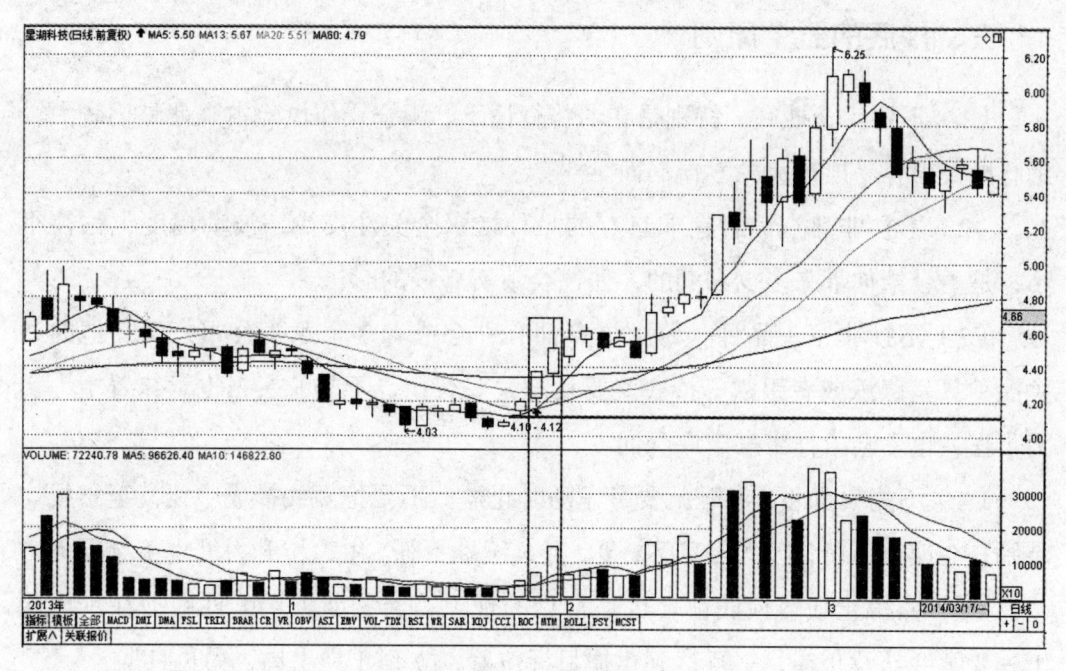

图 8-1 底部放量

（3）如果突然有一天成交量大增，收出中阳线，即突破盘局，且股价站在 10 日线之上；突破之后，均线系统开始转为多头排列。这预示着股价即将脱离底部，开始反弹甚至反转行情。如图 8-2 所示。

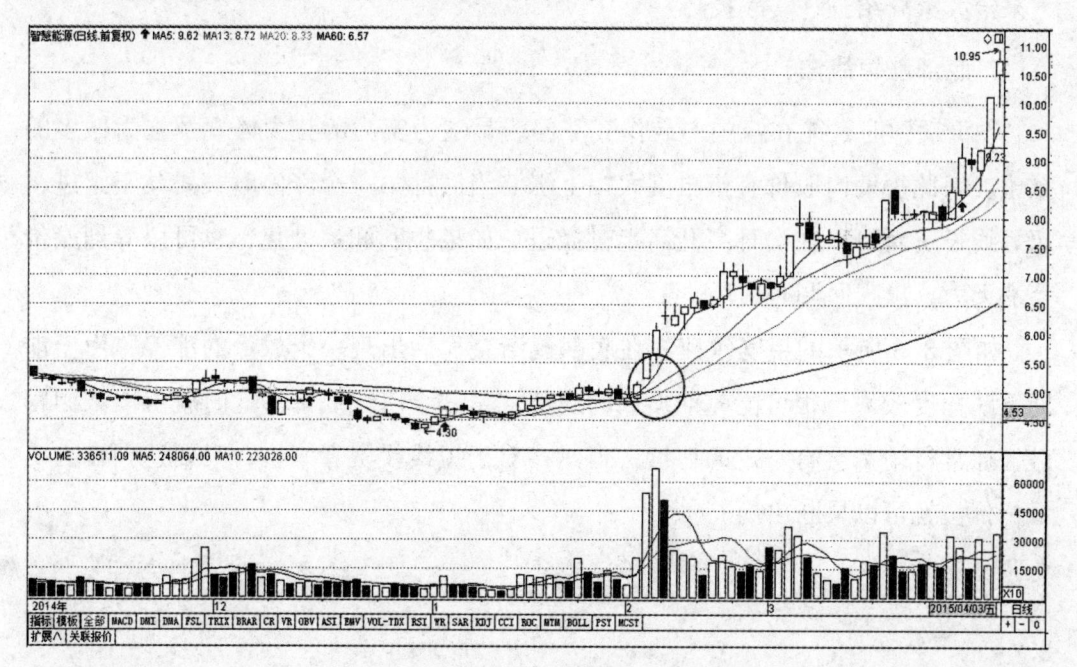

图 8-2 中阳突破后均线多头排列

三、抄底的五个原则

（1）不要满仓抄底。特别是在弱势行情下，满仓操作风险本来就是比较大，满仓操作很容易出现大幅亏损局面。

（2）不抄非热点品种。非热点的品种受资金关注度少，波动幅度也往往很小，是不会给你带来多少利润的，往往会浪费赚钱的时机。

（3）不抄非龙头品种。每个热点都有一个或者多个龙头公司，而其他的相关品种只是跟涨或者跟跌。抄底就要找准龙头公司，不是龙头，也意味着主力实力不强，也不会给你带来丰厚利润。

（4）不能太贪心，有赚就要考虑随时止盈。不要把短线抄成中线甚至长线。特别是在熊市行情，行情会反反复复，且延续性不强，主力拉升力度也不会很大。

（5）懂得止损，抄底被套也是常见的现象，当判断失误，抄底抄在了山腰上，要学会认亏止损，一旦达到止损目标位置，立刻止损出局，另觅良股。

四、抄底技巧实战

抄底最重要的是掌握好抄底技巧，但是怎么抄底会比较好，有哪些方法，接下来给大家介绍三种实战技巧。

1. 底部涨停战法

股价反弹时，能在盘中一鼓作气涨停，是主力实力的势力体现及主力做多的欲望。因此短期内股价有望再度大幅上涨。当底部第一个涨停时，要敢于跟进，超短线投资者可以在次日高开高走时撤退。如果想利润最大化，也可以等到股价上涨无力，出现回调时出局。

如图8-3所示的星网锐捷，在底部逐渐企稳后出现一个放量的涨停，由于前期下跌幅度较大，很可能前期形成的底部就是一个阶段底部。此时就可以大胆跟进，通常行情都会有一定的持续。当然，对于短线投资者来讲，只要达到自己的目标价位就可以果断出局。

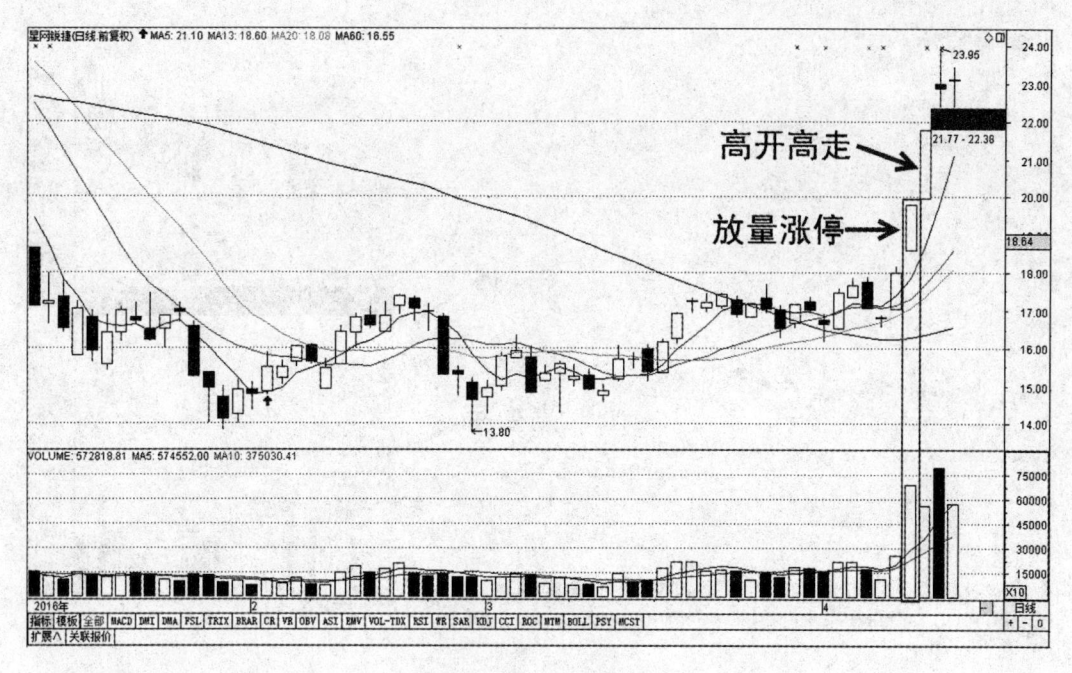

图 8-3　底部涨停

2. 高换手战法

股价在涨停时，当天换手率要大，至少要达到 5% 以上。这样主力即使要出货，也要连续保持几天震荡盘升诱多行情才行，这也为短线买入者带来了利润空间。如图 8-4 所示的沈阳机床，在 60 日线上方经过长期的窄幅震荡吸筹，终于在某日放量向上突破，并于当天涨停，换手率达到 6.74%，对于此类个股，投资者应该积极跟进，短线都会有一定的获利空间。

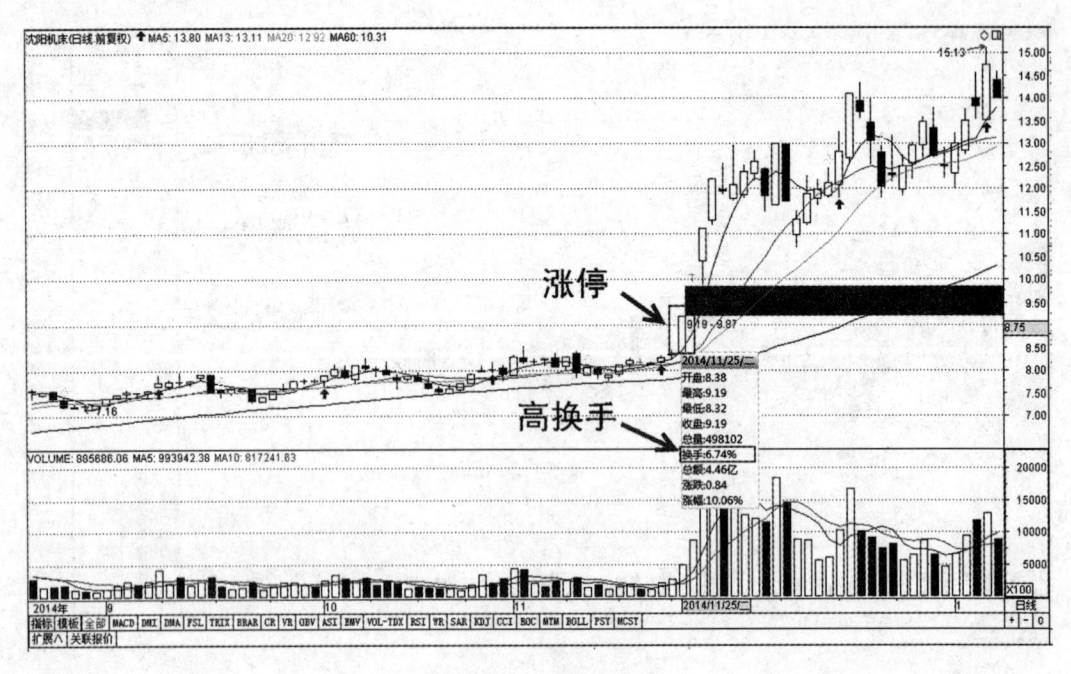

图 8-4　高换手涨停

3. KDJ 指标战法

KDJ 指标是一个短线指标，对于日 K 线来讲，它的快速变化往往会影响投资者的正确判断。但是对于周 K 线来讲，KDJ 指标却有着相当妙的用处。当周 KDJ 指标在 20 区域以下，当 J 线开始拐头向上，穿越 KD 线形成金叉时表明机会将来临。

如图 8-5 所示，是吉林化纤的周 K 线图。从其周 KDJ 指标可以看出，在 20 以下，J 线向上穿越 KD 线时，也恰恰正是一波短线行情的机会。

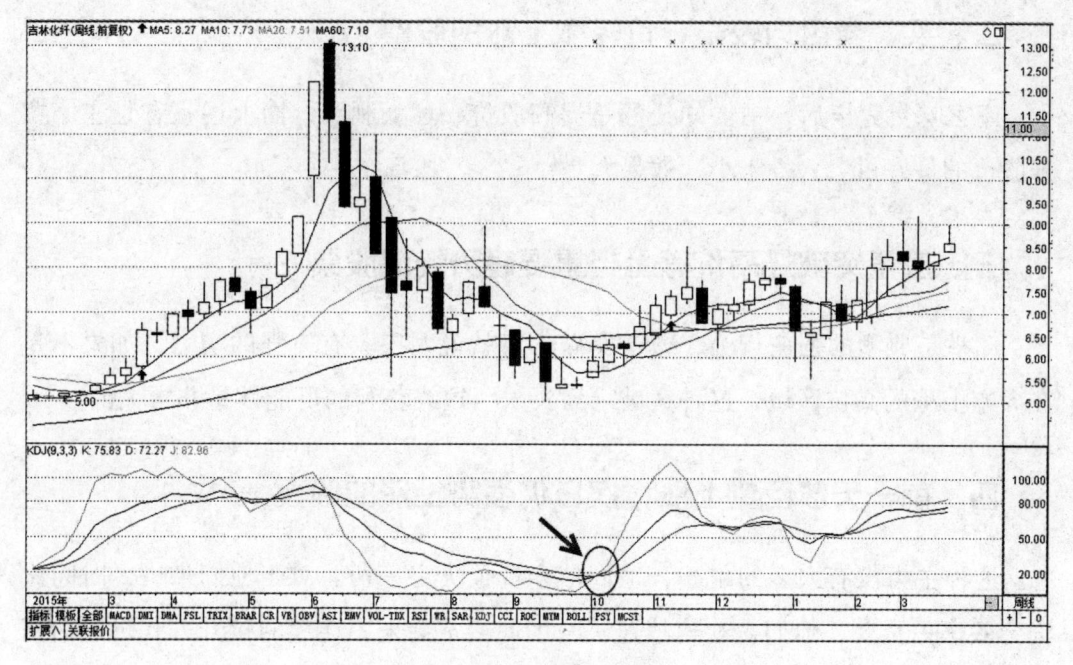

图 8-5 KDJ 指标战法

第二节 寻找短线好股票

当然这里所说的好股票，并不是指股票本身的质地或者业绩，而是用股票短线上涨潜力的强弱来衡量。

一、买盘较小，卖盘较大，但股价不下跌的股票

这种现象说明此股票很可能处于庄家收集后期或拉升初期，大量卖盘是由庄家为低价收集筹码而设置的上盖板，也可能是拉升初期涌出的短线浮筹，股价不下跌是由庄家的隐形买盘（即目的性买盘，通常是即时成交的、隐形的。庄家在盘面上显示的买卖盘通常是假的，骗人用的）造成的。此类股票随时可能大幅上涨而脱离庄家的成本价位。此类股票的庄家通常是大主力，对于股价的运动控制有较强的信心。

二、买、卖盘均较小，价轻微上涨的股票

庄家吃货完毕后，主要的任务是提高股价、增大利润，而上述状态是庄家拉升股价的最好机会，投入小，效果大。

三、放量突破最高价等上档重要趋势线的股票

此举是典型的强庄行为，敢于突破本身就说明庄家有较强的实力，如果不是在大幅上涨的高位区域，这种突破之后买入，短线获利的可能性是非常大的。

四、前一天放巨量上涨，次日仍强势上涨的股票

这种主力没有太多的耐心，他们信奉资金决定一切。对于他们来讲，时间比资金效率更重要，他们喜欢速战速决，因此通常会采用连续的拉升方式迅速抬高股价，再想办法获利了结。

五、大盘横盘时微涨，大盘下行时却加强涨势的股票

此类情况是该股票庄家实力较强且处于收集中期，成本价通常在最新价附近，大盘下跌正好是他们加快执行预定计划，显示实力的机会。

六、遇个股利空且放量而不跌的股票

该跌不跌，必有大涨，这是此类股票庄家的唯一选择。

七、有规律且长时间小幅上涨的股票

此类股票的庄家有两类，一类是电脑操作盘，另一类是操盘手无决定权，须按他人计划指示办事，但股票走势通常是涨的时间较长，而且在最后阶段，都要放一个大阳线。在 K 线的表现形式上，通常表现为连续的小阳线或者小阴小阳线沿 5 日线向上排列。

八、无量大幅急跌的股票是超短线好股票

买股票的最大乐趣就是买个最低价，对于无量大幅急跌的股票，若能把握好

买入时机，短线获利往往也是非常可观的，买入后要做的就是等待套牢的庄家发红包。

第三节　短线追涨技巧

追涨是短线操作常见的一种投资方式，短期表现强势的股票，往往可能会在一段时间内延续这种强势，正所谓强者恒强，因此买入这类股，获利的概率远大于被套的概率。接下来，我们来了解一下，哪些股适合追涨，追涨的原则，时机把握和追涨失败后的处理。

一、哪些股适合追涨

1. 追涨盘中强势股

盘中追涨那些在涨幅榜、量比榜和委比榜上均排名居前的个股。这类个股已经开始启动新一轮行情，是投资者短线追涨的重点选择对象。在追涨时要注意观察股价所处的位置，如果是股价处于相对较低的底部区域，或者是突破平台的关键区域，则可放心追入。而如果前期涨幅过高，特别是之前两天已经有过大幅上涨，则要谨慎操作，以免陷入主力设计的拉高出货陷阱。

2. 追涨龙头股

主要是在以行业、地域和概念为基础的各个板块中选择最先启动的龙头股。几乎每炒作一个热点都会有一个或者几个龙头股票。而这些龙头股一旦启动，通常不会是一两天的行情。因此，只要时机把握得当，通常都会在短期内获利颇丰。

3. 追涨涨停股

涨停板是个股走势异常强劲的一种市场表现，特别在个股成为黑马时的行情加速阶段，常常会出现涨停板走势。追涨强势股的涨停板，可以使投资者在短期内迅速实现资金的增值。

4. 追涨成功突破的股票

当个股形成突破性走势后，往往意味着股价已经打开上行空间，在阻力大幅减小的情况下，比较容易出现强劲上升行情。因此，股价突破的位置往往是非常好的买点。

二、追涨的原则

对于短线投资者来说，不追涨就无法买到强势股，就无法提高资金的利用效率。但是，在动荡的行情中，如何才可以买到强势股，同时避免追高被套呢？接下来给大家介绍四种追涨的原则。

1. 选择涨幅靠前的个股，特别是涨幅在第一榜的个股

涨幅靠前，这就给了我们一个强烈的信号：该股有庄，且正往上拉高股价。其意图无非是，进入上升阶段后不断拉高股价以完成做庄目标；或是在拉高过程中不断收集筹码，以达到建仓目的。

2. 选择开盘就大幅上扬的个股

因为，各种主力在开盘前都会制订好当天的操作计划，所以开盘时的行情往往表现了庄家对当天走势的看法。造成开盘大幅拉升的原因，主要是庄家十分看好后市，准备发动新一轮的个股行情，而开盘就大幅拉升，可以不让散户在低位有接到筹码的机会。

3. 选择量比靠前的个股

量比是当日成交量与前五日成交量的比值。量比越大，说明当天放量越明显，该股的上升得到了成交量的支持，而不是主力靠尾市急拉等投机取巧的手法，来拉高完成的。

4. 选择股价处于低价圈的个股

股价处于低价圈时，涨幅靠前、量比靠前的个股，就能说明主力的真实意图在于拉高股价，而不是意在诱多。若在高价圈出现涨幅靠前、量比靠前的个股，其中可能存在陷阱，参与的风险较大。

三、追涨的时机把握

大多数股民都有这样一种体会：一旦有新热点或者新的板块出现，如果不敢追，就会失去获利机会。但是追得不好，又会遭受深度套牢。如何才能做到追涨而不会被套呢？这就需要把握追涨的时机。

1. 追在股价低位

追涨的最佳境界是个股在低位启动时。尽管在拉高一波后可能会有一定的震荡，但都不会再比你所追入的价位低。当然，对于"低位"如何把握是个问题。一般来说，当个股在一个相对较低的价位时，有较多的投资者愿意在这个价位买入，成交量放大，这个时候就是机会。尤其是一轮大熊市的后期，当个股回到了原来的起涨点时，至少应该是低位了。

2. 追在回落整理阶段

当一只股票已经发动行情，而且连涨几天了，那么就不应再追入，而应该等到该股冲高回落一段后再追入。观察牛股走势，都会有一波波脉冲式的上涨，所以回落后再追入就能够减小风险。通常情况下，一只牛股绝对不会是几天的行情，它会不断上涨，往往是涨一波后回落一段，然后继续上攻。如果是一只大牛股的话，甚至会出现数倍的涨幅。把握牛股运行的特征后，就可以抓住牛股的回落整理阶段追入。

3. 追快速涨停的股票

对于中小投资者来说，追涨停板的个股是非常需要勇气的事情。许多散户投资者不敢追迅速拔高直冲涨停的个股，结果第二天又是高开高走，甚至是直接涨停。这时候就会感叹，昨天要是及时追入就好了。其实，几乎所有的大牛股行情都是从涨停开始的。所以，要关注开盘后不久直接上冲直奔涨停板的个股。当然，并不是所有即将涨停的个股都能够追。如果个股在高位突然放量涨停，就不要盲目追入了，因为后面很可能是高开低走。对于在平台整理较充分的个股，一旦放量冲高，直奔涨停，那么就可以马上追入。

4. 注意盘中的分时变化

当盘中出现上压大单被瞬间吃掉，成交量有明显放大时可以快速跟进，或者当股价放量突破整理平台时也可以快速跟进。

四、追涨失败后的处理

1. 止损

止损也叫"割肉",是指当某一投资出现的亏损达到预定数额时,及时斩仓出局,以避免形成更大的亏损。其目的在于投资失误时把损失限定在较小的范围内。股市中无数血的事实表明,一次意外的投资错误足以致命,但止损能帮助投资者化险为夷。

关于止损的重要性,专业人士常用鳄鱼法则来说明。鳄鱼法则的原意是:假定一只鳄鱼咬住你的脚,如果你用手去试图挣脱你的脚,鳄鱼便会同时咬住你的脚与手。你越挣扎,就被咬住得越多。所以,万一鳄鱼咬住你的脚,你唯一的机会就是牺牲一只脚。在股市里,鳄鱼法则就是:当你发现自己的交易背离了市场的方向,必须立即止损,不得有任何延误,不得存有任何侥幸。

我们来看一组简单的数字,假设你有 10 万元本金,当本金亏成了 9 万元,亏损率是 1÷10=10%,你要想从 9 万元恢复到 10 万元,则需要上涨约 1÷9=11.1%。如果你从 10 万元亏成了 7.5 万元,亏损率是 25%,若要回本则需要股价上涨约 33.3%。如果你从 10 万元亏成了 5 万元,亏损率是 50%,若要回本就需要上涨 100% 了。在市场中,找一只下跌 50% 的个股不难,而要骑上并坐稳一只上涨 100% 的黑马,恐怕只能主要靠运气了。俗话说得好:留得青山在,不怕没柴烧。止损的意义就是保证你能在市场中长久地生存。

当然,止损是一把双刃剑,止损毕竟意味着割肉,一旦操作失误,你就会将"肉"割在一个低点而再也捡不回来了,原本可以赚钱的筹码却因为止损而变成了亏损操作。笔者建议如下三种情况是不宜轻易止损。

(1)在上市公司基本面没有发生明显恶化的情况下,历史低价区的筹码是不适宜于止损的。

(2)对于上升途中的个股也是不适宜于止损的。

(3)高位下跌不放量的个股也不宜于急于止损。

2. 补仓

补仓,是因为股价下跌被套,为了摊低股票成本而进行的买入行为。补仓是被套牢后的一种被动应变策略,它本身不是一个解套的好办法,但在某些特定情况下它是最合适的方法。

原先高价买入的股票,由于跌得太深,难以回到原来价位,通过补仓,股票价格无须上升到原来的高价位,就可实现平本离场。假如某人以10元买入某只股票10000股。当股价跌至5元。这时你预期该股将会上升或反弹,再买入10000股。此时的买入行为就叫做"补仓"。两笔买入的平均价为[(10×10000)+(5×10000)]/(10000+10000)=7.5元。

在进行补仓操作时,要注意以下四点:

(1)熊市初期不能补仓。这道理炒股的人都懂,但有些投资者无法区分牛熊转折点怎么办?有一个很简单的办法:股价跌得不深坚决不补仓。如果股票现价比买入价低5%就不用补仓,因为随便一次盘中震荡都可能解套。要是现价比买入价低20%~30%以上,甚至有的股价被腰斩时,就可以考虑补仓,后市进一步下跌的空间已经相对有限。

(2)大盘未企稳不补仓。大盘处于下跌通道中或中继反弹时都不能补仓,因为,股指进一步下跌时会拖累绝大多数个股一起走下坡路,只有极少数逆市走强的个股可以例外。补仓的最佳时机是在指数位于相对低位或刚刚向上反转时。这时上涨的潜力巨大,下跌的可能最小,补仓较为安全。

(3)弱势股不补。特别是那些大盘涨它不涨,大盘跌它跟着跌的无庄股。因为,补仓的目的是希望用后来补仓的股的盈利弥补前面被套股的损失,既然这样大可不必限制自己一定要补原来被套的品种。补仓补什么品种不关键,关键是补仓的品种要取得最大的盈利,这才是要重点考虑的。所以,补仓要补就补强势股,不能补弱势股。

(4)前期暴涨过的超级黑马不补。历史曾经有许多独领风骚的龙头,在发出短暂耀眼的光芒后,从此步入漫漫长夜的黑暗中。它们下跌周期长,往往深跌后还能深跌,探底后还有更深的底部。投资者摊平这类股,只会越补越套,而且越套越深,最终将身陷泥潭。

第四节　短线涨跌停战法

一、底部涨停战法

底部涨停战法其实是一种非常典型的短线战法，如果在大盘处于上涨过程中，这种短线战法成功率非常高，并不值得特别说明。但是，一旦当大盘处于非常恶劣的下跌状态时，再运用底部涨停战法进行短线操作时，就要从以下四个方面进行考虑。

（1）看股票的流通股本，建议追买的股票不超过1亿股，越少越好，因为股本越小，主力越容易控盘。

（2）看集合竞价，最好高开2%以上，开盘后不回调或者回调不破开盘价，如集合竞价平开则开盘后应上拉不破前一天收盘价。

（3）看最近几天的下跌量能，通常量能无明显放大，越缩量越好。

（4）看是否具有突发性题材或者相关板块具有题材。

敢于逆势涨停的股票是最强悍的股票，敢于逆势涨停的资金是最凶猛的资金。因此，一旦出现符合上述情况的股票，可在股票即将涨停时以涨停价买入。

股价在上升的底部或腰部能涨停，说明该股价已经开始启动，且大部分为强庄股。涨停后，庄家为了清除获利盘，就会震仓，时间在5个交易日左右，震仓的幅度90%在5日均价附近，即使跌破也会迅速拉起。震仓后，又会展开新的一轮上升浪。因此对于这类股票，我们如果能够及时在5日均线附近全仓入，一般不出三天，就会有厚利。当然，在操作前，要对大盘近期的走势有所了解。通常只要大盘不处在明显的做头或下跌阶段，就可以展开操作。

如果股价处于高位，且追涨失败，一旦损失5%，则立即止损离场。当有5%涨幅时则要注意上升趋势一旦回头，立即出局。

二、追涨停的实战要领

当市场处于大牛行情中,尤其是每天都有大量股票涨停的情况下,要大胆追涨停板。而极弱的市场则不建议去追涨停板,因为这种行情下,连续上涨的概率相对偏小一些。

追涨停板要选有题材的股票,某一天忽然跳空高开并涨停的;其次是选股价长期在底部盘整,未大幅上涨涨停的;三是要选强势股上行一段时间后强势整理结束而涨停的。

一定要涨停,未达到涨停时不要追,一旦发现主力有三位数以上的量向涨停板进立即追进,动作要快、狠。买涨停股需要注意以下3点:

(1)整个板块启动,要追先涨停的即领头羊,在大牛市或极强市场中更是如此,要追就追第一个涨停的。

(2)盘中及时搜索涨幅排行榜,对接近涨停的股票翻看其现价格,前期走势及流通盘大小,以确定是否可以作为介入对象。当涨幅达9%以上时应做好买进准备,以防主力大单封涨停而买不到。

(3)要坚持这种操作风格,不可见异思迁,以免当市场无涨停时手痒介入其他股被套而失去出击的机会。

尽管无法保证百战百胜,但是当一只个股符合我们出击的全部条件时,就要大胆的买进,这样成功的概率会非常的大。

三、如何识别涨停出货

尽管涨停表明股票处于强势状态,但有些时候主力却是在利用涨停板大肆出货。这就需要我们投资者擦亮双眼,明察秋毫,不要被看到的假象所迷惑。下面四种情况极有可能是主力在利用涨停板在出货。

1. 利好封不住涨停

出利好涨停开盘但却放量高开低走的股票,很多都是短线出货形态,所以当出现利好时,一开盘就涨停的股票不要争着去追。所谓利好出尽是利空,如果利好出来主力都不敢拉涨停,那么出货的嫌疑就很大了。

2. 先挂单后撤单

对于涨停板，我们要随时观察盘面的变化，比如主力刚拉到涨停板的时候会挂上几十万手的封单，因为这个时候刚刚涨停，主力利用高封单造成实力强悍的假象，随即快速地撤掉封单，但这之后封单却逐步增加，这很可能是大量散户看到巨单封涨停后认为该股实力很强，于是跟风挂单，而主力撤单后却开始大量地将筹码抛给涨停价位上。这个时候往往会有很多几千手的大卖单出现，但涨停价也不打开，因为主力在封单力量不足时不再抛售，而是等封单增加后再继续出货。这类个股一般当天成交量会收出天量，所以面对这样的个股只有靠实盘观察才能发现主力的出货伎俩。

3. 直冲涨停未果

如果一只股票早盘直接拉直线冲着涨停板去，一般是比较强势的个股。但是如果封到涨停板才几分钟就被打开，然后开始回落的股票就要特别小心，因为早盘的快速冲击涨停很可能是主力的自弹自唱，吸引散户跟风，然后到涨停板上实现出货。

4. 早晚停中途落

早盘涨停，然后打开涨停板开始回落，中途股价在低位反复震荡，到收盘时又快速拉升至涨停板的股票往往也是出货的征兆。主力利用早盘拉涨停，拉出了较大的空间，然后利用散户跟风的心理不断的出货，尾盘又利用人气快速拉至涨停，日后继续出货。

四、跌停的应对策略

跌停本身是一种弱势的表现，后市继续下跌的可能性极大，虽然不排除极个别的跌停洗盘，但次日低开的概率仍非常高。因此当遭遇股价跌停的我们要理性分析，果断操作。

1. 挂单卖出

当股价处于高位，随大盘走势打至跌停的位置，或者处于整理区的后期向下以跌停方式跌破平台。这个时候，投资者以清仓为宜。还有一种情况，由于某种利空导致跌停开盘，那么，在竞价期间就应该排队挂单卖出。因为在这种情况下，短期继续向下运行的可能性几乎达到了100%。

2. 等待企稳补仓

这种情况适合于股价的低位区域，特别是已经处于较长一段时间的历史低位区域，如果不是实质性的利空而导致的股价跌停，则可以考虑暂时持有，等股价企稳后再做补仓操作，以平摊成本。还有一种情况就是在低位区域出现了利空而导致股价连续跌停，投资者无法卖出，这个时候只能等待股价企稳时补仓波段操作，以尽快解套。